韓　非　子

한비자가
알려주는

어떻게
살 것인가

난세지략의 대가 한비자에게 인간 경영과 리더십,
미래를 대비하는 지혜를 배우고 예습한다

韓 非 子

한비자가
알려주는

구성희 지음

어떻게
살 것인가

1장 내면의 힘을 기르는 방법

2장 마음을 감추는 지혜

6장 미래를 대비하는 선택

7장 가까운 곳부터 살핀다

8장 조직의 진정한 리더가 되는 방법

9장 조직을 이끄는 기술과 원칙의 힘

『한비자韓非子』는 2200여 년 전 한비자(韓非子 본명은 한비韓非: B.C. 281~B.C. 233)가 완성한 책이다. 『한비자』는 중국 역사에서 빼놓을 수 없는 책이며, 세계적인 저술이다. 2200여 년 전 한비자의 가르침은 가장 냉철하고 현실적인 사람경영의 기술로 소름 끼치도록 현실적이다. "대학교 도서관에서도 대출 10위 안에 들 정도로 학생들도 한비자를 정독하고 있다"고 한다.

본인은 박사 졸업 후 1999년부터 중국 사상사를 가르치면서 본격적으로 "한비자"를 연구하기 시작했다. "한비자의 사상"은 세상의 어떠한 사상보다도 매우 현실적이고 인간의 본성을 적나라하게 통찰하고 있어 학생들을 가르치는 본인뿐만 아니라 강의를 듣는 학생들도 매우 집중했던 강의로 기억하고 있다.

중국을 대표하는 한비자의 사상을 정리한 『한비자』는 중국사와 중국 사상사 강의에 반드시 소개하는 대표적인 책이며, 특히 『한비자』에 소개된 수많은 인물과 영웅들의 이야기는 오늘날 우리가 참고할 만한 교훈적인 내용들이 매우 많다. 냉철하고 현실적인 경영의 기술 또한 우리 사회와 중국을 이해하고 미래를 준비하는 데 필요한 요소들이 많다.

리더의 자리에 있거나 사회생활을 하는 사람이라면 "한비자"를 읽어보라는 충고를 들어본 적이 있을 것이다. 『한비자』는 군주의 강력한 리더십과 인간 경영에 대한 동양 최고의 이론서로 마키아벨리(1469~1527)가 쓴 『군주론』과 함께 "리더라면 반드시 읽어보아야 할 고전 필독서"라고 할 수 있다.

　생존의 법칙은 21세기에도 여전히 유효하다. 『한비자』는 기본적으로 '제왕학'을 다루고 있지만, 군주제가 사라진 오늘날에도 참고할 만한 교훈과 지침들로 가득하다. 뛰어난 이야기꾼이기도 한 한비자는 매우 기본적인 지혜와 전략을 다양한 예화를 통해 설명하고 있다.

　이 책은 중국 역사상뿐만 아니라 인간 경영에 대한 동양 최고의 이론서로 인정받는 『한비자』에 대해 소개하고자 한다. 『한비자』는 2200여 년 전의 책이나, 우리가 인생의 지혜를 배울 수 있는 매우 현실적이고 진취적인 내용을 담고 있다.

　지금까지 『한비자』 관련 책들은 많이 출판됐다. 그러나 이 책은 복잡한 현실 세계에 "우리가 어떻게 살아가야 하는지"에 대한 절박함에 대답할 수 있는 통쾌한 책으로 만들고자 한다. 그동안의 연구 성과를 토대로 "한비자가 알려주는 어떻게 살 것인가"를 집필함으로써 미래를 준비하는 젊은이들과 세상의 리더들에게 한비자의 흥미진진한 리더십과 인간 경영, 미래를 대비하는 지혜 그리고 성공학 등을 소개하고자 한다.

이 책은 총 9장으로 한비자가 알려주는 리더십, 협상론, 조직관리론, 자기 계발과 미래에 대한 준비 등 다양한 분야의 지침서가 될 수 있도록 집필했다. 이 책을 통해 '자기 계발과 경영 태도, 성공학' 등의 해답을 얻고, 미래를 설계하는 데 많은 도움이 되었으면 한다.

또한 이 책을 읽는 독자들이 『한비자』를 새롭게 이해하고 실제 삶 속에서 고전의 지혜를 활용하는 법을 깨닫게 되기를 바란다. 더 나아가 이 책이 예상치 못한 위기의 순간에 맞닥뜨렸을 때 든든한 힘이 되어줄 수 있다면 더할 나위 없이 기쁠 것이다.

2024년 11월 9일
저자 구성희

한비자의 생애

『한비자』의 저자 한비자(B.C. 281~B.C. 233)가 활약한 것은 지금으로부터 2200여 년 전, 전국시대(戰國時代: B.C. 5세기부터 B.C. 221년 진秦나라가 중국을 통일하기까지, 중국의 국가들이 패권을 다투던 시대) 말기에 가까운 무렵이다.

전국시대는 '칠웅七雄'이라고 하는 전국칠웅(戰國七雄: 전국 시대에 패권을 다투던 일곱 강국)의 대립 항쟁의 시대였다. 당시는 피투성이의 전쟁이 행해지는 한편, 유가儒家, 도가道家, 묵가墨家, 법가法家 등 '제자백가(諸子百家: 춘추전국시대 시기적으로는 B.C. 5세기 이후에 중국에서 생겨난 다수의 사상가를 일컫는다)'라 불리는 갖가지 사상 유파가 나타나 각각 '치국평천하(治國平天下: 나라를 잘 다스리고 온 세상을 평안하게 함)'의 이상을 내걸고 활발한 논전을 전개한 시대이기도 하다. 개중에서도 한비자는 '법가法家'의 가르침을 이어받아 그 이론을 집대성하여 '제자백가'의 최후를 장식하는 존재가 되었다.

한비자는 B.C. 281에 한韓나라에서 태어났다. '칠웅'의 항쟁도 겨우 대단원에 가까워져 진秦나라의 우위가 결정적으로 되었을 무렵이었다.

한비자는 젊었을 때 순자荀子의 문하생으로 공부했다. 순자는 유가의 학문을 익히면서 '성악설(性惡說: 인간의 타고난 본성을 악으로 보고, 도덕적 수양은 교육을 통한 후천적 습득에 의해서만 가능하다고 주장하는 학설)'을 주장했다. 한비자가 후에 인간 불신의 철학을 내세우기에 이르게 된 것은 이 순자의 영향이 컸다고 사료된다. 이와 관련하여 이때의 동문에 훗날 진나라 시황제의 재상이 되는 이사(李斯: ?~B.C. 208)가 있었다. 이사는 한비자의 재능을 질투하고 있었다.

학문을 이루어 귀국한 한비자는 오로지 저작 활동에 열중했다. 선천적으로 심한 말더듬이로, 말주변이 없었던 그는 자신 있는 저작 활동을 통해 자신의 사상을 세상에 알리려 하였다.

그러나 자국에서는 전혀 인정받지 못했다. 원래 약소국이었던 한韓나라는 획기적인 한비자의 사상에 눈을 돌릴 여유가 없었는지 모른다.

그런데 당시 실의에 빠진 한비자를 높이 사는 뜻밖의 인물이 나타난다. 바로 적국이라고도 할 수 있는 진秦나라의 왕, 훗날의 진시황제秦始皇帝다. 한비자의 책을 읽고 그 강렬한 주장에 감동한 진시황은 계책을 생각해 내서 한비자를 진나라로 불러들인다.

이때 한비자를 쫓아 버리려고 계략을 꾸민 사람이 바로 함께 공부한 이사다. 그 무렵 이사는 진왕에게 인정받아 그의 심복으로 활약하고 있었다. 만약 한비자가 등용되면 자신의 지위가 위협을 받게 되지 않을까를 두려운 이사는 진왕에게 진언했다.

"한비자는 한나라의 공자이므로 처음부터 진나라에 전력을 다할 마음 따윈 없습니다. 그렇다고 해서 이대로 돌려보낸다면 이쪽의 내정을 가르쳐주는 것과 같은 것이니 늦기 전에 처단하는 것이 좋다고 생각합니다."

진왕은 이사의 진언에 마음이 동요되어 한비자를 옥에 가두었다. 그 틈을 노려 이사는 옥중에 독약을 보내 자살하게 했다. 절망한 한비자는 독을 마시고 스스로 목숨을 끊었다고 한다. 때는 B.C. 233년이었다고 하니 진시황이 전국을 통일하기 12년 전의 일이다.

그러나 진시황秦始皇이 전국을 통일했을 때 천하 통치의 이론적 지주가 된 것은 이 불운한 사상가 한비자의 사상이다. 그뿐만 아니라 훗날 권력의 확립을 지향한 위정자들이 은밀히 의거한 것도 한비자의 유저라 할 수 있는 『한비자』였다.

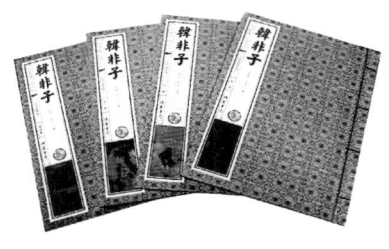

『한비자』

한비자(B.C. 281~B.C. 233)

전국시대 말기의 사상가인 한비자는 한韓나라의 왕족으로, 젊어서 진秦나라의 이사와 함께 순자에게 배워 뒷날 '법가法家'의 사상을 대성하였다. 한비자는 조국 한나라의 쇠약함을 개탄하여 한왕韓王에게 여러 번 정치술에 대해 간하였으나 받아들여지지 않았다. 끝내 진나라의 공격을 받자, 화평의 사신으로서 진나라로 갔다. 평소 한비자의 글과 사상을 좋아했던 진시황제는 한비자를 보자 크게 기뻐하여 그를 아주 진나라에 머물게 하려 하였으나, 친구 이사의 질투로 옥사했다. 한비자는 타고난 말더듬이로 변설에는 능하지 못하였으나 현실 분석과 대책에 뛰어나 『한비자』 등 저술을 남겼다.

순자(B.C. 298~B.C. 238)

전국시대 말기의 사상가로 맹자孟子의 성선설性善說을 비판하여 성악설性惡說을 주장했으며, 예禮를 강조하여 유학 사상의 발달에 큰 영향을 끼쳤다. 순자의 '성악설'은 인간의 본성은 악하다는 관점이다. 이 뜻은 "인간은 태어나면서부터 악으로 기우는 경향을 지닌다"라는 말이다. 이 악에 빠져들지 않기 위해서 법과 규범으로 다스려야 한다는 말이다. 이러한 순자의 주장은 법가法家의 탄생에 많은 영향을 주었다.

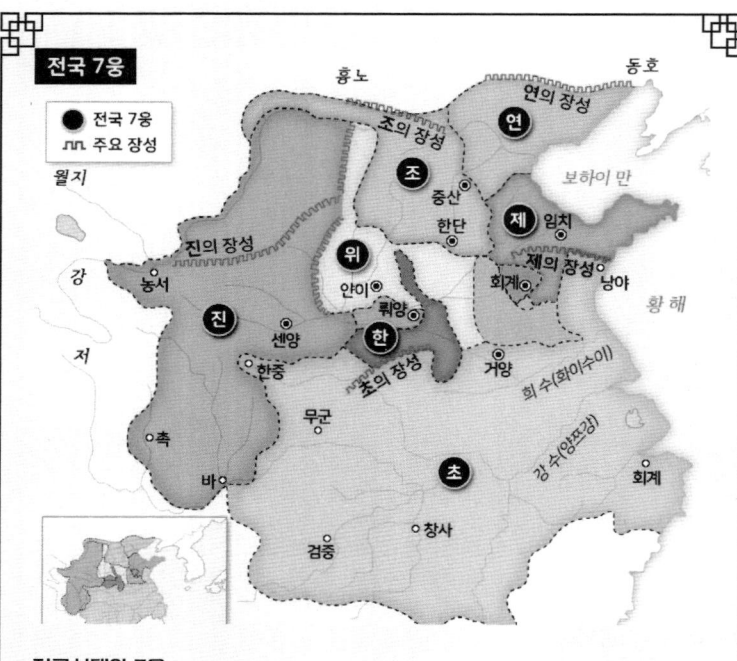

전국 7웅

- ● 전국 7웅
- ♒ 주요 장성

흉노 · 동호 · 연의 장성 · 연 · 월지 · 조의 장성 · 조 · 보하이 만 · 중산 · 제 · 임치 · 한단 · 진의 장성 · 위 · 제의 장성 · 강 · 농서 · 안이 · 회계 · 남야 · 황 해 · 저 · 셴양 · 뤄양 · 진 · 한 · 한중 · 초의 장성 · 거양 · 촉 · 무군 · 회수(화이수이) · 바 · 강 수(양쯔강) · 초 · 회계 · 검중 · 창사

전국시대와 7웅

B.C.403년에서 B.C.221년 사이를 전국시대라 일컫는데 제후국 사이의 경쟁이
치열한 가운데 진秦이 전국을 통일하던 때까지를 가리킨다. 전국시대는 가장 강
한 국가였던 진秦과 다른 여섯 국가 사이의 복잡한 외교와 치열한 전쟁으로 혼
란스러웠으나, 경제와 사회적으로 역동적인 변화가 일어난 시기였다.

이사(?~B.C. 208)

전국시대 초나라 출신의 사상가이자 진나라의 승상. 진
시황제를 보좌하여 진나라가 천하를 통일하는 데 기여
했다. 이사는 자신에게 찾아온 기회를 포착하여 말단의
자리에서 최고의 자리인 승상까지 올랐다. 그러나 대의
를 지켜야 할 때 개인의 이익을 좇아 결국 자신을 망치
고 국가를 패망의 길에 접어들게 했다.

한비자의 인간관

  한비자의 인간관을 논하기 전에 우선 한비자가 처했던 시대적 상황과 그의 생애에 관해 간략히 소개하고 그러한 환경 속에서 한비자가 정의한 '인간의 본성'에 대해 정리하고자 한다. 왜냐하면 한비자의 법가사상法家思想은 바로 한비자 본인의 인간관에 기초하여 더욱 체계적으로 정리되었기 때문이다.

  어떤 사상이든 그 시대의 상황과 필요에 따라 발생하듯이, 한비자의 사상 또한 춘추 말에서 전국시대에 이르기까지의 시대적 배경을 전제하지 않을 수 없다.

  한비자 사상의 특징은 봉건국가에서 중앙집권제적 영토국가로 나아가는 과도적인 시기에 정치개혁을 통한 부국강병富國强兵을 도모하는 전국시대 말기 정치구조의 변동에서 나타나 있고, 당시 이러한 추세는 생산력의 발전과 그에 따른 요구로서 등장한 사회경제적 모든 관계의 변화에서도 나타난다. 이러한 시대적 상황 속에서 제자백가는 각자의 세계관과 논리를 바탕으로 현실적 문제의 해결책을 제시하고자 하였지만 정치구조 및 사회경제적 변화에 대해 어느 하나의 사상도 당시 전국시대 말기 각국의 치열한 정치 국면을 구해낼 수는 없었다. 이러한 현실적 측면을 냉철히 직시한 한비자는 시대적 요구에 부응한 당면문제 해결에 더 많은 관심을 두게 된 것이다.

  한비자는 전국시대 말기 한나라의 공자公子로 대략 B.C. 281년에 태어나 B.C. 233년에 죽었으니, 그의 나이 48세였다. B.C. 237년부터 진秦나라가 한韓나라를 침략하여 감당할 수 없게 되자 그때까지 중용되지 못하고 있던 한비자는 B.C. 233년 비로소 진나라에 한왕韓王의 특사로 파견된다. 한비자는 진나라에 온 이후 위기에 빠진 국운을 회복하려 했으나 이사의 방해로 옥에 갇히게 되고 결국 이사의 모함으로 자살하게 된다.

한비자는 일찍이 이사와 함께 순자荀子에게 배웠다고 한다. 그 사상계통을 보면 당연한 것으로 생각된다. 한비자는 순자의 성악설性惡說을 계승했다. 그는 "인간의 본성은 악하여 이익을 좋아한다. 때문에 군신君臣 관계도 충의忠義에 의한 것이 아니라 단순히 이익에 의해 맺어져 있는데 지나지 않는다. 따라서 인민이 자발적으로 선善을 행할 것을 기대하기보다는 법률 규칙을 엄격히 적용하는 것이 보다 확실하다. 인민이 선을 행하였다 해도 그것은 우연히 선에 합치되었을 뿐이다. 욕망에 흐르는 인민을 다스리기 위해서는 법을 철저히 하는 이외에 다른 방법은 없다."라고 생각했다.

이와 같이 인간성은 악하여 인간은 이기적 존재라고 보는 점에서 순자와 한비자는 일치한다. 그러나 순자는 교육으로 선으로 인도하려고 하지만 한비자는 욕망을 억제하려 한다든가 이기심을 개선하려고 생각하지 않는다. 역으로 이기심을 이용하여 법에 따라 다스리려고 한다. 인간은 누구나 이익을 추구하여 상을 좋아하고 벌을 싫어하기 때문에 상벌賞罰은 진실로 인민을 다스리는 힘을 갖는다. 상벌의 위력 앞에 도덕道德은 무력하다. 도덕이 아니라 경제적 조건이 바로 인간의 사상과 행동을 결정하는 극히 중요한 요소이다. 여기에서 "신상필벌(信賞必罰: 공로가 있는 사람에게는 반드시 상을 주고, 죄가 있는 사람에게는 반드시 벌을 준다는 뜻으로, 상과 벌을 공정하고 엄격하게 주는 일을 이르는 말)"이 주장된다. 옛 성인이 살았던 요순堯舜

의 시대에 비하여 경제적 조건도 인간의 의식도 크게 변하였으므로 현재의 시세에 맞는 정치는 법치 이외에는 없다. 이 점에서 상고설(尙古說: 옛 적의 문물을 소중히 여기고 섬기는 것)을 말하는 유가儒家는 틀렸다고 한비자는 주장한다.

한비자의 이기적, 이해타산적 인간관은 법치주의法治主義의 근원이 되고 있다. 한비자는 인간의 본성을 이익 추구에 있다고 보며, 따라서 모든 인간관계는 이익과 손해의 관점에서 행위 동기를 부여하는 이해타산적 존재에 의하여 형성된다. 이것은 이익과 손해를 계산하여 이익을 좇아 행위 하는 이기적인 존재를 의미하는 것이다.

유가에서의 인간관계는 인仁과 의義로써 맺어지고, 부모와 자식의 관계는 효孝와 친親으로써 맺어지고, 군주와 신하의 관계는 충忠과 신信으로써 맺어진다고 한다. 그러나 법가法家의 한비자에 있어서는 이러한 모든 관계가 이利와 해害로써 맺어진다는 것이다. 또한 군주는 자신의 이익을 추구하는 자이지 백성의 이익을 추구하는 자가 아니기 때문에, 한비자의 치도治道의 목적은 민리민복(民利民福: 백성을 이롭게 하고 복되게 하다)에 있는 것이 아니라 군리부강(君利富强: 군주와 나라를 이롭게 하고 부강하게 만드는 것)에 있다. 이것은 유가의 민본주의民本主義나 인정仁政사상과는 정반대이다.

그러므로 한비자의 인간관은 순자의 성악설에 근거하고 있다고 보아야 할 것이다. 그러나 한비자가 인간을 이익 추구적 존재로 이해한 점에서는 순자와 입장이 같지만, 그러한 인간관으로부터 치도(治道: 다스리는 도리나 방법)의 원리와 목표를 끌어내는 데서는 전혀 다르다. 순자에서 예禮가 추구하는 목적은 인간 상호 간의 이익충돌을 평형하게 하고 인간의 악성을 교화하는 데 뜻을 두지만, 한비자의 법이 추구하는 목적은 군주와 신하

사이의 이익충돌에서 군주의 이익을 우선시키고, 이해타산적 성질을 이용하여 상賞과 벌罰을 줌으로써 신하를 군주에게 복종시키는 데 있다. 그 때문에 한비자는 법이 생겨난 이유를 "인간은 편안하고 이익이 있으면 그곳으로 나아가고, 위태롭고 손해가 있으면 그곳을 떠나는 게 인지상정人之常情이다."라고 말하고 있다.

이러한 인지상정을 이용하여 이利와 해害에 법法에 의한 상賞과 벌罰을 매달면 모든 신하는 군주의 명령에 복종하게 되어 강력한 지배 질서가 확립될 수 있다는 것이다.

한비자는 이 같은 '이해타산적 인간관'을 기초로 해서 '법에 따른 상벌'을 통하여 지배 질서를 확립하고자 하였다. 그래서 그는 "천하를 다스리는 데는 반드시 인간의 감정에 따라야 한다. 인간의 감정에는 좋아하는 것과 싫어하는 것이 있다. 그러므로 상벌을 사용하여야 한다. 상벌을 사용하면 곧 금령禁令은 행하여진다"라고 한 것이다. 그러면 상벌의 금령을 통하여 한비자가 궁극적으로 얻고자 한 것은 무엇인가? 그것은 바로 부국강병(富國强兵: 나라를 부유하게 하고 군대를 강하게 하는 일)과 천하통일을 이루는 패왕(覇王: 춘추전국시대, 여러 제후들을 거느리고 천하를 다스리던 사람)의 업이다. 이로써 한비자의 인간관이 법과 법의 목적에 어떻게 연결되어 있는지 분명히 알 수 있다. "천하를 다스리려면 반드시 인간의 본성에 따라 행하여야 한다. 인간의 본성에 호오好惡의 감정이 있으므로 상벌이 효력을 지닐 수 있다."라고 주장한 한비자의 말 또한 인성론을 기초로 삼고 있다.

이와 같이 한비자가 완성한 법가사상은 도덕적 인간 이해보다는 현실적 인간 이해를 바탕으로 하였으며, 원대한 이상보다는 사회정치적 현실 상황의 변화에 힘 있게 대응할 수 있는 능률적 사고를 추구하였다. 또한 진시황의 통일에 가장 기본정책이 되었으며 유교 도덕론과 결합하여 2000여 년 동안 중국 전제군주제(專制君主制: 군주가 국가 통치의 모든 권력을 장악하고 절대적인 권한을 가지는 정치 체제)를 끌어온 힘이 되었다. 그 뒤 현대 중국에서는 문화대혁명文化大革命 시기에 과거 중국 사상의 흐름을 유가와 법가의 대립으로 파악하고, 법가 진영에 속한 사상들은 유물론唯物論의 입장에 선 진보적 사상으로 평가하였다. 이것은 법가의 현실적 인간관, 역사의 진보에 대한 인식, 현실의 모순해결에 나타난 실천적 지향을 높이 평가했기 때문이다. 이러한 점은 당연히 긍정적으로 평가받아야 할 부분이다.

문화대혁명 시기 천안문 광장에서 모택동 어록을 들고 있는 홍위병들

문화대혁명은 모택동의 주도로 1966년부터 1976년까지 10년 동안 중국에서 일어난 대규모 파괴 운동, 내란, 대규모 사상, 정치 투쟁이다.

한비자의 정치사상

한비자의 정치사상에는 법치法治만 있는 것이 아니라 술치述治와 세치勢治가 합해져 있다. 법치는 상앙(商鞅: B.C. 390~B.C. 338)에게서 이어받았고, 술치는 신불해(申不害: ?~B.C. 337)에게서 이어받았으며 세치는 신도(慎到: B.C. 395~B.C. 315)에게서 이어받았다. 이 법法·술術·세勢의 삼치三治는 임금이 반드시 간직하고 있어야 할 세 가지 요소로서 그 어느 하나라도 부족하면 다스려지지 않는다는 것이다. 즉 법法만 있고 술術이 없거나, 술術만 있고 법法이 없거나, 또 법술法術이 있어도 세勢가 없으면 정치는 제대로 할 수 없다고 한다. 한비자의 주요 정치사상인 법치·술치·세치를 소개하면 다음과 같다.

1) 법치法治

한비자는 법을 다음과 같이 정의하고 있다.

> 법이란 문서로써 기록 편찬하여 관청에 비치해 놓고 백성에게 공포한 것이다.
>
> —『한비자韓非子』「난삼難三」

> 밝은 임금이 다스리는 나라에서는 군주의 명령이 말 중에서도 가장 귀한 말이며, 법은 일 중에서도 가장 적정한 일이다. 말에는 두 가지 귀한 것이 없으며, 법에는 두 가지 적정한 것이 없다. 그러므로 언행이 법령에 따르지 아니할 때는 반드시 금해야 한다.
>
> —『한비자』「문변問辯」

한비자는 위에서 "언행言行이 법령에 따르지 아니할 때는 반드시 금해야 한다"라고 말하고 있다. 그러면 법은 어떠한 행위를 금지시켜야 하는가?

> 밝은 임금은 공公과 사私의 구분을 살피고, 이利와 해害의 소재를 살펴서 간사한 사람들이 사리私利를 추구하지 못하도록 한다.
>
> – 『한비자』「팔경八經」

> 명령은 반드시 행하여지고, 금한 것은 반드시 그쳐야 한다. 이것이 군주의 공의이다. 사사로움이 행하여지고 여러 사람이 그것을 믿으면, 상을 주어 독려할 수도 없고 벌을 주어 막을 수도 없다. 이것이 신하의 사의私義이다. 사의가 행하여지면 혼란에 빠지고 공의公義가 행하여지면 다스려진다. 그러므로 공公과 사私가 구분되는 것이다.
>
> – 『한비자』「식사飾邪」

위의 언급에서 알 수 있듯이, 법으로서 금해야 할 행위는 사리私利를 추구하는 행위이다. 한비자에게 있어서 사리(사익私益)의 추구는 공리(공익公益)에 반하는 행위로서 양 이익은 상반 일치되는 개념이 아니라 언제나 상반 충돌되는 개념으로 이해된다. 그래서 "사사로운 이익을 추구하는 행위가 성행하게 되면 공리公利는 소멸해 버린다"라고 한다. 그리고 그에게 있어서 공리公利라는 것은 나라 전체의 이익을 뜻하는 것이 아니라, 군주 개인의 이익을 뜻한다. 한비자는 아직 국가와 군주를 개념적으로 구별할 줄 몰랐으며, '짐은 곧 국가'였다. 따라서 공익을 나라 전체의 이익으로 파악하지 않고 군주 개인의 이익으로 이해하였다. 그러므로 군주의 이익과 신하의 이익은 언제나 충돌·상반된다. 다음의 언급이 이 점을 잘 알려주고 있다.

신하와 군주의 이익은 서로 다른 것이다. 어떻게 그것을 밝힐 수 있는가? … 군주의 이익은 호걸로 하여금 능력을 발휘하게 하는 데 있으나, 신하의 이익은 붕당을 만들어 사리私利를 도모하는 데 있다.

－『한비자』「고분孤憤」

임금과 신하는 마음을 달리한다. 임금은 이해타산으로써 신하를 거느리고 신하들도 이해타산으로써 임금을 섬긴다. 임금과 신하가 서로 쓰는 이해타산에 있어서 신하는 자신이 손해를 보면서 나라(실은 군주)를 이롭게 하는 행동을 하지 않고, 임금은 나라(군주)의 손해를 보면서 신하를 이롭게 하는 행동을 하지 않는다.

－『한비자』「식사飾邪」

군주의 최대 이익은 패왕霸王이 되는 데 있다.

－『한비자』「육반六反」

신하의 최대 이익은 작록을 받고 부귀해지는 데 있다.

－『한비자』「육반六反」

이상의 한비자의 설명에 의하면 법으로써 금해야 할 행위는 공익 즉 군주의 이익에 반하는 행위임을 알 수 있다. 따라서 그에게 있어서 법이라는 것은 군주가 패왕이 되는 길을 방해하는 모든 행위를 금지하고 이에 대하여 형벌을 과하는 것이다. 법이 공익에 반하는 사익 추구를 금지한다는 것은 군주의 이익과 신하의 이익이 충돌될 때 군주의 이익을 우선한다는 것을 의미한다. 결국 여기서 법이라는 것은 군주의 명령으로서 군주의 이익을 옹호하는 수단이지 결코 백성의 이익을 보호하는 수단이 아니다.

한비자의 법이 이와 같이 군주 개인의 사익을 보호하는 수단이라면, 그것은 공익을 보호하는 법 개념과는 전혀 다르다.

법이란 인간 상호 간의 이익충돌을 해결하는 수단으로 이해되었다. 그것은 한비자의 스승이었던 순자에게서도 그러했다. 순자는 예 규범이 생겨난 이유를 인간 사이 이기적 욕망의 충돌을 막기 위하여 일정한 척도와 한계를 예로 정함으로써 사람들의 욕망을 충돌 없이 고루 충족시켜 주기 위함이었다.

그러나 한비자의 법은 전혀 다른 차원에 놓여 있다. 그가 말하는 '공익公益'이란 것은 실은 군주 개인의 이익을 말하는 것이며 모든 사람의 이익을 보장하는 공익이 아니다. 이 점에서 한비자의 법은 객관성을 결하고 있다. 그의 법은 군주 자신의 주관적 자의 표현 이외의 아무것도 아니기 때문이다. 다시 말하면, 그의 법은 군주 자신의 주관적 판단에 따라 자기의 이익과 충돌된다고 생각되는 모든 행위를 금지하고 이에 대하여 벌을 과한다. 그리고 그 법의 목적은 군주 자신의 이익을 보호함으로써 절대군주정을 확립하여 패왕이 되는 데 있다. 아마도 한비자처럼 그의 독특한 법 개념을 가지고 인치주의를 완성시켜 권력국가를 만들어 낸 이론가도 없을 것이다. 그는 결코 실질적 의미의 법치주의와 법치국가의 사상가는 아니다. 그러므로 한비자의 법가에서는 법의 내용과 목적을 인간보다는 국가를 우선시하는 단체주의적 혹은 국가주의적 세계관에 입각해서 법을 이해하고 있다.

2) 술치術治

군주에게 있어 술術과 법法이 모두 필수적인 정치 수단이기는 하지만,

군주의 입장에서 볼 때, 법의 적용 대상인 백성들로부터 받는 위협보다는 신하들로부터 받는 정치권에 대한 위협의 정도가 훨씬 크게 느껴질 것은 당연하므로 군권君權 강화를 지향하는 한비자의 입장에서는 술術에 대한 언급에 더 비중이 두어질 수밖에 없다.

한비자의 술術을 올바로 이해하려면 한비자가 제기하는 술의 구체적인 방법도 살펴보아야 한다. 그런데 한비자의 술의 운용은 무엇보다도 신상필벌론(信賞必罰論: 상과 벌을 공정하고 엄격하게 주는 일을 이르는 말)과 긴밀히 연관된다. 왜냐하면 한비자 술론術論의 최종적인 표현 형식은 바로 상벌권(賞罰權: 잘한 것에 상을 주고 잘못한 것에 벌을 준다)의 사용을 통해 나타나기 때문이다. 이것은 술론이 관리의 임용과 인사제도와 연관되어서야 비로소 제대로 이해될 수 있다는 것을 뜻한다.

먼저 용술用術의 가장 대표적인 것으로서 참관參觀을 들 수 있다. 이것은 군주가 정책을 결정할 때, 가급적 많은 신하의 의견을 청취함으로써 중신들의 독주를 막아 여러 신하에게 언로言路를 개방하는 것이다. 그 이유는 "보고 듣는 것을 여러 번 하지 않으면, 군주는 진실을 듣지 못하고, 언로가 일부 신하에게 집중되어 있으면 다른 여러 신하의 의견이 가려지기" 때문이다. 한비자는 여러 번 군주의 독단할 것을 언급하고 있는데, 이것은 정책 결정의 판단을 중신이나 총신寵臣에게 일임하지 않고, 여러 신하의 의견을 종합하기는 하되, 최종 판결권은 군주가 장악해야 한다는 의미다. 즉 군주가 중신들에 의해 좌우되지 않아야 한다는 의미이지, 군주가 자신의 사적 의지대로 정치해도 된다는 의미는 아니다. 왜냐하면 『한비자』에는 군주의 사적인 정치를 경계하는 언급이 많이 나와 있기 때문이다.

명주明主는 법에 따라 인재를 선발하고, 자신의 임의에 따라 선발하지 않
는다. 법에 따라 공적을 평가하지, 자신의 임의에 따라서 평가하지 않는다.
　　　　　　　　　　　　　　　　　　　　　－『한비자』「유도有度」

법을 내버려두고 사적인 감정으로 정치하면, 비록 많은 사람을 죽인다 해
도 간인姦人들은 두려워하지 않는다.
　　　　　　　　　　　　　　　　　　　　　－『한비자』「용인用人」

인주人主가 되어 몸소 백관을 살핀다면, 시간도 부족하고 힘도 미치지 못
한다. … 그러므로 자기 능력을 버려두고, 법도를 따르고 상벌을 살핀다.
　　　　　　　　　　　　　　　　　　　　　－『한비자』「유도有度」

　　다음으로 신상필벌권은 군주가 신하를 제어하는 유효한 수단으로 술론
述論의 핵심을 이룬다. 상벌의 주요한 수단은 작록(爵祿: 관작과 봉록)과 형
벌刑罰인데, 그것은 인간의 좋고 싫어하는 감정에 기초해 설치된 것이다.
상벌론은 신하와 백성들 모두를 그 대상으로 한다는 점에서 법과 술의 정
치 논리를 구체적인 현실에 적용시키기 위한 유효한 수단이었다. 철저히
능력과 업적을 중심으로 정해진 원칙에 따라 인사제도를 운영하고, 신분
의 고하를 막론하고 형벌을 집행하는 권한을 군주가 독점하여, 중신의 상
벌권 독점을 통한 군권君權 위협을 근원적으로 봉쇄함으로써 군주는 실제
적인 정치권을 확보하게 된다. 여기서 군주와 신하의 관계는 상벌의 원칙
으로 매개될 뿐이다. 이것은 새로운 관리 선발 제도의 도입을 통해 특권
귀족의 붕당을 통한 세력 확장을 견제하고, 더 나아가서 그들을 제거하고
자 하는 제도적 장치로서 의미가 있다. 상벌권의 독점에 의한 군주의 신
하 제어는 능력과 업적에 따른 객관적인 원칙에 입각한 인사제도 운용 방

법으로서, 특권 귀족의 세습과 매관賣官에 의한 인사제도의 운영에 제동을 걸어 그들로부터의 군권君權 침략을 막는 데 주목적이 있었다.

또한 법가의 술론術論은 정치적 신뢰를 중시하는데 신상필벌론이 바로 그 대표적인 예라 할 수 있다. 신상필벌은 군주가 완전히 가슴에 담아 두고 은밀히 신하를 제어하는 기술이라고는 볼 수 없다. 왜냐하면 상벌의 원칙은 신민 모두에게 공개되며, 상벌을 통해서 구귀족의 전횡專橫을 효과적으로 견제할 수 있기 때문으로 보인다.

3) 세치勢治

한비자는 군주에게 법法과 술術이 갖추어져 있어도 세勢가 없으면 제대로 다스려질 수 없다고 한다. 그에게 있어 세勢는 법과 술을 실행하는 전제이며 기초이다. 세勢가 없으면 법과 술은 실행되지 않기 때문이다. 따라서 여기서 말하는 "세勢는 권세權勢, 권력權力 또는 위세威勢, 위력威力 등을 가리킨다."

한비자에 의하면, "세勢는 대중을 휘어잡는 바탕이다." 신민臣民의 생사여탈권生死與奪權을 쥐고 천하를 호령할 수 있는 세가 없으면 군주는 유명무실한 존재에 불과하다는 것이다. 폭군 걸桀이 비록 난폭하기는 하였지만 귀하기로는 천자였으며, 그가 천하를 장악하고 호령할 수 있었던 것은 세가 컸기 때문이라고 한다. 아무리 어진 마음을 가진 요순임금이라 할지라도 세가 없으면 단 세 사람도 다스릴 수 없다고 한다. 따라서 한비자에 의하면 "군주는 은혜롭고 어진 마음을 기르지 말고, 위엄의 세勢를 길러야 한다" "세가 있으면 다스려지고 세가 없으면 마치 이빨 빠진 호랑이와 같다"는 것이다.

호랑이와 표범이 사람을 이기고 모든 짐승을 휘어잡을 수 있는 것은 그의 발톱과 이빨이 있기 때문이다. 만일 호랑이와 표범이 발톱과 이빨을 잃는다면 반드시 사람에게 제압당할 것이다. 지금 권세가 중요한 것은 임금의 발톱 및 이빨과 같기 때문이다. 사람들의 임금으로서 그의 발톱과 이빨을 잃는다면 그것은 발톱과 이빨을 잃은 호랑이와 표범의 신세처럼 될 것이다.

– 『한비자』「인주人主」

힘이 많으면 다른 사람들이 와서 조회하고, 힘이 적으면 상대에게 조회한다. 그러므로 밝은 임금은 힘을 기르는 데 노력한다.

– 『한비자』「현학顯學」

한비자가 정치에는 세勢가 필요불가결한 요소라는 것을 역설하면서 특히 유가의 현賢에 대비시킨 것은 유가의 존현주의(尊賢主義: 어진 사람을 존경함)를 반박하기 위한 것으로 보인다. 또한 시대적으로 보아도 "고대에는 덕을 숭상하고, 중세에는 지혜를 좇았으며, 오늘날에는 힘을 겨룬다"라고 한다. 그래서 다음과 같이 말한다.

대체로 재능이 있으나 세력을 가지고 있지 않으면 비록 현명하지만, 못난 사람을 제어할 수 없다. 그러므로 한 척밖에 안 되는 재목材木도 높은 산에서 있으면 천 길이 되는 계곡을 굽어볼 수 있다. 이것은 재능이 뛰어난 것이 아니라 자리가 높았기 때문이다. 걸桀이 천자가 되어 천하를 제어할 수 있었던 것도 현명했기 때문이 아니라 세력이 컸기 때문이다. 요堯가 필부匹夫가 되면 세 집도 바로잡을 수 없다. 그것은 못났기 때문이 아니라 지위가 낮았기 때문이다.

– 『한비자』「공명功名」

또한 한비자는 이 같은 세勢를 제도의 문제로 보았으며, 사람의 문제로 보지 않았다. 사람이 현명하건 않건 그것과는 상관없이 제도에 의하여 세를 얻는다는 것이다. "법을 안고 세를 업는다(포법처세抱法處勢)"라는 것은 그것을 두고 한 말이다. 또한 한비자에 의하면, "세는 자연지세自然之勢가 아니고 인간이 설정한 것이라고 한다. (人之所設也,『한비자』「난세難勢」)". 그렇다면 사람이 절대군주정을 법 제도로 만들어 놓으면 권력은 한 사람의 군주에게 집중되게 마련이다. 한비자의 법은 군주의 명령이며, 그 명령의 실효성은 형벌권에 의하여 보장된다. 그리고 이 형벌권은 군주 한 사람에게만 귀속된다. 그러므로 그 군주가 권력의 자루를 쥐고서 세勢를 업으면 절대군주정의 통일된 질서 체계가 하나의 제도로서 완성되는 것이다.

결국 한비자에 있어서 법法, 술術, 세勢에 의한 치도治道의 구조는 한 실에 꿴 구슬과 같아서 법치法治, 술치術治, 세치勢治의 기능이 상호 결합하여 하나의 제도로 뭉친 존재가 되는 것이며, 한비자는 이 같은 치도의 구조를 이용해 패왕覇王의 업, 즉 부국강병富國强兵의 패도覇道를 달성하고자 했다.

상앙(B.C. 390~B.C. 338)

위衛나라 사람으로 공손앙公孫鞅으로도 불린다.
전국시대의 정치가이자 개혁가, 사상가이다. 법
가의 대표적인 인물이다. 공을 세워 상읍商邑을
하사받아서 상군商君, 혹은 상앙商鞅으로 일컫게
되었다. 그는 진秦나라의 부국강병을 위해 변법
을 시행했다. 호적제도를 개선하고 군공軍功으
로 작위를 내리게 하였다. 또한 토지제도, 행정
구역, 세금, 도량형 및 민속 등을 정비하고, 엄한
법률로 나라를 다스리게 만들었다.

신불해(B.C. 385경~B.C. 337)

전국시대의 한韓나라 학자이자 정치가이며 사상가로 한
나라의 소후昭侯를 섬겨 재상으로서 15년간 나라를 태
평하게 다스렸다. 신불해는 '술術'을 중시했다. 한비자
는 그의 '술術'에 대해 "군주가 재능에 따라 관리를 임명
하고 직무에 근거해 업적을 평가하여 명과 실이 부합되
도록 하며 절대적인 권위로써 신하들을 제어하는 것"이
라고 설명했다. 그의 '술' 사상은 법가 이론을 구성하는
중요한 성분이 되었다.

신도(B.C. 395~B.C. 315)

전국시대의 학자로 제齊나라의 선왕宣王
때 직하稷下의 학사學士를 지냈다. 그의
사상은 법法은 물론 세勢, 즉 권세를 중
시한 점에 특색이 있다. 『한비자』에 있
는, "용龍은 구름을 타면 훌륭하지만 구
름을 잃으면 지렁이와 다름없다"라는
설은 그 일단을 나타낸다.

한비자를 읽어야 하는 이유

『한비자』는 오직 군주를 위한 책으로 만들어졌다. 나라의 존폐가 달린 춘추전국시대(春秋戰國時代: B.C. 8세기에서 B.C. 3세기에 이르는 중국 고대의 변혁 시대)에 강력한 통치력을 바탕으로 패자覇者가 되려고 혈안이 된 군주들에게는 꼭 필요한 책이었음이 틀림없다. 그것은 진시황秦始皇을 통해서 입증되었다. 한무제(漢武帝: B.C. 156~B.C. 87년) 이후 2000년 동안 중국왕조의 이념이었던 유가 사상 밑에서 살아 숨 쉬며 명맥을 이어오기도 했다.

한비자가 말하는 제왕학(통치학)의 논점들은 위험한 면이 많다. 때로는 비인간적이며 냉정하고 폭압적이기까지 하다. 그럼에도 불구하고 이 시대에 『한비자』를 읽어야 하는 이유는 춘추전국시대와 우리가 사는 시대가 너무 흡사하기 때문이다. 지금은 비록 겉으로는 평온한 듯하지만 잠시라도 한눈을 팔면 도태되는 세태는 그때나 지금이나 다를 바가 없다. 무한경쟁 시대에 살아남고 자신의 꿈과 이상을 펼쳐 나가려면 한비자의 매서운 '통찰력'이 필요하다. 그렇다고 한비자가 주장한 것처럼 강력한 군주가 나와야 한다는 이야기는 아니다. 또한 한비자가 주장한 법가 사상의 이론들을 무조건적으로 수용하고 받아들여야 한다는 이야기도 아니다. 비판적으로 읽되 우리에게 필요한 "한비자의 통찰력과 관계술"은 수용하며 배우자는 것이다. 미래에 대한 막연한 기대보다 철저히 자신을 관리하고 삶의 원칙을 지켜 나갈 때 비로소 성공의 길로 들어선다는 것이 한비자가 전하는 메시지다.

『한비자』는 춘추전국시대 못지않게 혼돈의 시대를 살고 있는 우리에게

'삶의 지혜'를 선사할 것이다. 특히 리더를 꿈꾸거나 사회에 첫발을 내딛기 위해 준비하는 이들에게 '방향'을 제시해 주고 '성공'을 향해 나아가도록 이끌어 줄 것이다.

각자가 직면한 어려움은 조금씩 다를지라도 『한비자』를 통해 자신의 현주소를 정확하게 파악하고 경영에 대한 통찰을 얻는 데 도움이 되길 바란다.

사실 『한비자』는 에스프레소 원액과 같다. 에스프레소 원액에 뜨거운 물을 넣으면 아메리카노가 되고, 우유를 섞으면 카페라테가 되는 것처럼 『한비자』는 어떻게 활용하느냐에 따라 리더십, 협상론, 조직관리론, 자기계발 등 다양한 분야의 지침서가 될 수 있다.

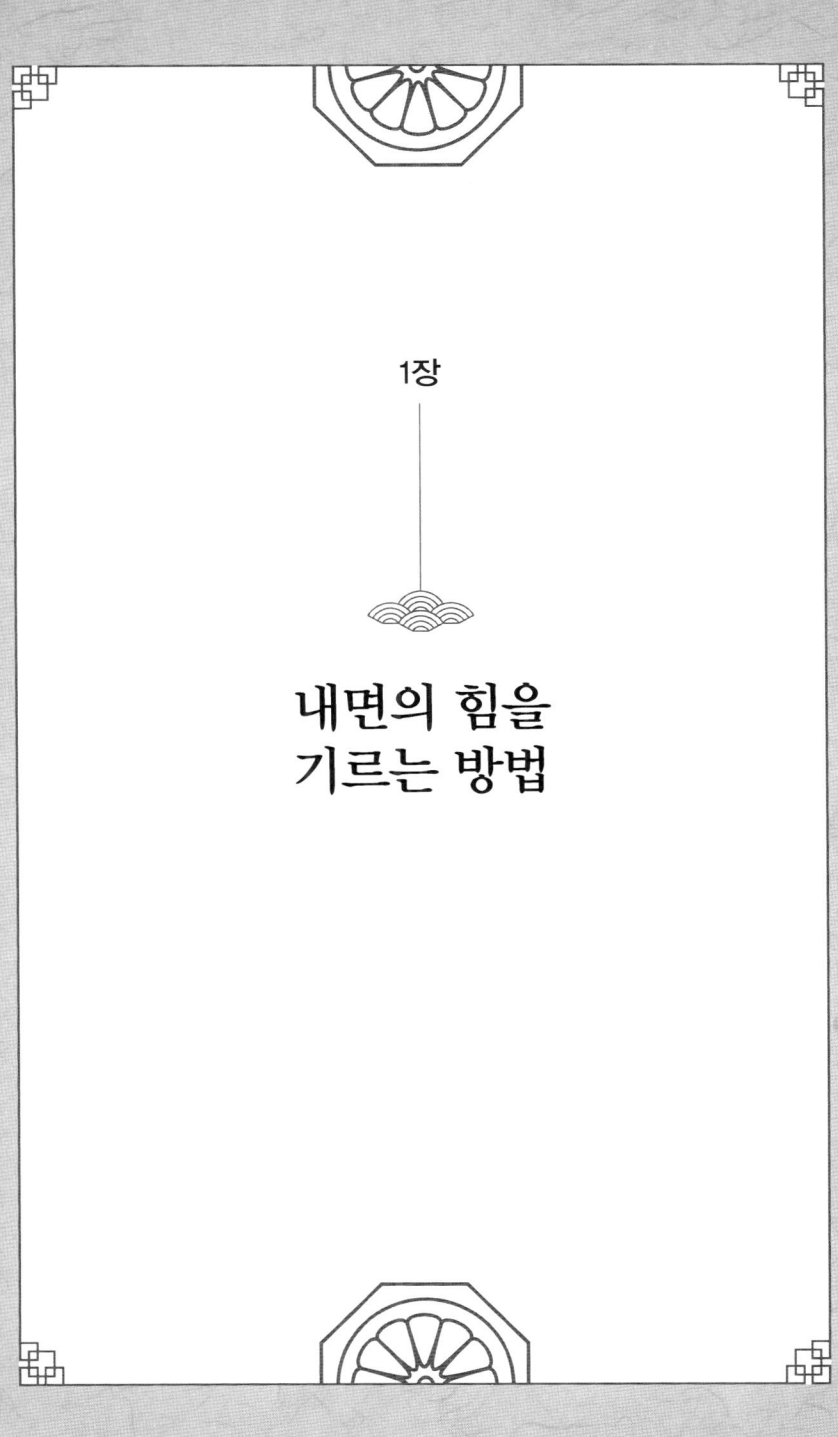

1장

내면의 힘을
기르는 방법

1. 너 자신을 알라

혼란한 시대일수록 멀리 내다보는 지혜가 더욱 필요하다. 사물의 작은 싹을 보고 전체를 관통해 내는 능력도 필요하다. 요컨대 앞으로 세상이 어떻게 변화될지 읽어 내는 안목을 갖추라는 것이다. 세상의 변화를 읽어 내려면, 그보다 먼저 선행되어야 할 것이 있는데, 바로 자신을 아는 것이다.

『손자병법孫子兵法』에는 "상대를 알고 나를 알면 백 번 싸워도 위태롭지 않다(知彼知己 百戰不殆)"라는 말이 있다. 싸움에서 승리하려면 상대를 분석하는 것도 중요하지만, 자신에 대해 잘 알아야 한다는 말이다.

대부분의 군주는 자신에 대해 잘 모른다고 한비자는 말했다. 이것이 무슨 뜻인지, 『한비자韓非子』「유로喩老」편을 통해 살펴보고자 한다.

> 초楚나라 위왕威王이 월나라를 정벌하려고 하자 신하인 두자杜子가 간언했다.
> "왕께서는 무엇 때문에 월나라를 정벌하려고 하십니까?"
> 왕이 말했다.
> "지금 월나라는 정치가 어지럽고 병력이 약화되었기 때문이다."
> 두자가 말했다.

"신은 어리석으나 지혜라는 것은 눈과 같은 것이라 생각합니다. 눈은 백 보 앞을 내다볼 수 있으나 가까이에 있는 제 눈썹은 보지 못합니다. 지금 폐하의 군사들은 진秦나라와 진晉나라에 패배해 수백 리에 달하는 영토를 잃었습니다. 또 장교莊蹻라는 자가 국내를 횡행하며 도둑질을 일삼아도 관리가 그것을 잡지 못하고 있는 형편입니다. 이는 정치가 문란해졌다는 증거입니다.

폐하의 병력이 약하고 정치가 어지러운 것은 월나라보다 더하면 더했지, 덜하지 않을 것입니다. 그런데도 월나라를 정벌하겠다고 하시니, 이는 눈이 눈썹을 보지 못함과 다를 바 없습니다."

이에 위왕은 월나라를 공격하려는 계획을 멈추었다. 자신 외의 다른 대상을 보는 것은 어렵지 않으나, 자기 자신의 일을 보는 데는 매우 어둡다. 무릇 사람의 지혜라는 것이 그렇다.

그래서 노자老子는 "자기 자신을 잘 볼 줄 아는 것이 명明이다"라고 말했다.

『한비자』「유로」편에서는 한비자가 역사적인 고사들을 노자 사상과 비교하면서 자신의 정치 철학과 사상을 표현했다. 한비자는 노자의 사상을 빌려 자신의 철학을 부각하려는 의도가 담겨 있다. 여기서 한비자는 "지식의 어려움은 다른 사람을 보는 데 있지 않고 자신을 보는 데 있다"라고 말했다. 즉, 자신을 살필 수 있는 것이 진짜 지식이라는 것이다. 군주는 다른 나라보다 자신이 다스리고 있는 나라를 더 잘 알아야 한다.

군주뿐만 아니라 많은 사람이 초나라 위왕처럼 다른 사람의 장단점을 훤히 꿰뚫는다. 하지만 자신이 좋아하고 싫어하는 것에는 둔하다. 자신이 진정으로 원하는 게 무엇인지, 어떤 삶을 살고 싶은지 깊이 생각하지도 않는다. 성공한 사람들을 보며, 그저 그들처럼 돈 많이 벌어서 잘살고 싶다는 생각밖에는 하지 않는다.

인생의 갈림길에 서 있을 때 많은 사람은 다른 사람의 조언에 기댄다.

자신의 생각과 판단에 집중하는 사람은 별로 없어 보인다. 다른 누군가가 자신을 이끌어 주기를 은근히 바라는 것이다. 그러나 다른 사람의 조언에 의한 선택은 언젠가는 후회할 가능성이 매우 높다.

『한비자』「십과十過」편에서 한비자는 개인뿐만 아니라 나라의 흥망성쇠도 이와 다르지 않다고 말하고 있다.

옛날 진秦나라가 한韓나라의 의양宜陽을 공격해 한나라가 매우 위급하게 되었다. 이때 재상 공중붕公仲朋이 한나라 군주에게 말했다.

"동맹국도 믿을 수 없습니다. 그러니 장의(張儀: ?~B.C. 309)의 말처럼 진나라와 화해하는 것이 좋을 듯싶습니다. 그러려면 진나라에 큰 도읍을 뇌물로 바치고 진과 한편이 되어 남쪽으로 가서 초나라를 정벌하십시오. 그럼 우리나라는 진나라로부터 공격당하는 근심에서 벗어날 수 있고, 진나라에 의해 입게 될 해는 초나라로 옮겨질 것입니다."

한나라 군주는 이 의견에 찬성하고 공중붕에게 명해 진나라에 양국의 평화조약을 제의하도록 했다. 초나라 왕은 이 말을 듣고 걱정돼 진진陳軫을 불러 말했다.

"지금 한나라의 공중붕이 서쪽으로 가 진나라와 동맹을 맺으려 하는데, 장차 어찌하면 좋겠소?"

진진이 대답했다.

"한나라가 진나라에 도읍을 바치고 그들과 한편이 되어 우리 초나라를 치려고 하는데, 이는 진왕이 일찍이 종묘 앞에서 축원하던 일이므로 우리로서는 도저히 해를 면할 길이 없습니다. 그러니 왕께서는 급히 한나라에 사신을 보내 예물을 바치고 '우리나라는 소국이지만, 귀국을 돕기 위해 많은 군사를 일으켰습니다. 그러니 귀국은 진나라를 상대로 마음껏 뜻을 펼치십시오. 그리고 사신을 파견해 우리 초나라의 병력 상태를 살펴보시길 바랍니다'라고 하십시오."

이리하여 초왕이 한나라에 사신을 보내자 한왕은 좋아하며 초나라에 사람을 보내 실정을 살피도록 했다. 초왕은 전차와 기병을 즐비하게 세워 놓고 한나라 사신에게 말했다.

"군주께 말씀드려 주시오. 우리 군대는 즉시 국경으로 들어가겠소."

사신이 돌아와 보고하자, 한나라 군주는 매우 기뻐하며 공중붕이 진나라로 들어가는 일을 중지시켰다. 이에 공중붕이 말했다.

"안 됩니다. 실력으로 우리를 칠 나라는 진이요, 말만으로 우리나라를 구하는 것은 초나라입니다. 초나라의 빈말을 믿고 눈앞에 다가온 진나라의 강력한 화를 경시한다는 것은 나라를 위태롭게 하는 일입니다."

그러나 한나라 왕은 듣지 않았다. 공중붕은 화가 나서 집으로 물러나 열흘이 넘도록 조정에 나가지 않았다. 그러는 동안 진나라의 의양 공격이 더욱 격렬해지자 한나라 왕은 초나라에 사자를 보내 구원병을 청했다. 하지만 초나라 구원병은 끝내 오지 않았고, 의양은 마침내 함락되었다. 한나라 왕은 천하의 웃음거리가 되고 말았다.

이어서 한비자는 "자신의 역량을 헤아려 보지 않고 다른 제후의 힘에 기대려고 하면 영토를 잃는 재난이 발생할 것이다."라고 말했다.

『한비자』「십과+過」편은 군주가 나라를 다스리면서 범하는 열 가지 잘못에 관한 이야기이다. 그중 이 이야기는 자신의 힘을 믿지 않고 힘 있는 세력에 의지하면 나라가 망하는 결과를 초래하므로 이런 우를 범하지 말라는 것이다. 즉 자신을 살피지 않고 누군가의 힘에 기대려는 태도를 비꼬는 것이다.

자신이 정말 원하는 삶을 살아가려면 먼저 자신이 누구인지 알아야 한다. 그리고 하고 싶은 것, 이루고 싶은 것이 무엇인지 알아야 한다. 또한 어떤 인생을 살고 싶은지 발견해야 한다. 자신이 어떤 사람인지 알려면 무엇보다 내면의 소리에 귀 기울일 필요가 있다. 자신이 무엇을 할 때 기쁘고 행복한지, 자신이 간절히 원하는 것은 무엇인지, 눈만 감으면 떠오르는 것이 무엇인지, 책이나 영화, 이야기 중에서 유난히 가슴을 뛰게 하는 것은 무엇인지 살펴야 한다. 마음의 작은 움직임이 단서가 되어 원하는 삶의 목적과 목표를 발견할 수 있다. 자신이 어떤 사람인지 명확하게 알아야 비로소 나아갈 방향을 설정할 수 있다.

한비자는 지금 우리의 삶에 질문을 던지며 자신이 누구인지 알아야 한다고 말한다. 그것이 바로 지혜라는 것이다.

"나는 누구인가?"

이 질문에 명확한 답을 내놓을 수 있는 것이 미래를 밝히는 지름길이다.

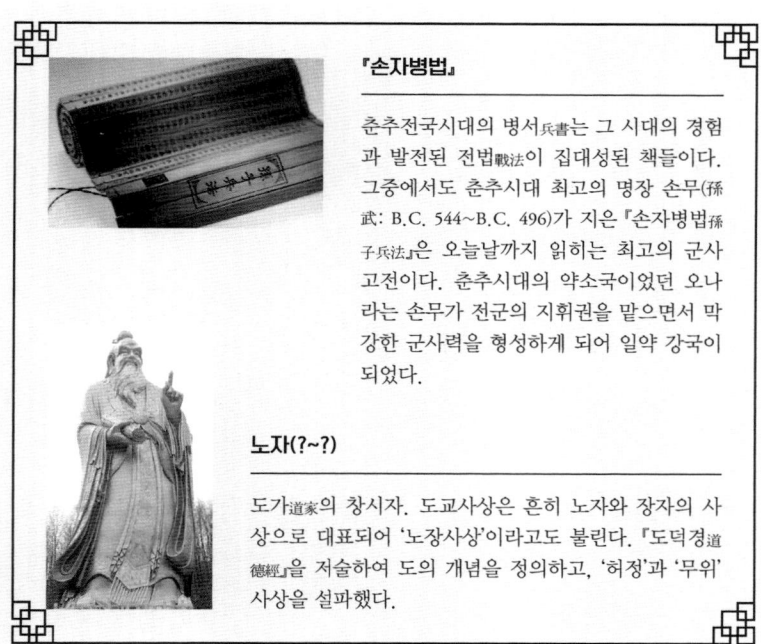

『손자병법』

춘추전국시대의 병서兵書는 그 시대의 경험과 발전된 전법戰法이 집대성된 책들이다. 그중에서도 춘추시대 최고의 명장 손무(孫武: B.C. 544~B.C. 496)가 지은 『손자병법孫子兵法』은 오늘날까지 읽히는 최고의 군사 고전이다. 춘추시대의 약소국이었던 오나라는 손무가 전군의 지휘권을 맡으면서 막강한 군사력을 형성하게 되어 일약 강국이 되었다.

노자(?~?)

도가道家의 창시자. 도교사상은 흔히 노자와 장자의 사상으로 대표되어 '노장사상'이라고도 불린다. 『도덕경道德經』을 저술하여 도의 개념을 정의하고, '허정'과 '무위' 사상을 설파했다.

장의(?~B.C. 309)

전국시대 위나라의 모사. 소진의 주선으로 진秦나라에
서 벼슬살이하게 되어 혜문왕 때 재상이 되었다. 연횡
책(連衡策: 전국시대 연燕·위魏·제齊·조趙·초楚·한韓의
여섯 나라가 진나라와 횡橫으로 각각 동맹을 맺어 화친할 것을
주장한 책략)을 주창하면서, 위·조·한나라 등 동서로
잇닿은 6국을 설득, 진나라를 중심으로 하는 동맹관계
를 맺게 하였다.

2. 바른 가치관의 정립

우리는 수많은 선택을 하며 목적지를 향해 나아간다. 그리고 오늘 어떤
선택을 하느냐가 그 성패를 좌우한다. 그 선택의 근간이 되는 것이 '가치'
이다. '가치'는 '값어치'의 다른 표현이다. 즉, 선택의 갈림길에서 어떤 것
에 제일 높은 '값어치'를 매기느냐가 성패의 관건이라는 것이다.

『한비자』「간겁시신姦劫弑臣」편에는 내면에 품고 있는 가치가 어떻게
발현되는지를 말해 주는 대목이 나온다.

초楚나라의 춘신군(春申君: ?~B.C. 238, 전국시대 초나라의 정치가)에게는 여余
라는 애첩과 정실부인이 낳은 갑甲이라는 아들이 있었다. 애첩 여는 춘신군
이 정실부인을 버리게 하려고, 스스로 몸에 상처를 내서 그에게 보이며 눈물
로 호소했다.

"당신을 섬길 수 있게 된 것은 소첩으로서는 매우 큰 행운입니다. 그렇지
만 정실부인의 뜻을 따르고자 하면 당신을 섬길 수 없고, 당신의 뜻을 따르

면 정실부인을 거스르게 됩니다. 소첩이 어리석은 까닭에 두 주인을 섬기기에는 역부족인 듯합니다. 두 분을 모두 섬길 수 없는 상황이라 부인에게 죽임을 당하느니 차라리 당신 앞에서 죽겠습니다. 만일 당신 곁에 또다시 총애하는 여인이 있게 된다면, 바라옵건대 이 일을 잘 살피시어 사람들에게 비웃음당하는 일이 없도록 하십시오."

춘신군은 애첩 여가 꾸며 낸 말만 믿고 정실부인을 버렸다. 여는 또다시 갑을 없애고 자기 아들이 대를 잇게 하려고, 자기 옷을 찢어 춘신군에게 내보이며 눈물로 호소했다.

"소첩이 당신의 총애를 받아온 지 오래됐으니, 갑이 모를 리 없을 텐데, 오늘 그가 소첩을 강제로 희롱하려고 해서 그와 다투다가 옷이 이 지경으로 찢어지고 말았습니다. 자식 된 자로서 이보다 더 큰 불효가 어디 있겠습니까?"

춘신군은 여妾의 말만 믿고 분노해 갑을 죽였다. 춘신군은 첩인 여의 거짓 농간에 정실부인을 버리고 아들을 죽이는 큰 과오를 범했다.

이처럼 부모 자식 사이에도 모함으로 죽고 죽이는 일이 있는데 하물며 이익 관계로 맺어진 군주와 신하 사이에는 더한 음모와 간계가 난무하지 않겠는가? 한비자는 부모 자식을 빗대어 자기 이익을 우선하고 안정된 삶을 추구하려는 사람의 본성을 드러냈다. 자기 이익을 위해서라면 해서는 안 될 일도 저지르는 존재가 바로 사람이다.

「간접시신」이란 간사한 계략으로 군주를 시해하는 신하를 뜻한다. 간신들은 군주가 옳다고 여기는 것에 찬성하고 그르다고 생각하는 것에 반대하며 군주의 비위를 맞춘다. 그리해서 군주의 신임과 총애를 받아 자신의 욕심을 채운 뒤에는 결국 군주에게 위험과 해를 끼치는 인물이 된다. 이처럼 간신은 자신의 욕심을 채우기 위해 수단과 방법을 가리지 않는다.

한비자는 「설림說林 상」 편에서 그러한 인간의 본성을 적나라하게 보여주며 순진하게 사람을 믿는 이들에게 정신을 차리라고 한다.

> 위나라 사람이 딸을 시집보내면서 다음과 같이 가르쳤다.
> "반드시 네 재산을 따로 모아 두어라. 다른 사람의 부인이 되었다가 내쫓기는 일이 비일비재하고, 죽을 때까지 함께 사는 것은 요행이다."
> 그리하여 그녀는 은밀하게 재산을 모았는데, 며느리의 개인 재산이 많다고 생각한 시어머니에 의해 결국 쫓겨나게 되었다. 친정으로 돌아온 딸의 재산은 시집갈 때 가지고 간 것의 두 배가 되었다. 아버지는 자식을 잘못 가르친 것을 죄스러워하기는커녕 자신이 총명해서 자식이 재산을 늘렸다고 생각하고 좋아했다.

한비자는 위의 이야기를 이렇게 마무리한다. "지금 벼슬자리에 있는 자들은 모두 이런 무리이다." 집안 살림보다 자기 재산 불리는 일에 혈안이 되었던 부인처럼, 당시 신하들은 국정을 돌보는 일보다 자기 재산을 불리고 일신의 영화를 도모하는 일에 온 힘을 쏟아부었다. 이런 신하들이 많은 나라에 희망은 없다.

지금도 누군가에게 기대어 이익을 취하려는 사람들이 많다. 힘을 합쳐 사업을 하고 연구를 했는데 핵심만 뽑아 도망치는 사람들의 이야기가 끊이질 않는다. 회사에서도 틈만 나면 자신의 이익 챙기기에 급급한 사람들이 너무나 많다. 대체 왜 그러는 걸까?

바람직한 가치가 내면화되지 않아서 그렇다. 가치는 그 자체가 목적이 되는 '목적 가치'와 그 수단이 되는 '수단(도구)' 가치로 나뉜다. 평등이나 사회정의 같은 것은 그 자체가 목적이 되므로 목적 가치에 해당한다. 반면, 수단 가치는 목적을 이루기 위한 도구적인 요소이다. 우리에겐 목적 가치가 있어야 한다. 수단을 목적으로 삼으면 삶은 불행해진다.

많은 사람이 그토록 열망하는 돈은 수단이 될 수도 있고 목적이 될 수도 있다. 돈이 목적이 되면 우리 삶은 돈의 노예로 전락해, 한비자가 말하는 간신들의 삶과 같게 될 가능성이 크다. 자본주의 사회에서 돈을 벌어야 하지 않느냐고 반문할 수 있다. 공부하고 자기 계발하는 것도 다 먹고 살기 위한 것 아니냐고 목소리를 높일 수 있다.

돈 자체를 부정하는 것이 아니라, 돈이 목적이 되는 것을 경계하는 것이다. 돈이 목적이 되면 수단과 방법을 가리지 않고 돈을 모으게 되고, 돈에 의해 삶이 통제되게 된다. 반면 목적을 이루는 수단으로 돈을 사용하면, 삶의 주인으로서 돈을 통제하며 삶을 다스리며 살아갈 수 있다.

여러분도 자기 내면을 자세히 들여다보길 바란다. 내면 깊숙이 침잠해 있는 가치는 무엇인가를 살피고, 그 가치에 따라 오늘과 내일의 삶이 결정된다는 것을 기억해야 할 것이다.

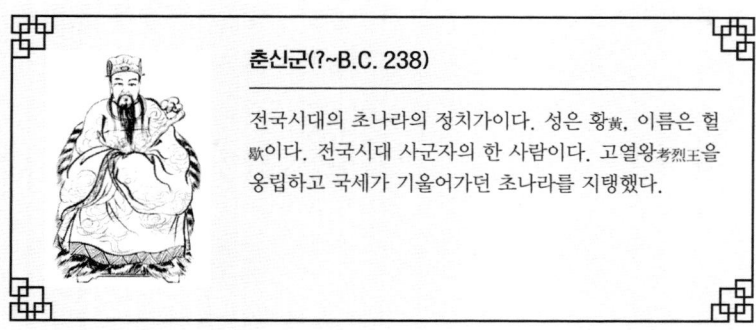

춘신군(?~B.C. 238)

전국시대의 초나라의 정치가이다. 성은 황黃, 이름은 헐歇이다. 전국시대 사군자의 한 사람이다. 고열왕考烈王을 옹립하고 국세가 기울어가던 초나라를 지탱했다.

3. 욕심을 다스린다

내면의 힘을 기르려면, 작은 욕심을 다스리는 것이 필수이다. 작은 욕심이 생각을 흐트러뜨리면, 사악한 마음이 강해져 일을 그르치게 된다. "작은 것을 탐하다가 큰 것을 잃는다는 뜻의 소탐대실小貪大失"을 기억해야겠다.

"대체 누가 작은 것을 탐하다가 큰 것을 잃겠어?"라며 말도 안 된다고 할 수 있겠지만, 춘추전국시대에는 이런 일들이 비일비재했다. 『한비자』「십과十過」편의 다음 이야기를 보면 고개가 끄덕여질 것이다.

> 진晉나라 헌공獻公이 우虞나라로부터 길을 빌려 괵虢나라를 치려고 했다. 그때 헌공의 신하 순식荀息이 말했다.
> "군주께서 수극垂棘 땅에서 난 벽옥과 굴屈 땅에서 난 명마를 우공虞公에게 뇌물로 주고 길을 빌려 달라고 하면 반드시 우리에게 길을 빌려줄 것입니다."
> 헌공이 말했다.
> "수극의 옥은 우리 조상의 보배이며 굴 땅의 명마는 과인의 준마이다. 만약 우공이 그것만 받고 길을 빌려주지 않으면 어떻게 하겠는가?"
> 순식이 대답했다.
> "우공이 길을 빌려줄 생각이 없다면 그 물건들을 감히 받지 못할 것입니다. 만약 선물을 받고 길을 빌려준다면 장차 우나라를 멸망시켜 다시 찾으면 됩니다. 보배를 준다지만, 실상은 국내의 창고에서 국외의 창고에 잠시 맡겨 두는 꼴입니다. 그러니 걱정하지 마십시오."
> 이에 헌공은 순식을 시켜 옥과 말을 우공에게 보내고 길을 빌려 달라고 요청했다. 우공은 재물에 욕심이 많아 그 옥과 준마를 가지고 싶은 마음에 길을 빌려주려고 했다. 그러자 신하인 궁지기宮之奇가 이렇게 간언했다.

"그리해서는 안 됩니다. 우나라와 괵나라는 서로 떼려야 뗄 수 없는 사이입니다. 우리 우나라에 괵나라는 수레의 보(輔: 수레바퀴 양쪽에 묶어 튼튼하게 해 주는 나무를 말함)와 같습니다. 보는 수레를, 수레는 보를 의지합니다. 우나라와 괵나라의 형세가 바로 이와 같습니다.

만일 우리가 진나라에 길을 빌려준다면, 괵나라는 아침에 망하고 우나라는 그날 저녁 망할 것입니다. 바라건대 그들의 요구를 물리쳐 주옵소서."

그러나 우공은 궁지기의 간언을 듣지 않고 진나라에 길을 빌려주었다. 순식은 괵나라를 정벌하고 자기 나라로 돌아온 지 삼 년 만에 군사를 일으켜 우나라까지 정벌했다. 순식은 준마와 옥을 헌공에게 도로 바쳤다.

이 이야기에서 '순망치한脣亡齒寒'이라는 고사성어가 나왔다. "입술이 없으면 이가 시리다는 뜻"이다. 가까운 사이에 있는 하나가 망하면 다른 하나도 그 영향을 받아 온전하기가 어렵다는 의미로 쓰인다. 우나라와 괵나라가 그런 사이였다.

그러나 우나라의 우공虞公은 작은 것을 탐하다가 괵나라뿐만 아니라 자기 나라까지 잃어버렸다. 한비자는 이런 군주의 태도를 비난하며, 작은 이익에 연연하면 큰 보배를 놓칠 것이라고 충고했다.

삶에서 한 계단 올라가는 길에는 언제나 유혹이 도사리고 있다. 호시탐탐 삶을 무너뜨리려는 지뢰들이 곳곳에 묻혀 있다. 자기 이익에 도취하여 작은 것을 탐하는 행위가 뇌관을 건드려 지뢰를 터뜨릴 것이다. 사소한 이익을 챙기려는 욕심이 삶을 통째로 날려 버릴 수도 있다.

그렇다면 어떻게 해야 욕심의 유혹에서 벗어날 수 있을까? 『한비자』 「외저설外儲說 우하」 편의 이야기를 통해 그 답을 찾을 수 있다.

노魯나라의 재상 공의휴公儀休는 물고기를 좋아했다. 노나라 사람들이 앞다투어 물고기를 사서 그에게 바쳤다. 그러나 공의휴는 그것을 받지 않았다. 그의 제자가 물었다.

"선생님께서는 물고기를 좋아하시면서 왜 받지 않으십니까?"

공의휴가 대답했다.

"물고기를 좋아하기 때문에 받지 않는 것이다. 물고기를 받게 되면 사람들의 친절에 감사하는 마음이 생길 것이고, 그리되면 장차 법을 어기게 될 것이다. 법을 어기면 곧 재상의 자리를 잃을 것이고, 파직하면 내가 아무리 물고기를 좋아한다 해도 나한테 물고기를 주는 사람은 없을 것이다.

또한 재상직에서 물러나 한가로운 몸이 되면 돈이 없어서 좋아하는 물고기를 사 먹지도 못할 것이다. 그러니 지금 물고기를 받지 않으면 재상의 자리를 박탈당할 일도 없고, 나 스스로 오랫동안 물고기를 구할 수 있을 것이니 문제없다."

이 이야기는 다른 사람을 믿는 것이 자신을 믿는 것만 못하며, 다른 사람이 자신을 위하는 것보다 자신이 스스로 위하는 것이 낫다는 사실을 분명히 증명해 준다.

공의휴는 순간의 유혹을 지혜롭게 물리쳤다. 아니, 유혹이 밀려올 작은 여지조차 만들지 않았다. 공의휴는 자신이 뇌물을 받았을 때와 받지 않았을 때 벌어질 일을 훤히 꿰고 있었다. 앞으로 벌어질 일을 정확히 예측하고 있었기에 뇌물의 유혹을 미연에 방지할 수 있었다.

『한비자』「유로」편에 나오는 송나라 재상 자한子罕의 이야기도 많은 메시지를 전해 준다.

송宋나라의 한 농부가 가공하지 않은 옥돌을 얻고는 재상인 자한子罕에게 바쳤다.

그러나 자한은 받지 않았다. 그 농부가 말했다.

"이것은 보배이니 마땅히 군자의 물건이 되어야지, 소인이 쓰기에는 마땅치 않습니다."

자한이 말했다.

"그대는 옥을 보물로 생각하지만, 나는 그대의 옥을 받지 않는 것을 보물로 생각하오."

농부는 옥을 탐했지만 자한은 옥을 탐하지 않았던 것이다.

자한은 탐심貪心을 다스렸다. 자신의 권세와 자리를 빌미로 이익을 탐하지 않았다. 군주와 신하 모두 이런 마음 자세가 필요하다고 한비자는 주장했다. 또한 한비자는 마음을 다스린다는 것은 지극히 어려운 일이므로, 법으로 다스려야 한다고 했다. 순간적으로 변하는 사람 마음을 스스로 통제하는 데는 한계가 있기 때문이다.

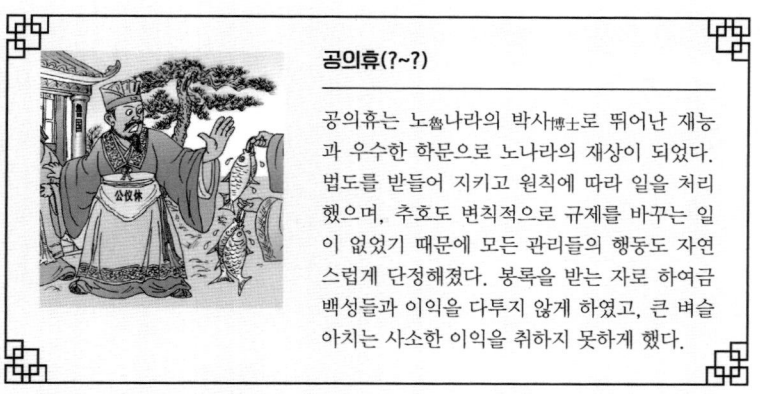

공의휴(?~?)

공의휴는 노魯나라의 박사博士로 뛰어난 재능과 우수한 학문으로 노나라의 재상이 되었다. 법도를 받들어 지키고 원칙에 따라 일을 처리했으며, 추호도 변칙적으로 규제를 바꾸는 일이 없었기 때문에 모든 관리들의 행동도 자연스럽게 단정해졌다. 봉록을 받는 자로 하여금 백성들과 이익을 다투지 않게 하였고, 큰 벼슬아치는 사소한 이익을 취하지 못하게 했다.

4. 신상필벌이 질서의 근간

한비자의 법치주의를 한마디로 요약하면 '신상필벌信賞必罰'이다. "공로가 있는 사람에게는 상을 주고, 죄가 있는 사람에게는 벌을 주어야 한다"라는 뜻이다. 핵심은 상賞과 벌罰의 기준을 공정하고 엄격하게 적용하는 것이다. 상벌賞罰이 형평성에 어긋나는 순간 법치주의는 무너진다.

『한비자』는 수많은 역사적 사건과 우화를 빌려 '신상필벌'을 명확히 해야 한다고 거듭 강조했다. 그래야 나라의 질서가 바로잡히고, 강한 나라가 될 수 있다. 그러나 많은 군주가 상황에 따라 기준을 바꿔 상과 벌을 적용했다. 때로는 자기 실수를 덮으려고 상을 남발했다. 그리되면 당장은 자신의 실수가 무마되는 듯 보이지만, 그 부작용은 매우 심각하다. 한비자는 그런 군주의 실책을 질타했다.

한비자는 법을 적용함에는 원리 원칙에 맞게 적용해야 한다고 강조했다. 마치 저울의 영점을 맞추어 놓은 것처럼 해야 한다고 것이다. 한비자는 「팔설八說」편에서 법의 공정성을 다음과 같이 비유한다.

사람이 저울과 저울추에 손대지 않는 것은 마음이 바르고 이익을 경시해서가 아니다. 저울추의 무게는 사람들의 요구에 따라 바꿀 수 있는 게 아니며, 저울의 무게 또한 사람들의 기분에 따라 무겁게 하거나 가볍게 할 수 있는 게 아니기에 그렇다.

이와 마찬가지로, 현명한 군주의 나라에서 관리가 법을 어기지 않고 사리사욕을 도모하지 않으며, 뇌물을 주고받지 않는 것은 나라의 모든 일이 저울처럼 함부로 다룰 수 없기에 그렇다. 그런 나라에서 신하가 나쁜 일을 하면 즉시 발견되고 처벌된다.

한비자는 관리가 법을 적용함에는 자기 마음대로 바꾸지 말아야 한다고 강조한다. 『한비자』「궤사詭使」편에도 같은 이야기가 반복적으로 등장한다. 「궤사」편은 법法과 술術로 통치하지 않는 당시의 정치 현실을 우려하고 울분을 토로하는 장이다. 당시 법은 저울의 영점처럼 공정하게 적용되지 않았다. 다음은 「궤사」편의 한 대목이다.

> 「본언本言」이라는 책은 나라를 융성하게 하는 방법을 설파한 것으로 다음과 같은 구절이 있다.
> "나라가 다스려지는 것은 법이 확립되었기 때문이며, 나라가 어지러워지는 것은 사람들이 사를 도모하기 때문이다. 법이 확립되어 있으면 사사私事를 행하는 자가 없어진다."
> 그러므로 나라를 다스림에는 사도私道에 의하면 어지럽게 되고, 법의 의하면 잘 다스려진다고 말한 것이다.

한비자는 나라가 혼란에 빠지는 것은 사람들이 사적인 이익을 도모하기 때문이라고 일갈했다. 환공이 자신의 실수를 덮으려 한 것처럼, 신하가 자기 이익을 우선시하면 법질서가 엉망이 되어 나라가 위태로워진다.

이런 원리는 정치뿐만이 아니라, 개인의 삶에서도 마찬가지이다. 삶의 질서가 엄정히 서야 성공적인 삶을 살아갈 수 있다. 상황에 따라 임기응변식으로 대응해 버릇하면 삶의 질서는 좀처럼 바로 서지 않는다. 삶의 질서가 확고하지 않은 사람의 내면은 절대 강할 수 없다.

인생을 의미 있게 살아가는 사람들은 대부분 삶의 질서가 바로잡혀 있다. 그래서 행동의 우선순위가 명확하다. 삶의 기준이 상황에 따라 고무줄처럼 늘었다 줄었다 하지 않고 저울의 영점처럼 정확하다. 바로 그것이

내면을 성장시키는 힘이다.

5. 포용력을 키우는 방법

주변에 사람이 몰리고 존경받는 사람은 지혜로운 사람보다 넓은 마음의 소유자이다. 용맹하기보다 포용력 있는 사람이 리더가 되는 이유이기도 하다. 손무孫武의 『손자병법孫子兵法』을 보면 그 의미를 알 수 있다.

이 책에서 손무는 용장勇將, 지장智將, 덕장德將 세 부류의 장수가 있다고 소개한다. 용장은 용맹스러움을 앞세워 군사를 이끄는 장수, 지장은 뛰어난 지략과 지혜로 부하를 통솔하는 장수, 덕장은 따뜻하고 부드러운 포용력 있는 장수를 가리킨다. 세 가지 덕목이 조화를 이루면 더할 나위 없겠지만 그런 리더는 좀처럼 찾아보기 힘들다.

『삼국지三國志』를 예로 용장은 장비張飛, 지장은 제갈량諸葛亮, 덕장은 유비劉備라 한다면, 나라를 세우고 이끈 사람은 덕장인 유비였다. 『한비자』 「대체大體」 편에서도 다음과 같은 이야기를 한다.

> 위에 있는 자의 덕이 하늘처럼 크지 않으면 아래에 있는 자를 골고루 덮어 줄 수 없고, 마음이 대지처럼 넓지 않으면 만물을 다 실을 수 없다. 태산은 좋고 싫은 것이 없기에 흙과 바위의 좋고 나쁨을 가리지 않고 다 받아들여 능히 그 높음을 이루었고, 강과 바다는 작은 시냇물마저 버리지 않았기에 저토록 풍부해진 것이다.

'대체大體'란 천지를 바라보고 바다와 강이 흐르는 모양을 관찰하며, 산과 계곡의 모양을 살핌으로써 자연의 모습을 스스로 알게 되는 이치를 말한다. 한비자는 「대체」편을 통해 군주라면 덕과 포용력으로 지도력을 갖추어야 한다고 강조했다.

　나라의 정치 질서는 군주의 엄격한 법 집행을 통해 바로잡아야 한다는 것이 『한비자』를 관통하는 중심 메시지이다. 그래서 『한비자』를 제왕학의 교과서'라고 부른다. 그런 한편, 『한비자』는 태산과 바다 같은 군주의 높고 넓은 마음도 강조한다. 『한비자』 「논난論難 3」편을 보면 이를 잘 알 수 있다.

　　진晉나라 문공文公이 망명길에 오를 때, 그를 미워하던 부왕父王 헌공獻公은 환관인 피披를 시켜 문공을 죽이라고 명령했다. 피는 포성蒲城에서 문공을 칼로 쳤는데 옷소매만 잘렸다. 그 후 헌공이 죽고 혜공惠公이 즉위했는데, 장차 문공이 귀국하면 난처한 일이 생길 것이라 여긴 그는 또다시 피를 시켜 문공을 죽이게 했으나 실패했다.

　　19년 만에 문공이 귀국해 왕위에 올랐다. 얼마 후에 피가 알현을 청하자 문공은 다음과 같이 말하며 거절했다.

　　"포성의 싸움에서 헌공은 하룻밤을 지내고 나서 나를 공격하라고 했는데, 너는 곧바로 나를 공격했다. 혜두에서도 혜공은 3일 후에 떠나라고 했다는데, 너는 겨우 하룻밤을 지낸 뒤 쫓아와서 나를 공격했다. 이렇듯 너는 나를 치려고 급히 서두른 잔인한 놈이다."

　　알현을 거절당한 피가 사람을 통해 문공에게 말했다.

　　"신하로서 군명을 어길 수 없는 일입니다. 군주가 미워하는 자를 제거하면서 제가 두려워하는 것은 그저 힘이 부족해 실패하지 않을까, 하는 것뿐입니다. 지금 군주께서는 진나라 왕위에 오른 이상 지난날과 달리 제 군주이십니다. 일찍이 제나라 환공은 자기의 허리띠를 쏘아 죽이려고 했던 관중에 대한 원한을 풀고 그를 재상으로 임명했습니다."

이 말을 듣고, 문공은 피를 만났다.

문공은 자기가 섬기는 군주에게 충성을 다한 피를 용서하고 자기 사람으로 삼았다. 자기를 죽이려 했던 원수를 넓은 마음으로 품었다. 쉽지 않은 선택이지만, 그런 선택을 할 수 있는 군주가 필요하다고 한비자는 말한 것이다. 진시황을 도와 나라를 통일하는 데 큰 공을 세운 이사(李斯: B.C. 284~B.C. 208, 이사의 사상적 기반은 법치주의이며, 진시황을 도와 천하통일과 법치주의 기반을 확립하는 데 크게 이바지했다)의 「간축객서諫逐客書」에는 다음과 같은 문장이 나온다.

"태산은 한 줌의 흙도 사양하지 않고, 강과 바다는 작은 물줄기를 가리지 않는다(泰山不讓土壤 河海不擇細流)."

진시황은 여러 나라에서 기회를 엿보며 몰려드는 빈객賓客들을 추방하려 했다. 이때 이사가 인재를 등용함에는 넓은 마음으로 포용해야 한다는 글을 써서 올린 것이다.

그런데 바로 그 이사가 한비자를 죽게 한 장본인이었다. 한비자가 진시황의 총애를 받자, 이사는 이를 시기해 음모를 꾸며 그를 죽음의 나락으로 떨어뜨렸다. 그랬으면서도 이사는 진시황에게 개인적인 감정을 앞세우지 말라고 조언했다. 넓은 마음으로 포용하는 것이 곧 나라를 세우는 길임을 그도 알긴 알았나 보다.

포용력은 나라의 지도자뿐만 아니라, 모든 사람에게 필요한 덕목이다. 내면의 깊은 상처로 가시가 돋친 사람, 투덜대는 사람, 우쭐대는 사람들을 수용하는 포용력은 이 시대 인재가 갖추어야 할 중요한 능력이기 때문이다.

어떻게 해야 태산처럼 높고 바다처럼 넓은 마음이 될까? 거기에는 외부 충격을 잘 품을 수 있는 마음의 스펀지가 필수이다. 스펀지와 같은 마음이 되려면 마음의 상처부터 제대로 치유되어야 한다. 내면의 상처를 방치해서는 포용력 있는 사람이 되기가 어렵다.

내면의 상처는 어떻게 처리해야 할까? 그 시작은 있는 그대로의 자신을 수용하고 사랑하는 것이다. 그것만 해도 내면의 상처는 크게 치유된다. 과거에 얽매이지 말고, 지나간 것은 지나간 것이라고 쿨하게 인정하는 것이다. 그러다 보면, 자신의 아픔을 인정하고 못난 자신을 용서하고 사랑하게 된다. 자신을 진정으로 사랑하고 존중해줄 수 있는 사람은 오직 자기 자신뿐임을 기억해야 한다.

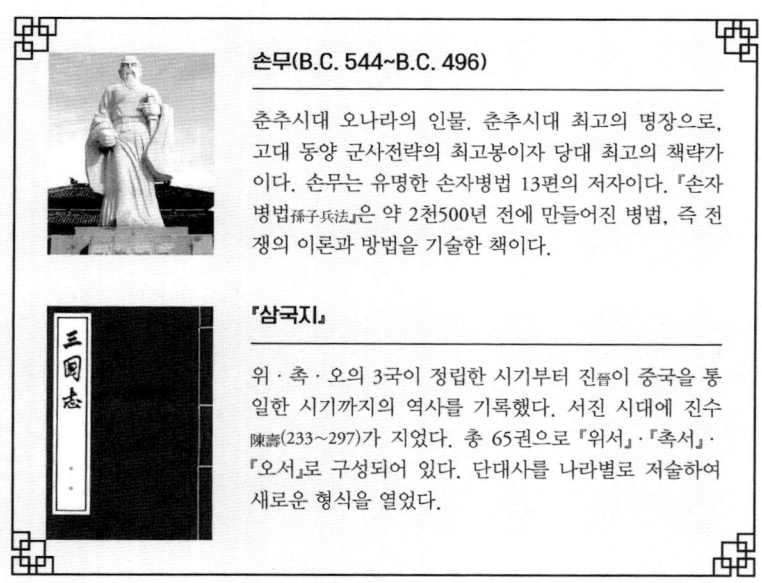

손무(B.C. 544~B.C. 496)

춘추시대 오나라의 인물. 춘추시대 최고의 명장으로, 고대 동양 군사전략의 최고봉이자 당대 최고의 책략가이다. 손무는 유명한 손자병법 13편의 저자이다. 『손자병법孫子兵法』은 약 2천500년 전에 만들어진 병법, 즉 전쟁의 이론과 방법을 기술한 책이다.

『삼국지』

위·촉·오의 3국이 정립한 시기부터 진晉이 중국을 통일한 시기까지의 역사를 기록했다. 서진 시대에 진수陳壽(233~297)가 지었다. 총 65권으로 『위서』·『촉서』·『오서』로 구성되어 있다. 단대사를 나라별로 저술하여 새로운 형식을 열었다.

6. 모르는 척, 못난 척

사물이든 우리의 내면이든 균형이 중요하다. 어느 한쪽으로 쏠리지 않고 균형이 잡혀야 안정감이 있다. 자신을 너무 드러내는 것도, 너무 드러내지 않는 것도 바람직하지 않다. 군주든 신하든 속마음을 어느 선까지 표현해야 하는지가 매우 중요한 이유이다.

신하가 군주의 마음을 꿰뚫어 간언하면 군주의 경계를 받게 된다. 군주의 경계는 곧 죽음을 의미한다. 『한비자』 「설림 상」 편에 다음과 같은 이야기가 있다.

> 제나라에는 습사미隰斯彌라는 현자가 있었다. 그는 오랜 친구 전성자田成子와 함께 누각에 올라 사방을 둘러보았다. 삼면이 탁 트여 있었으나 남쪽으로 울창한 수목이 습사미 집의 시야를 가렸다. 전성자는 그 나무들을 베어 버렸으면 좋겠다고 생각했으나 입 밖에 내지 않았다.
>
> 습사미는 전성자의 의중을 간파하고 집에 돌아와 하인을 시켜 나무를 베도록 했다. 하인이 도끼로 나무를 몇 번 내리찍었을 때 습사미가 그만두라고 했다. 하인이 물었다.
>
> "나무를 베라고 하시더니 왜 갑자기 마음이 변하셨습니까?"
>
> 습사미가 말했다.
>
> "옛날 속담에 '깊은 연못 속의 물고기를 아는 사람은 불길하다'라고 했다. 전성자가 큰일을 꾸미고 있는데, 내가 그것을 알아차리고 나무를 벤다면, 그는 나를 방심할 수 없는 자라 여길 것이다. 나무를 베지 않는 것은 죄가 되지 않지만, 다른 사람이 말하지도 않는 것을 알았다면 그것은 큰 죄가 된다. 그래서 나무를 베지 말라고 한 것이다."

습사미가 나무를 베려던 이유는 전성자의 속마음을 읽었기 때문이다. 전성자의 의도를 간파해 그를 존중하려고 한 것이다. 군주에게 그런 신하가 있다면 천군만마를 얻은 것과 같다. 누군가 자신의 의도를 읽어 내서 그대로 처리해 준다면 얼마나 좋겠는가?

그러나 한비자는 그 이면의 사실도 강조한다. 즉 절대 권력자에게 간언할 때는 극히 조심하라는 것이다. 군주의 의도를 파악해 간언하고 미리 행동에 나선다는 게 항상 옳지만은 않기 때문이다. 군주가 그 간언을 경청할 준비가 되지 않았다면 문제가 생길 수 있고, 자칫하면 화를 불러올 수 있다. 습사미도 전성자의 속마음을 읽은 후 자신에게 어떤 영향을 끼칠지 생각한 뒤 신중하게 결론을 내렸다.

『한비자』「설림 상」 편에서는 자기 속마음을 표현하는 것에 대한 다른 이야기가 이어진다.

양자가 송宋나라 동쪽을 여행하다가 어느 여관에 묵게 되었다. 여관에는 식모 아이가 둘 있었는데, 못생긴 아이는 사랑받고 예쁜 아이는 천대받고 있었다. 양자는 이를 이해할 수 없어 이유를 물었더니 여관 주인이 이렇게 답했다.

"예쁜 아이는 예쁜 점을 자랑해서 제게는 조금도 예쁘게 보이지 않습니다. 그러나 못생긴 아이는 스스로 못났다는 것을 알아서 겸손하게 행동하니 추하게 보이지 않습니다."

이 말을 듣고 양자가 제자에게 말했다.

"자기 행동이 현명하다 할지라도 자신의 현명함을 자랑하는 마음을 버린다면 어딜 가든 존중받을 것이다. 반대로 자신의 현명함을 자랑하는 마음이 있으면 미인처럼 천대받을 것이다."

한비자는 두 아이 예화를 통해 군주의 자세를 알려주었다. 그대로 실천하기가 결코 쉽지는 않다. 자기 속마음을 어디까지 표현해야 하는지, 명확한 선이 없어서 더욱 그렇다.

신하의 간언을 경청할 준비가 된 군주에게는 자신의 속마음을 꿰뚫고 알아서 일을 처리해 주는 신하가 금상첨화다. 하지만 그렇지 않은 군주에게는 자신의 속마음을 꿰뚫는 신하가 부담스러울 따름이다. 그런 군주를 둔 신하로서는 '나 몰라라' 하며 죽은 듯이 지내는 것도 답은 아니다. 왜냐하면 그것은 신하의 도리를 저버리는 일이기 때문이다.

'과유불급過猶不及'이란 말이 있다. 『논어論語』 「선진先進」 편에 나오는 이 말은 "정도가 지나친 것은 모자란 것과 같다"라는 뜻이다. 중용(中庸: 과하거나 부족함이 없이 떳떳하며 한쪽으로 치우침이 없는 상태나 정도)의 덕을 강조하는 말이다.

공자(孔子: B.C. 551~B.C. 479)의 제자 자공(子貢: B.C. 520~B.C. 456)이 물었다.

"자장子張과 자하子夏 중 누가 더 어집니까?"
공자가 답하기를, "자장은 지나치고, 자하는 미치지 못한다."
자공이 다시 물었다.
"그렇다면 자장이 더 낫다는 말씀이십니까?"
이에 공자는 "지나침은 미치지 못함과 같다"라고 대답했다.

자장은 기상이 활달하고 생각이 진보적이어서 매사를 지나치게 하는 경향이 있었다. 반면 자하는 항상 조심하며 모든 일을 현실적으로만 생각해 매사에 부족했다. 공자는 이 둘을 보며 지나치지도 모자라지도 않은 상태, 즉 어느 한쪽으로 치우침이 없는 균형을 이루는 것이 중요하다고 강조했다.

우리 삶에서 '중용의 덕'을 살리려면 어떻게 해야 할까?

첫 번째로 포용력이 있어야 한다. 상대를 품을 수 있는 넓은 마음과 역지사지(易地思之: 남과 처지를 바꾸어 생각함) 정신이 필요하다. 자기 입장만 고수하면 상대를 볼 수 없고, 상대의 의중을 간파해야 그에 합당한 대처를 할 수 있다. 상대가 성장하고 잠재력을 발휘할 수 있도록 여유와 기다림의 미덕을 갖추는 것도 중요하다.

두 번째는 새로운 사실과 지식에 대한 대응력을 키우는 것이다. 양극단의 모든 것을 꿰뚫어야 중용에 이를 수 있다. 어느 한쪽에 치우친 지식으로는 상황에 올바르게 대처할 수 없다. 평소에 다양한 지식과 기술을 습득하도록 노력해야 할 이유이다.

세 번째는 절제하는 마음을 훈련하는 것이다. 절제란 지나치지도 않고 모자라지도 않게 조절하는 능력을 말한다. 한마디로 자기조절 능력이다. 습사미가 전성자의 의중을 꿰뚫고 대응하려다가 생각을 바꾼 것도 그런 절제에 해당한다. 얼굴이 예쁜 아이가 자기 미모를 자랑하지 않는 것도 절제이다. 절제는 자신이 하고 싶은 대로, 생각나는 대로, 마음 내키는 대로 행동하지 않고 자기 마음을 통제해 말과 행동을 가다듬는 것을 말한다.

절제하는 자세를 갖추면 어느 쪽으로도 치우치지 않을 수 있다. 우리 삶에서 언제나 중용을 유지하면 인간관계와 일에서 좋은 결과를 얻을 수 있는 것은 말할 나위도 없다.

공자(B.C. 551~B.C. 479)

공자의 사상은 동아시아 전 문명권에 깊은 영향을 끼쳤다. B.C.551년 주나라의 제후국인 노나라에서 태어났다. 공자는 모든 사람에게 교육의 문호를 개방했으며, 배움이란 지식을 얻기 위한 것일 뿐만 아니라 인격의 도야까지도 포함한다고 강조했다. 수십 년 동안 정치에 적극적으로 가담하면서 정치라는 통로를 통해 인본주의 이상을 실현하려고 애썼지만, 자신의 이상을 펼칠 수 없음을 깨닫고 노나라를 떠났다가 67세에 고향으로 돌아와 제자들을 가르치며 저술과 편집에 몰두했다. 73세의 나이로 생을 마쳤다.

『논어』

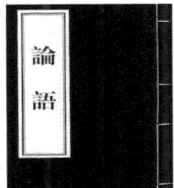

춘추시대의 사상가 공자와 그 제자들의 언행을 기록한 유교 경전이다. 『논어』는 공자의 가르침을 전하는 문헌으로, 보통 유교 경전을 학습할 때 가장 먼저 가르친다. 공자가 직접 예로 들어 설명한 것 중에는 '효도'에 관한 내용이 특히 많다. 『논어』는 제자들이 기록한 공자의 일상적인 모습도 담고 있다.

자공(B.C. 520~B.C. 456)

춘추시대 위衛나라 유학자로 공문십철(孔門十哲: 공자의 문하에서 나온 학덕이 뛰어난 열 명의 제자들)의 한 사람으로 재아宰我와 더불어 언어에 뛰어났다고 한다. 제齊나라가 노魯나라를 치려고 할 때, 공자의 허락을 받고 오吳나라와 월越나라를 설득하여 노나라를 구했다고 한다. 이재가理財家로서도 알려져 공문孔門의 번영은 그의 경제적 원조에 의한 바가 컸다고 한다.

7. 꾸미지 않을 때가 더 빛나는 이유

남에게 보이는 것에 신경을 쓰다 보면 보이지 않는 면에 대해 소홀해진다. 내면의 힘과 성숙해지는 것은 보이지 않는다. 이 보이지 않는 면에 에너지를 집중하지 못하면 개인은 물론이고, 기업도 공동체도 뿌리가 흔들리게 된다.

한비자도 겉치레의 위험성에 대해 여러 차례 강조했다.

『한비자』「망징亡徵」편에서 나라를 망하게 하는 마흔일곱 가지 징조를 열거했는데, 그중 첫 번째와 열 번째를 살펴보고자 한다.

> 첫째, 군주가 다스리는 나라는 작은데 신하의 저택은 크고, 군주의 권력은 약한데 대신의 세력이 크면 망한다.
>
> 열째, 군주가 자기 마음대로 포상하기를 좋아하고 법규를 따르지 않으며, 말만 앞세우고 실용성을 따지지 않고 겉치레에 골몰해 전시효과만을 노리면 그 나라는 망한다.

"망징亡徵이란 나라가 망할 징조를 뜻한다". 한비자는 자기 분수를 모르고 보이는 것에만 치중하며 사는 것을 망할 징조라고 한다. 능력도 안 되는데 신하가 큰 집을 짓고 전시효과만을 노리고 겉치레에 신경 쓰다 보면 나라의 근간이 흔들린다. 그런 나라는 얼마 못 가 망할 것이다.

한비자는 「해로解老」편에서 본질이 아름답지 않기 때문에 지나치게 꾸미려 한다고 이야기했다.

> 무릇 군자는 마음을 취하고 겉모양을 버리며 본질을 좋아하고 꾸민 것을

싫어한다. 겉모양에 의지해 속마음 운운한다면 이는 그 마음이 나쁘기 때문이며, 꾸밈에 의거해 본질을 논한다면 그 본질이 빈약하기 때문이다. 어째서 그렇게 말하는가?

화씨의 구슬은 본래 오색찬란해 색칠할 필요가 없었고, 수후隋候의 구슬은 본래 아름다워 금이나 은으로 장식할 필요가 없었다. 그 본질이 매우 아름다워 다른 사물로 꾸밀 필요가 없다는 이야기이다. 꾸밈 때문에 사물이 사용되는 것은 그 본질이 아름답지 않기 때문이다.

한비자는 본질이 아름다우면 굳이 꾸밀 필요가 없다고 한다. 아름답지 않으니 아름답게 보이려고 꾸미는 것이다. 겉치레에 신경 쓰는 것은 대부분 자신의 부족함을 보완하기 위함이요, 부족함을 느끼지 않는다면 굳이 꾸미기에 열중할 필요가 없다.

무릇 군자는 내면을 취한다고 한비자는 말한다. 내면의 성숙과 성장, 가치를 더 중요하게 여기는 사람이 군자이며 참된 리더라 할 수 있다. 내면에 가치를 두고 내면이 풍성해지면 더는 겉치레에 신경 쓰지 않는다.

장자(莊子: B.C. 365?~B.C. 270?)가 바로 그러한 인물이었다. 그의 일화를 보면 우리에게 주는 계시가 크다. 장자는 책을 읽고 느낀 성찰들을 책으로 엮어냈다. 그러자 삽시간에 유명세를 치르게 되었고, 장자를 만나고 싶어 하는 사람이 많아졌다. 하지만 여전히 장자는 예전의 모습으로 살았다. 그 모습을 보고 제자가 말했다. "찾아오는 손님이 많으니 헌 옷을 버리고 새 옷을 입으시지요."

그러자 장자가 말했다. "나는 겉치레에 얽매이고 싶지 않네. 사람들이 나를 찾는 것은 내 학식이지 내 옷차림을 보러 오는 것은 아니지 않는가?"

장자는 겉치장보다 내면의 가치에 더 비중을 두었다. 그러니 낡은 옷을 입고 있어도 상관없었던 것이다.

이제는 어떤 차를 타고, 어떤 집에 살고 있느냐에 따라 그 사람의 인격과 삶을 평가하는 것이 아니라, 그 사람의 됨됨이와 가치관으로 사람을 판단하는 사회적 풍토가 자리를 잡아야 한다. 명품 백이 없어도, 메이커 옷이 아니더라도, 경차를 타고 다니더라도, 작은 평수의 아파트에 살아도 그 사람의 인격이 훌륭하다면 그 사람은 명품으로 휘두르고 대저택에서 살지만 양심을 돈과 맞바꾼 사람들에 비하면 더 가치 있는 사람이다. 실제로 요즘 우리 사회에서 일어나고 있는 사고들을 보면 모두 양심과 돈, 권력을 맞바꾼 사람들에 의해 초래되는 것이 많다.

우리 사회가 겉으로 드러난 것에 가치를 두고 사람을 평가하는 분위기가 지속된다면 사람들은 계속해서 외적으로 보이는 삶에 집중하게 되고, 지금의 사회적인 문제는 영원히 해결되지 못할 것이다. 내면의 가치와 성숙으로 평가받는 분위기가 하루빨리 정착되어야 하는 절실한 이유가 바로 여기에 있다.

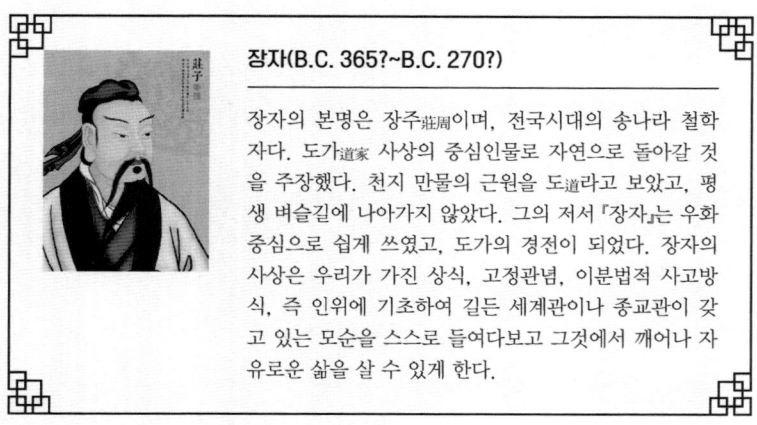

장자(B.C. 365?~B.C. 270?)

장자의 본명은 장주莊周이며, 전국시대의 송나라 철학자다. 도가道家 사상의 중심인물로 자연으로 돌아갈 것을 주장했다. 천지 만물의 근원을 도道라고 보았고, 평생 벼슬길에 나아가지 않았다. 그의 저서 『장자』는 우화 중심으로 쉽게 쓰였고, 도가의 경전이 되었다. 장자의 사상은 우리가 가진 상식, 고정관념, 이분법적 사고방식, 즉 인위에 기초하여 길든 세계관이나 종교관이 갖고 있는 모순을 스스로 들여다보고 그것에서 깨어나 자유로운 삶을 살 수 있게 한다.

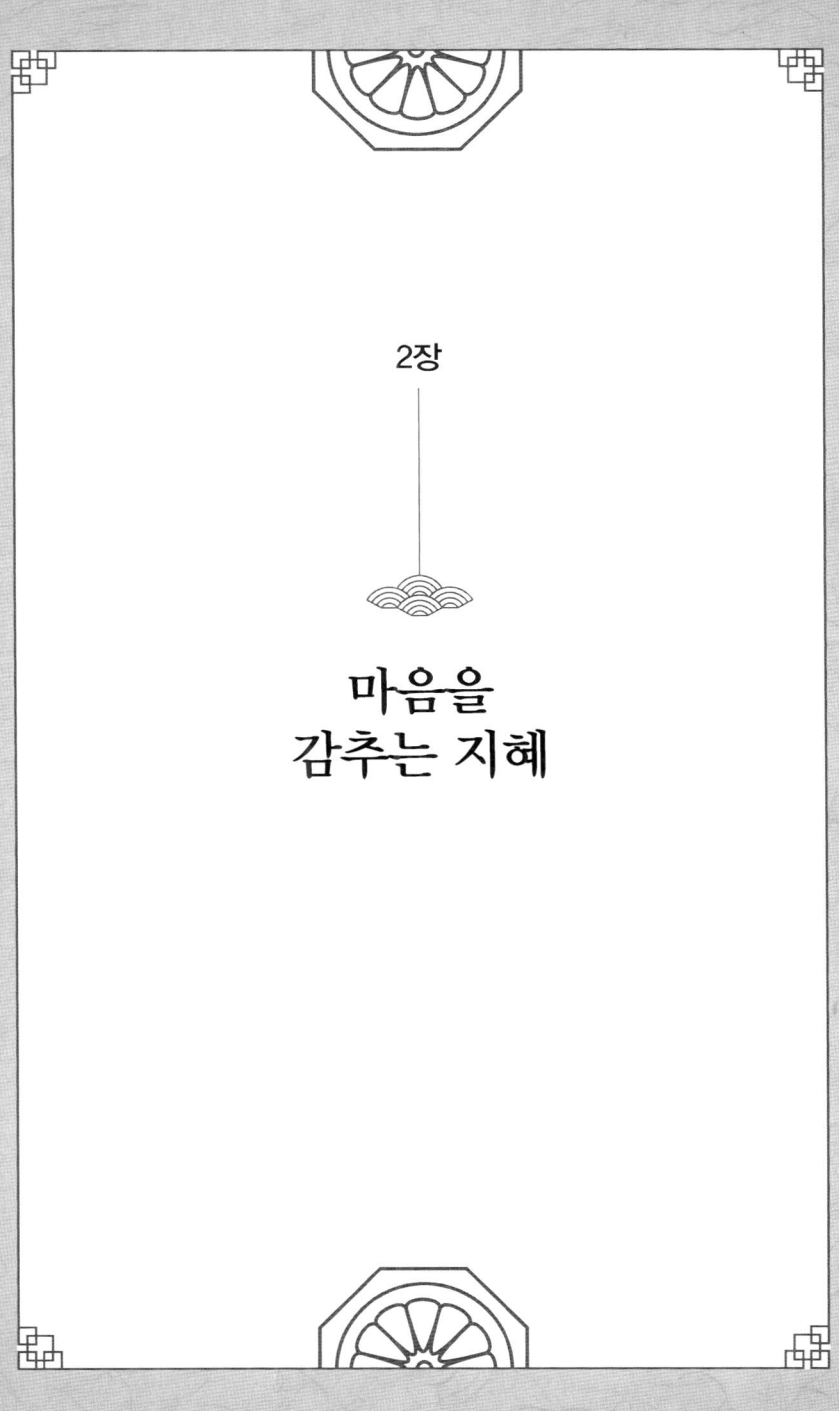

2장

마음을
감추는 지혜

1. 나를 숨겨야 상대의 속을 알 수 있다

군주란 몸을 낮추어 사람들의 눈에 띄지 않는 곳에 살며 무리들을 피하고, 스스로 몸을 숨겨 사람을 피하며, 드러나지 않는 곳에서 덕을 보여준다. 그런 모습을 간직해야 하는 것이 군주다. 마치 마음을 비우듯 허정(虛靜: 아무런 생각도 없고 마음이 가라앉아 고요함)의 상태를 보여주어야 한다. 자신의 속내를 숨겨야 한다는 한비자의 주장은 사실 기본적으로 노자老子의 사상과 맞닿아 있다.

제齊나라 선왕宣王이 당이자唐易子에게 새를 쏘아 잡는 일에 관해 물었다.
"주살로 새를 잡는 자는 무엇을 귀하게 여겨야 하오?"
당이자가 말하였다.
"몸을 가리는 장소에 삼가야 합니다."
왕이 말하였다.
"무엇을 장소에 삼가라는 말이오?"
당이자가 말하였다.
"새는 수십 개의 눈으로 사람을 보지만, 사람은 두 눈으로 새를 봅니다. 어찌 몸을 숨기는 장소에 삼가야지 않겠습니까? 그러므로 몸을 숨기는 장소에 삼가야 한다고 말한 것입니다."

왕이 말하였다.

"그러면 천하를 다스릴 경우에는 이러한 몸을 숨기는 장소를 어떻게 달리 해야 하오? 지금 군주는 두 눈으로 온 나라를 보지만, 온 나라는 만개의 눈으로 군주를 보고 있으니 내가 장차 어떻게 해야 스스로 몸을 숨길 장소를 만들 수 있겠소!"

대답하여 말하였다.

"정나라의 어떤 장로가 말하기를, '무릇 허무虛無와 무위(無爲: 자연스러운 흐름에 따라 인위적인 개입을 최소화하고, 있는 그대로의 상태를 받아들이는 것을 의미한다)와 무현無見, 드러나지 않게 함으로 할지니, 그렇게 되면 숨을 장소로 삼을 수 있다'라고 하였습니다."

– 『한비자』「외저설外儲設 우상」

이 예화는 수많은 신하와 백성이 군주를 관찰하고 있기 때문에 군주가 직접 온 나라의 세세한 부분까지 살피는 것이 얼마나 어려운 일인지를 보여준다. 이 「외저설 우상」편의 다른 대목에 나온 신자申子의 말은 '무위'만이 사람 속을 엿볼 수 있음을 강조한다.

'신중하게 말을 하면 사람들 또한 당신에게 맞추려고 할 것이고, 신중하게 행동하면 사람들 또한 당신을 따를 것이다. 당신이 지혜가 있음을 드러내면 사람들은 또 당신에게 숨기려고 할 것이고, 당신이 지혜가 없음을 드러내면 사람들은 당신을 자기 뜻대로 하려고 할 것이다. 당신이 지혜가 있으면 사람들은 당신에게 감추려고 할 것이고, 당신이 지혜가 없으면 사람들은 당신에게 자기의 생각을 실행하려고 할 것이다. 그러므로 말하기를 '오직 무위의 방법으로만 엿볼 수 있다.'고 하였다."

– 『한비자』「외저설 우상」

이런 상황은 『사기史記』 「편작·창공 열전」에서 '내 자손들이 네가 내 처방술을 배웠다는 것을 알지 못하도록 조심하라(愼毋令我子孫知若學我方也).'고 말한 양경陽慶의 말에서도 거듭 확인된다. 함부로 누설한다면 그것은 비방秘方이 아니다. 출처와 근원이 드러나면 아침을 만난 밤처럼 그 신비로운 어둠을 잃기 마련이다. 이것은 인간관계에서도 마찬가지다.

사실 요즘 같아서는 인간관계에서 자신의 마음을 드러내는 것보다 드러내지 않기가 더 어렵다. 그러나 드러내지 않아야 그만큼 잃지 않고 자신을 지켜낼 수 있다. 이는 상대의 마음을 간파하여 자신이 원하는 방향으로 이끌어갈 수 있는 원천이다.

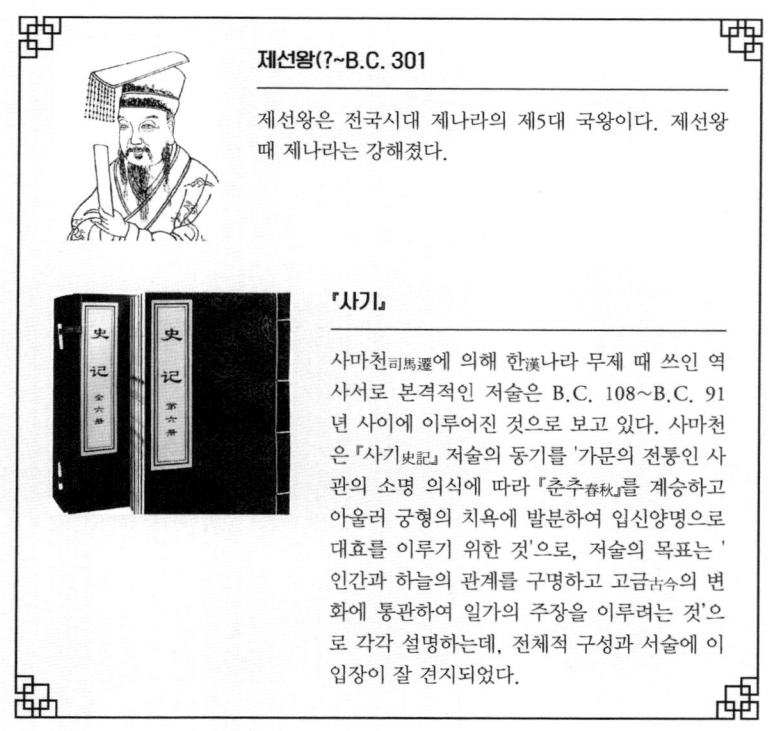

제선왕(?~B.C. 301

제선왕은 전국시대 제나라의 제5대 국왕이다. 제선왕 때 제나라는 강해졌다.

『사기』

사마천司馬遷에 의해 한漢나라 무제 때 쓰인 역사서로 본격적인 저술은 B.C. 108~B.C. 91년 사이에 이루어진 것으로 보고 있다. 사마천은 『사기史記』 저술의 동기를 '가문의 전통인 사관의 소명 의식에 따라 『춘추春秋』를 계승하고 아울러 궁형의 치욕에 발분하여 입신양명으로 대효를 이루기 위한 것'으로, 저술의 목표는 '인간과 하늘의 관계를 구명하고 고금古今의 변화에 통관하여 일가의 주장을 이루려는 것'으로 각각 설명하는데, 전체적 구성과 서술에 이 입장이 잘 견지되었다.

2. 밝은 눈과 예민한 귀가 세 치 혀를 이긴다

성인들이 나라를 다스릴 때는 세속의 말에 얽매이지 않고, 측근들의 거짓말과 속임수에 넘어가지 않으며, 간사함과 이기적인 행동을 멀리한다. 많은 벼슬아치가 자기의 이익만을 취하려 하면 군주는 결코 안락함을 얻을 수 없다.

세상은 평탄한 길과 위험한 길이 분명하지 않으므로 신하들은 거짓으로 군주를 현혹하게 된다. 군주는 이루(離婁: 고대 중국의 황제黃帝 시대의 전설적 인물. 시력이 매우 뛰어나 백 보 떨어진 곳에서도 털끝을 볼 수 있었다고 전한다)처럼 밝은 눈을 갖고 있지도 않으며, 사광師曠처럼 예민한 귀도 갖고 있지 않기에 보고 듣는 것이 정확하지 않으니, 주변의 신하에 의지할 수밖에 없다. 군주는 총애의 싹을 잘라 주변의 신하들이 경계하도록 해야 하는데, 이는 결코 쉬운 일이 아니다.

'간겁시신姦劫弑臣'이란 간사한 계략으로 군주를 시해하는 신하를 말한다. 간신이란 군주의 뜻에 영합함으로써 신임과 총애를 얻는 지위를 차지하려는 자다. 군주가 총애하는 자가 있으면 신하도 추종하여 그를 칭찬하고, 군주가 미워하는 자가 있으면 신하도 핑계 삼아 그를 비방한다. 간신은 인간의 이러한 속성을 이용해서 군주가 옳다고 여기는 것은 찬성하고, 그르다고 생각하는 것은 반대하면서 신임과 총애를 받으며 자신의 욕심을 채운다. 따라서 그들은 끝내 군주에게 위험을 끼치게 된다.

세 치 혀의 진실을 알아내기란 쉽지 않다. 사람들은 귀에 듣기 좋은 소리만 듣고 싶어 하기 때문이다. 달콤한 말로 다가오는 사람의 속마음을 제대로 파악하고 경계할 사람이 몇이나 있겠는가?

한비자는 부모와 자식 간에도 다른 사람의 모함으로 죽이기까지 하는 데, 하물며 군주와 신하 사이는 어떠하겠느냐고 말한다. 더군다나 군주와 신하는 아비와 아들만큼 친하지 않으며, 많은 신하가 입을 모아 중상모략을 하면 매우 위험해진다. 현인이나 성인이 죽임을 당하는 것은 그리 괴이한 일이 아니다. 그래서 상앙(商鞅: 公孫鞅, ?~B.C. 338, 진秦나라 효공에게 채용되어 진나라를 재정비하여 통일국가 진을 세우는 데 큰 공헌을 하였다. 그러나 효공의 죽음과 함께 영향력을 잃고 두 팔·다리 및 머리를 각각 매단 수레를 달리게 하여 신체를 찢는 거열형車裂形에 처해졌다)은 진나라에서 거열형을 당했으며, 오기(吳起: ?~ B.C. 381, 전국시대의 명장, 병법가, 정치가이다. B.C. 381년 오기를 재상으로 등용했던 초나라 도왕이 죽자, 이전에 오기의 개혁 정책으로 특권을 잃은 초나라 종실의 귀족과 대신들이 난을 일으켜 오기를 죽였다)는 초나라에서 능지처참을 당한 것이다.

한비자는 간신이 생기는 이유에 대해 무릇 인간은 자신에게 유리하고 안정된 것을 추구하며, 위험하고 해로운 것을 피하는 습성을 갖고 있기 때문이라고 말한다. 신하가 지혜를 모아 진심으로 충성을 다해도 그 몸과 가족은 해를 입고 가난해진다. 반면 간악한 일로 이익을 도모하여 군주의 눈을 속이고 뇌물로 권문의 중신에게 인정받는 자는 부와 명예를 얻게 되어 가족이 맘껏 영화를 누리니 누가 구태여 위험하고 손해 보는 일을 택하겠느냐는 것이다.

결국 이 모두가 군주의 책임이라 할 수 있다. 달콤한 말에 넘어가 제대로 된 인재를 찾을 수 없다면 이것이야말로 군주의 부덕이라고 한비자는 경고하는 것이다. 그러므로 현명하고 지혜로운 군주라면 궁전 깊숙한 곳에서 세상을 꿰뚫어 보아야 한다고 충고한다. 군주가 고요한 상태에 있을 때 총명함을 잃지 않을 수 있기 때문이다.

진실한 사람을 제대로 볼 수 있는 안목이란 무엇일까? 일단 내 귀에 달콤한 말만 하여 괜히 마음을 들뜨게 하고 판단을 흐리게 하는 사람부터 경계해야 한다. 이루처럼 밝은 눈이나 사광처럼 예민한 귀를 갖고 있지 않더라도 마음의 눈을 밝히고 마음의 깊은 소리에 귀 기울인다면 진실한 사람이 보이지 않겠는가.

3. 사람을 믿는 순간 걱정이 시작된다

한비자는 「비내備內」 편에서 "군주의 근심은 사람을 믿는 데서 시작된다. 사람을 믿으면 그에게 제압당하게 된다"라고 말하고 있다.

서로 신뢰할 수 있는 관계라면 더없이 좋겠지만, 그런 관계를 만들기는 어려울 뿐 아니라 지속하기도 쉽지 않다. 그래서 한비자는 자식, 부인도 예외가 아닐진대 신하들 역시 군주와는 혈연으로 이루어진 것이 아니므로 그들을 절대 믿어서는 안 된다고 거듭 강조했다. 사람은 이기적인 존재라서 자신에게 득이 되는 말만 골라서 들으려 한다. 더구나 절대 권력자는 궁 안에만 있다 보니 듣기 좋은 말에 현혹되어 잘못된 판단을 하기가 쉽다. 권력을 쥐게 되면 판단은 흐려지고 능력은 등 뒤로 사라진 채 오만의 그림자만 드리워지게 마련이다. 그래서 인간이 눈앞의 욕망에 사로잡히면 대사를 그르치게 된다.

'비내備內'란 내부를 방비하라는 말로, 내부란 군주가 거처하는 곳을 말한다. 군주가 방비해야 하는 내부의 적은 왕비, 태자뿐 아니라 측근의 신하에 이르기까지 광범위하다. 일반적으로 이들은 항상 군주 곁에 있으면서 총애를 받고 있기 때문에 그들이 음모를 꾸며도 알아채기 힘들다.

『사기史記』「진시황본기秦始皇本紀」에 나오는 진시황 이야기는 한비자의 경고를 생각나게 한다. 진시황은 중국 최초의 황제로 이름은 정政이며, 서른아홉에 중국을 통일하고 스스로 시황제라 칭했다. 군현제郡縣制 실시, 도량형度量衡과 화폐의 통일, 만리장성萬里長城 축조 등 수많은 업적을 남겼다.

그가 동방 순행에 나섰다가 사구沙丘에서 객사하고 난 후 그의 제국은 그가 생각했던 것과는 다른 방향으로 흘러갔다. 그가 죽기 전에 맏아들 부소(夫蘇: ?~B.C. 210)에게 제위를 계승하라고 남긴 유서는 이미 밀봉된 채로 환관 조고(趙高: ?~B.C. 207)의 손에 넘겨졌다. 그러나 여름 더위 속에 썩어가는 그의 시신 곁에는 막내아들 호해(胡亥: B.C. 229?~B.C. 207)와 승상 이사李斯, 환관 대여섯 명이 있었다. 그들이 유서를 위조하여 제위를 계승했어야 할 부소와 진시황의 충실한 장수 몽염은 자결하게 되고, 진 제국은 우둔한 호해에게 넘어갔다.

스물한 살에 제위에 오른 호해는 온갖 폭정을 일삼다가 반란군의 압박에 못 이겨 자살하고 만다. 뒤를 이은 자영子嬰도 46일 만에 유방劉邦에게 투항했으니 결국 통일제국 진秦나라를 멸망하게 만든 자는 외부의 적이 아닌 내부의 적이었던 셈이다. 겉으로는 제국으로 칭할 만큼 단단한 진나라도 내부를 방비하지 못해 한순간에 무너지고 만 것이다. 천하를 호령했던 진시황도 정작 가까운 이들의 마음을 제대로 알지 못했다.

수레를 만드는 사람은 수레를 만들면서 사람들이 부귀해지기를 바라며,

관을 짜는 사람은 관을 만들면서 사람이 요절해 죽기를 바랄 것이다.

－『한비자』「비내備內」

「비내」 편에 나오는 구절이다. 수레를 만드는 사람이 인자한 것도 아니고, 관을 만드는 사람이 악한 것도 아니다. 단지 이익이라는 목표를 추구하는 방법이 다를 뿐이다. 그러므로 후비后妃나 부인이 데리고 있는 자식들이 군주가 되기를 바라는 것은 자신이 세운 군주를 통해 이익을 볼 수 있다는 확신 때문이다.

왕량王良이 말을 사랑하고 월越나라 구천(句踐: ?~B.C. 465)이 사람을 아꼈던 것은 전쟁에 출전시키고 전쟁에서 잘 타고 달리기 위해서였다. 의사가 환자의 고름을 뽑아내기 위해 상처를 빨아서 나쁜 피를 입안에 머금는 것은 그 환자와 골육의 정이 있어서가 아니라 이익을 얻기 위해서다. 한비자가 사람의 마음을 극단적으로 재단한 것이 아니냐고 할 수도 있겠지만, 역사 속에서 바라본 현실이 그렇다.

『한비자』「내저설 하」 편에 있는 다음의 말은 이를 잘 설명해 준다.

어떤 일이 일어나 이익이 발생할 경우에는 그 일에서 이익을 얻는 자가 주재자이고, 그것이 해로움을 준 경우라면 반드시 이익을 얻은 자를 살펴야 한다.

이처럼 모든 일은 상대적으로 존재한다. 한쪽이 손해를 보면 또 다른 쪽은 이익을 보게 되고, 반대의 경우도 마찬가지다. 따라서 대체로 상대에게 위해를 가한 쪽은 그 위해로 인하여 자신이 이득을 취하게 되는 경우가 많으므로 이해관계에서 당사자가 누구인지 분명하게 살펴보라는 말이다. 이는 궁정 사회에서 외부의 적보다는 내부의 적이 훨씬 더 무섭다는 것을 의미하며, 그러한 내부의 적을 찾아낼 수 있는 리더의 혜안이 반드시 필요하다는 것을 의미한다. 아랫사람의 충정이 순수한지 어떤 목적이 있는 것인지 그 의도를 알아야 비로소 행동에 감춰진 진실이 제대로 보이는 법이다.

진시황(B.C. 259~B.C. 210)

B.C.221년에 중국을 통일하고 스스로 시황제始皇帝라 칭하였다. 중앙집권을 확립하고, 도량형·화폐의 통일, 만리장성萬里長城의 증축, 아방궁의 축조, 분서갱유 따위로 위세를 떨쳤다. 재위 기간은 B.C.247~B.C.210년이다.

부소(?~B.C. 210)

진시황의 장자인 부소는 분서갱유焚書坑儒 등의 엄준한 정책을 반대하여 진시황의 노여움을 샀다. 화가 난 진시황은 부소에게 장성長城에서 흉노匈奴를 방어하던 몽염의 군대를 감독하고, 몽염과 더불어 장성을 쌓아 흉노를 막게 하였다. 시황제가 죽은 뒤 호해와 이사, 조고 등이 거짓으로 보낸 시황제의 조서를 받고 자살했다.

조고(?~B.C. 207)

진나라의 환관으로 시황제를 따라 여행하던 중 시황제가 병사하자, 승상 이사와 짜고 조서를 거짓 꾸며, 시황제의 맏아들 부소와 장군 몽염을 자결하게 했다. 또 시황제의 우둔한 막내 아들 호해를 2세 황제로 삼아 마음대로 조종했다.

호해(B.C. 229?~B.C. 207)

진秦의 제2대 황제로서 이세황제二世皇帝라고 한다. 대규모 토목사업을 벌이고 환관 조고의 전횡을 방임하여 민심을 잃었으며 진나라를 멸망의 길로 몰아넣었다. (재위 B.C. 210~B.C. 207).

구천(?~B.C. 465)

월나라는 구천의 부친 윤상 때부터 인접국 오나라와 숙적 관계에 있었다. 부친이 세상을 떠난 후 구천은 쳐들어온 오왕 합려를 격퇴, 전사시키는 쾌거를 올렸다. 그러나 B.C. 494년 합려의 유언을 받고 침략해 온 아들 부차에게 패하고 회계산에서 굴욕적인 강화를 맺어야만 했다. 그 뒤 명신 범려와 함께 군비를 증강하고 힘을 키우며 와신상담臥薪嘗膽하기를 20년, B.C. 473년 구천은 드디어 부차를 물리쳐 자살하게 함으로써 복수에 성공했다. 그 뒤 월나라의 국력은 더욱 막강해져 구천은 패왕이라는 칭호를 얻었다.

4. 희로애락을 숨겨라

한비자는 「이병二柄」 편에서 "군주는 자신이 좋아하는 것을 버리고, 싫어하는 것도 버려야 신하들이 본바탕을 드러낸다. 신하들이 본바탕을 드러내면 군주의 눈과 귀는 가려지지 않을 것이다."라고 말하고 있다.

흔히 중용의 정신 혹은 미덕은 희로애락(喜怒哀樂: 사람이 살아가면서 느끼는 네 가지 감정. 곧 기쁨과 노여움과 슬픔과 즐거움을 아울러 이르는 말)을 얼굴에 나타내지 않는 것을 의미한다. 군주는 자신의 감정이 밖으로 드러나는 것을 경계해야 한다. 이는 유능한 인물이 군주의 곁에 머무는 것을 방해하고, 저마다 군주의 기호에 맞추려 속내를 숨기기 때문이다.

모든 인간관계가 이익에 바탕을 둔 것이라는 한비자의 시각은 특히 군신 관계에서 두드러진다. 군주는 밝은 눈과 예민한 귀를 갖고 있지 않다. 따라서 법에 의거하지 않고 빛의 밝음에만 의지해서 보게 되면, 볼 수 있는 바가 적다. 그렇기에 간신들의 간사함을 막기에는 역부족이다. 군주가 모르는 사이에 주위는 예스맨으로 가득 차고, 자기 말을 거역하는 자가 한 명도 없게 된다. 고독한 자리에 있기에 판단이 흐려지게 되고 더러는 자신의 틀에 갇히게 되어 편파적으로 돌변하거나 난폭하게 변하기도 한다. 높은 자리에 올라가면 갈수록 대화를 나눌 상대가 없어지기 때문이다.

군주가 호오好惡를 드러냈을 때 주위 상황이 어떻게 바뀌는지를 보여주는 사례는 많다. 예전에 월나라 왕 구천이 용맹함을 좋아하자, 백성들 가운데에는 죽음을 가볍게 여기는 사람이 많아졌고, 초楚나라 영왕靈王이 허리가 가는 여자를 좋아하자, 도성 안에 음식을 먹지 않는 사람이 많아졌다. 제齊나라 환공桓公이 여색을 매우 밝히자 수조竪刁라는 자는 스스로 거세해 후궁들을 관리하는 내시가 됐고, 환공이 진기한 맛을 즐겨 찾자 역아易牙는 자기 맏아들을 쪄서 진상했다.

이런 환난이 생긴 이유는 군주가 신하들을 경계하지 않고 자신의 속내를 보였기 때문이다. 그래서 신하들은 오직 군주의 마음에 들기 위해 처신하게 되는 것이다. 반대로 군주의 속내를 볼 수 없을 때 신하들은 자신들의 본마음을 드러낸다. 이 사례들을 통해 알 수 있는 것은 군주가 싫어하는 기색만 보여도 신하들은 무조건 감추게 되고, 군주가 어떤 것을 좋아하면 신하들은 물불을 가리지 않고 따르는 척을 한다는 것이다. 현명한 군주라면 자신의 감정을 드러내지 말고 신하들로 하여금 아부의 싹을 잘라버려야 한다.

한비자는 「팔간八姦」 편에서 나쁜 신하가 군주에게 저지르는 여덟 가지 간사한 행동을 구체적으로 설명했는데 그 내용은 각각 동상同床, 재방在傍, 부형父兄, 양앙養殃, 민맹民萌, 유행流行, 위강威强, 사방四方이다.

'동상同床'이란 정실부인과 총애하는 후궁, 군주의 귀여움을 받는 미인들이 군주를 현혹시키는 것을 말한다. 군주가 편안히 쉬려고 할 때 혹은 만취했을 때를 틈타 원하는 바를 반드시 얻어내는 방법이다.

'재방在傍'이란 광대 등 가까이서 군주를 모시는 자들이 입에 발린 소리로 군주의 마음을 움직이는 것을 말한다. 이들은 군주가 명령을 내리기도 전에 '예, 예' 하고, 시키기도 전에 '네, 네' 한다. 이들은 군주의 뜻을 앞질러 알아서 대령하며, 군주의 낯빛과 기분을 미리 살펴 비위를 맞추려고 한다. 또한 이들은 모두 군주와 함께 나아가고 물러서며, 군주의 부름에 똑같이 응대하며, 말과 행동을 똑같이 해서 군주의 마음을 바꾸게 만들 수 있다.

'부형父兄'이란 군주의 적자와 그 밖의 자식들로 군주가 사랑하는 사람들, 즉 군주의 친인척들이 군주의 마음을 돌리는 것을 말한다. 대신들은 조정의 벼슬아치로 군주와 함께 나라의 일을 상의할 때, 친인척들과 함께 힘써 진언을 하면 군주는 반드시 따르게 마련이다.

'양앙養殃'이란 군주가 궁궐과 누각 그리고 연못 가꾸기를 좋아하거나, 미녀나 개나 말을 꾸미는 것을 즐거워하는 것을 뜻한다. 이것이 바로 군주의 재앙이다. 그럴 경우 신하란 자는 백성들의 힘을 전부 동원해 아름다운 궁궐과 누각을 짓고, 마구 세금을 거둬들여 미녀들을 내세워 군주의 환심을 산다. 또한 군주의 사리 판단을 흐려 놓아 군주가 하고 싶은 대로 욕망을 충족시켜 주고, 그들은 따로 사사로운 이득을 채우려 한다.

'민맹民萌'이란 신하가 공적인 재물을 허투루 쓰면서 자신의 목적을 달성하는 것을 말한다. 공적 재물로 백성들의 환심을 사고, 작은 은혜를 베풀어 백성들의 마음을 얻음으로써 조정의 벼슬아치나 저잣거리의 백성들이 모두 자신을 칭송하게 만든 뒤에 군주를 가로막아 자신의 목적을 이루는 것이다.

'유행流行'이란 교묘한 말로 군주의 마음을 허물고, 판단을 흐리게 하는 것을 말한다. 군주는 본래 궁궐 밖의 사람들과 접촉할 기회가 매우 적다. 다양한 의견을 듣기 어려우므로 유세객의 말주변에 쉽게 넘어간다. 신하란 자가 제후국의 뛰어난 변론가를 불러들이고 나라 안에서 유세에 뛰어난 자를 양성하여, 그들을 군주 앞에 세워 신하에게 이익이 되도록 말하게 하거나, 교묘한 언변으로 판단을 흐리게 만든다. 그리고 이 말만 따르면 모든 일이 유리하게 될 것처럼 보이게 만들고, 환난이 닥쳐올 수 있다고 위협도 하며, 허망한 말로 군주의 마음을 허문다.

'위강威強'이란 위세를 빌려 권력을 휘두르는 것을 말한다. 군주는 신하나 백성에게 의지하여 위세를 떨치는 자다. 신하와 백성이 좋아하면 군주도 그것을 좋아하며, 신하와 백성이 나쁘다고 하면 군주도 좋아하지 않는다. 그런데 신하란 자는 칼을 차고 다니는 협객들을 모으고 죽음도 두려워하지 않는 무사를 길러 자신의 위세를 뽐낸다. 자신을 위하여 일하는 자는 반드시 이익을 주며, 자신을 위하여 일하지 않는 자는 반드시 죽임을 당한다는 점을 밝힘으로써 백성들을 공포에 떨게 하고 개인적인 이익을 추구한다.

'사방四方'이란 신하가 나라의 재물을 사용하여 군주가 큰 나라를 섬기도록 하고, 큰 나라의 위세를 이용하여 군주를 좌지우지하는 것을 말한다. 군주는 자신의 나라가 작으면 큰 나라를 섬기고, 군사력이 약하면 강한 군대를 두려워한다. 강대국에서 요구하는 것이 있으면 약소국은 반드시 응해야 하며, 강력한 군대가 출병하면 약한 군대는 이에 복종해야 한다고 여기기 때문이다. 신하란 자는 자주 세금을 걷고 나라의 재물을 전부 써버려 국고를 텅텅 비게 하면서까지 큰 나라를 섬기도록 하고, 그 큰 나라의 위세를 이용해 군주를 좌지우지한다. 심하게는 큰 나라의 군대를 변방에 모이게 하여 국내를 제압하고, 약하게는 큰 나라의 사신을 자주 맞아들여 군주의 마음을 혼란과 두려움에 떨게 만든다.

한비자가 제시한 이 여덟 가지는 신하 된 자가 간사한 행동을 하는 방법이다. 위에서 열거한 팔간을 제대로 다스리지 못한 리더는 늘 구설에 시달

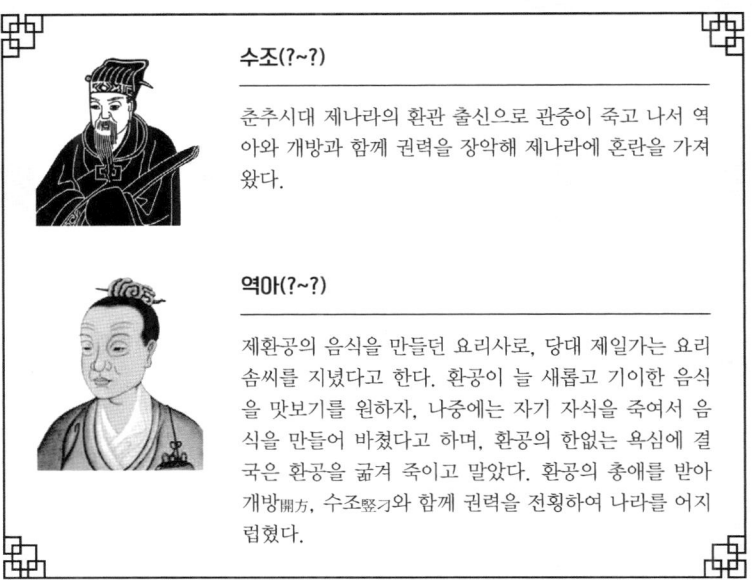

수조(?~?)

춘추시대 제나라의 환관 출신으로 관중이 죽고 나서 역아와 개방과 함께 권력을 장악해 제나라에 혼란을 가져왔다.

역아(?~?)

제환공의 음식을 만들던 요리사로, 당대 제일가는 요리 솜씨를 지녔다고 한다. 환공이 늘 새롭고 기이한 음식을 맛보기를 원하자, 나중에는 자기 자식을 죽여서 음식을 만들어 바쳤다고 하며, 환공의 한없는 욕심에 결국은 환공을 굶겨 죽이고 말았다. 환공의 총애를 받아 개방開方, 수조竪刁와 함께 권력을 전횡하여 나라를 어지럽혔다.

마음을 감추는 지혜   **75**

리게 되고, 군주의 이목이 가려지며 협박을 받거나 갖고 있던 권세를 잃어버리는 원인이 되므로 신중하게 잘 살펴봐야 한다고 한비자는 지적했다.

한비자가 말한 이 팔간은 고금을 떠나서 리더가 경계해야 할 함정과 같은 것이다. 팔간처럼 리더에게 치명적인 악이 될 수 있는 장해가 무엇인지 명심하고 반드시 뿌리쳐야 한다.

5. 가까운 사람부터 경계하라

한비자는 가까이에 있는 사람들을 더욱 경계해야 한다고 말한다. 대체로 자신과 가까이에 있는 사람을 믿고 의지하는 것이 인지상정이다. 더구나 군주처럼 큰 책임을 맡고 있는 입장이라면 당연히 측근에게 의지하게 된다. 하지만 한비자는 측근이 오히려 군주를 위험에 빠뜨릴 수 있다고 경고한다.

애초에 군주는 자신보다 더 존귀하거나 자신의 권위보다 더 무겁거나 자신의 위세보다 강한 것이 없는 것을 분명히 인지하고 대책을 세워야 한다. 군주가 총애하는 신하의 권세나 지위가 높아지면, 힘의 방향이 군주에게서 신하에게로 옮겨갈 것이기 때문이다. 그러면 법이 문란해지고 군주의 신변은 위태로워진다. 현명한 군주라면 아무리 총애하는 신하일지라도 그 분수에 맞는 봉록과 권한만을 갖게 해서 사악한 마음이 일어나는 것을 미연에 방지하는 데 힘써야 한다.

우리는 늘 외부의 적을 대비하려고 담장을 쌓고 경계한다. 그러나 우리의 인생사를 보면 외부의 적보다는 내부의 적이 더 무서움을 종종 보게 된다. 한비자는 모함처럼 위험한 것이 없음을 예화를 통해 분명하게 보여주고 있다. 『한비자』 「내저설 하」 편에 다음과 같은 이야기가 있다.

비무극費無極은 초나라 영윤令尹의 측근이다. 극완郤宛이 새로 영윤을 섬기게 되었는데, 영윤은 그를 매우 아꼈다.

그래서 비무극이 이 틈에 영윤에게 일러 말하였다.

"당신은 극완을 매우 아끼시는군요. 어째서 그의 집에서 주연酒宴을 열도록 하지 않습니까?"

영윤이 말하였다.

"좋소."

그러고는 비무극을 시켜 극완의 집에서 주연을 준비하도록 하였다. 비무극은 극완에게 가르쳐 말하였다.

"영윤은 매우 오만하며 병기를 좋아하니 당신은 반드시 신중하고 공경스럽게 하여야 합니다. 먼저 빨리 당 아래와 앞뜰에 병기를 진열해 놓도록 하십시오."

그래서 극완은 그렇게 하였다.

영윤은 극완의 집에 와보고는 크게 놀라서 말하였다.

"이것이 무엇이냐?"

비무극이 말하였다.

"군주께서는 위험하니 빨리 떠나십시오. 무슨 사태인지 아직은 알 수 없습니다."

영윤은 매우 노여워하며 군대를 일으켜 마침내 그를 죽였다.

서수犀首는 장수張壽와 원한을 맺고 있었다. 진수陳需가 새로 조정에 들어왔을 때 그 또한 서수와 잘 지내지 못하였다. 그래서 사람을 시켜 은밀히 장수를 죽이도록 하였다. 위나라 왕은 서수가 한 짓으로 생각하고 곧 그를 죽였다.

앞의 일화들을 통해 한비자는 영원한 아군은 없다는 것을 일러주었다. 자기보다 더 군주의 총애를 받는 이를 모함으로 없애기도 하고, 자기와 원한이 있는 자를 다른 사람을 이용해 없애기도 한다. 자신의 이익을 위해서라면 모두가 적인 셈이다.

다음은 『한비자』 「내저설 상」 편에 소개된 내용이다.

방공龐恭은 태자와 함께 한단邯鄲에 인질로 가면서 위魏나라 왕에게 일러 말하였다.

"지금 어떤 한 사람이 시장에 호랑이가 있다고 말하면 왕께서는 그것을 믿으시겠습니까?"

왕이 말하였다.

"그렇지 않소."

"방공이 말하였다."

두 사람이 시장에 호랑이가 있다고 말하면 왕께서는 믿으시겠습니까?

왕이 말하였다.

"그렇지 않소."

방공이 말하였다.

"세 사람이 시장에 호랑이가 있다고 말하면 왕께서는 믿으시겠습니까?"

왕이 말하였다.

"그렇소."

방공이 말하였다.

"무릇 시장에 호랑이가 나타나지 않을 것은 분명합니다. 그런데도 세 사람이 말하자 호랑이가 나타난 것이 되었습니다. 지금 한단은 위나라에서 시장보다 멀리 떨어져 있고, 신을 비난하는 자는 세 사람보다 많을 것이니 원컨대 왕께서는 이 점을 살펴 주십시오."

방공은 자기가 없는 동안 왕이 다른 신하들의 꾐에 넘어갈까 염려되어 일러둔 말이었는데, 결국 방공을 모함하는 신하들이 많아지자, 왕은 방공을 의심하게 되었다. 그 후 방공이 한단에서 돌아왔을 때 끝내 위나라 왕을 만나지 못했다. '삼인성호三人成虎'는 세 사람이면 없던 호랑이도 만든다는 말로, 반복해서 들으면 거짓말도 사실이 된다는 것이다.

반복의 효과는 무섭다. 군주 주변에 있는 인물들이 위험하다고 경고하는 이 성어는 중간자적 위치가 얼마나 중요한 자리인지 알려준다. 전달자의 입장에 따라 그것이 군주에게 전해졌을 때 완전히 달라지는 현실은 너무나도 많다. 군주의 마음에 드는 정보만을 전달하려는 자들 때문에 아랫사람은 자기 말이 군주의 귀에 들어가기도 전에 목숨을 달리하는 경우도 적지 않다.

그러므로 한비자는 군주에게 측근들을 믿지 말라고 한다. 아랫사람은 틈만 생기면 군주의 마음에 들려고 하기 때문에 군주가 조종당하지 않으려면 측근을 경계해야만 한다. 마치 '구맹주산(狗猛酒酸: 주막의 개가 사나우면 손님이 없어 술이 시어진다는 뜻으로, 간신배가 있는 나라에는 어진 신하들이 모이지 않음을 이르는 말)'이란 성어처럼 간신에 의해 군주의 눈이 가려지고 유능한 신하가 그 지위를 잃게 되면, 뛰어난 인재가 적재적소에 등용되지 못하게 된다.

결국 한비자는 리더십이란 권력의 역학 관계를 어떻게 운용할 것이냐의 문제로 보았다. 리더가 가장 가까이에 있는 이를 경계하고 견제하면 힘의 균형을 이룰 수 있다는 것이다.

비무극(?~B.C. 515)

춘추시대 초나라의 정치가이다. 간신으로 유명하다. 비무극은 평왕의 최측근이 되어 권력을 휘둘렀다. 자신의 정적들을 숙청하였고, 극완도 비무극의 모략으로 살해당했다. B.C. 516년에 평왕이 사망하고 소왕이 즉위하자, 백성들이 비무극을 원망하는 말이 많아졌다. 다음 해에 영윤 낭와囊瓦는 민심을 달래기 위해서 비무극을 죽였다.

구맹주산(狗猛酒酸)

『한비자』 「외저설 우」 편에서 유래한 성어다. 송나라에 술 장사꾼이 있었는데, 술을 빚는 재주가 좋고 친절하며 정직하게 장사를 하였음에도 술이 잘 팔리지 않았다. 이상하게 여긴 그가 마을 어른 양천을 찾아가 이유를 묻자, 양천이 되물었다. "자네 집의 개가 사나운가?" 술을 파는 자가 "그렇습니다"라고 답했다. 양천이 말하길, "어른들이 아이를 시켜 술을 사 오게 하는데, 당신네 개가 사나우면 들어갈 수가 없으니, 술이 팔리지 않고 시어 가는 것이네"라고 하였다. 한비자는 나라의 간신배를 사나운 개에 비유하여, 아무리 어진 신하가 옳은 정책을 군주에게 아뢰어도 조정에 간신배가 들끓으면 정사政事가 제대로 펼쳐지지 않음을 설명했다. 따라서 '구맹주산'은 '나라에 간신배가 있으면 어진 신하가 모이지 않는다'라는 뜻으로 쓰인다.

6. 의심을 신뢰로 바꾸는 방법

한비자는 "활의 명수인 예羿가 활을 잘 쏜다는 것을 알고 있었기 때문에 월越나라 사람들도 예를 위하여 과녁을 들고 서 있을 수 있었다. 그러나 어린아이가 활을 쏠 때는 화살이 어느 쪽으로 날아올지 모르기 때문에 그의 어머니도 도망칠 것이다."라는 혜시惠施의 말로, 능력이 뛰어난 사람이 일을 잘하는 것은 당연하다고 여기지만, 아직 검증되지 않은 이에게는 의심의 눈초리로 대할 수밖에 없다는 것을 말하고 있다.

그렇다면 능력이 검증되지 않은 사람이 의심의 눈초리를 거두게 만들려면 어떻게 해야 할까? 삼국시대 동오東吳의 권신인 제갈각(諸葛恪: 203~253)의 일화를 통해 알아볼 수 있다. 『삼국지三國志 오서吳書』「제갈각전」에 다음과 같은 일화가 나온다.

남다른 재능과 민첩한 사고로 손권(孫權: 182~252)의 인정을 받은 제갈각이 절도節度라는 직책을 잠시 맡은 적이 있었다. 그러나 군대의 식량을 관장하며 번잡한 문서를 다루는 직책이 자신에게는 어울리지 않는다고 생각한 제갈각은 직책을 버리고 장수의 길로 들어섰다.

당시 오吳나라에는 난공불락의 지형으로 둘러싸인 단양丹陽이 골칫거리였다. 산세도 험하고 백성들의 성향이 강퍅해 조정의 손이 닿지 않아 도무지 관리가 안 되는 곳이었다. 제갈각은 이곳을 다스려보겠노라고 호언장담했다. 3년만 시간을 주면 그곳의 백성들을 교화시키겠다는 것이었다. 그러나 조정의 중론은 대체로 이러했다.

"단양군은 지세가 험준하고 오군, 회계, 신도, 파양 네 군과 인접해 있으며 주위가 수천 리에 산과 계곡이 무수히 포개져 있습니다. 그리고 외지고 깊은 산속에 사는 사람들은 일찍이 성읍으로 들어오지 않았으며 도망자나 오랫동안 사악한 행위를 한 자는 모두 이곳으로 달아나 숨어 있습니다. 산속에서는 구리와 철이 생산되므로 직접 병기를 만듭니다. 그곳 습속習俗은 무예를 좋아하고 싸움을 익히며 기력氣力을 높이 숭상합니다. …… 그들은 싸울 때는 벌이 이르는 것처럼 하고 지면 새처럼 사방으로 달아나 버립니다. 그래서 이전 시대부터 지금까지 제어할 수가 없었습니다."

지형학적으로 보더라도 도저히 평정할 수 없는 곳이라는 생각이 압도적이었다. 제갈각의 아버지 제갈근諸葛瑾도 아들이 이런 곳에 부임하면 집안을 일으키기는커녕 망하게 할 수 있다며 탄식했다. 그러나 제갈각은 단호했다. 결국 손권은 제갈각을 무월장군撫越將軍으로 임명해 기병 300명을 주어 산월족山越族 토벌을 담당하는 동시에 단양 태수를 겸하도록 했다. 그때 제갈각의 나이 서른둘이었다.

제갈각은 임지에 이르러 네 군에 딸린 성의 관리들에게 편지를 보냈다. 각자 자신들이 관할하는 지역을 지키되 현지인들에게 어진 마음으로 교화하라고 전했다. 관문을 지키는 장수들에게도 병사들을 험준한 곳에 배치, 방어만 하고 토호들의 군대와 교전을 피하도록 지시했다.

곡식이 다 익으면 씨앗 한 톨도 남기지 않고 수확해 조정에 불만이 있는 자들에게는 곡식을 배부하지 못하도록 단호한 조치를 했다. 그러자 험준한 산속에서 생활하며 굶주린 자들이 한두 명씩 투항하기 시작했다. 제갈각은 또 수하들에게 명령을 내려 투항한 사람들을 핍박하거나 진정성을 의심하지 말고 교화하고 위로하라고 명했다.

그런데 단양현의 호항胡伉이란 자가 투항한 주유周遺를 체포하는 일이 벌어졌다. 주유는 사악한 무리 중 한 명인데, 겉으로는 복종하는 척하면서 딴마음을 품고 있었다. 이를 눈치챈 호항이 그를 붙잡아 제갈각이 머무는 관소로 보내온 것이다. 제갈각은 호항이 자신의 명을 어겼다며 목을 베 사람들에게 보이고 이 사실을 조정에 보고했다.

이 같은 사실이 단양 사람들에게 알려지면서 제갈각의 진심이 통하기 시작했다. 노인들도 어린아이들의 손을 잡고 나와 오나라의 백성으로 거듭났다. 불과 1년 만에 1만여 명이 복종했다. 손권은 그의 공로를 인정하고는 상서복야 설종薛綜을 보내 제갈각의 노고를 치하하도록 했다.

제갈각의 일화를 통해 생각할 수 있는 것은 많다. 그중에서도 제갈각은 모두가 어려울 것이라는 의혹을 씻는 방법을 알고 있었다. 그는 한비자가 말한 성인이라면 할 수 있다는 두 가지 능력, 즉 "사태의 변화와 사람의 마음을 꿰뚫어 보는 능력"을 발휘함으로써 의혹을 신뢰로 돌려놓게 되었다.

이렇듯 조직의 리더는 분명한 원칙과 소신에 따라 일을 추진해 나가면서도 보이지 않는 지점을 바라보아야 한다. 때론 자신에게 적의를 품거나 경계하는 마음을 품고 있는 사람에게도 인내심을 갖고 그 이면의 벽을 허물도록 배려하는 마음을 갖춰야 하는 것이다.

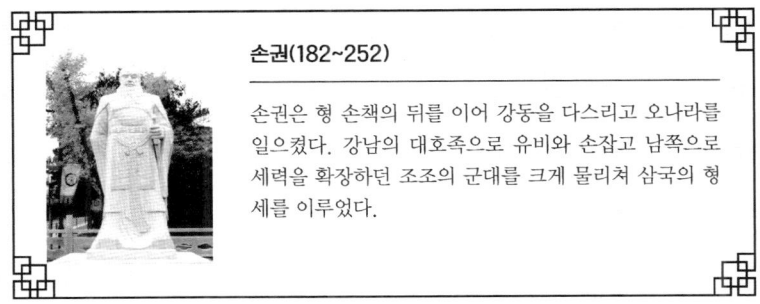

손권(182~252)

손권은 형 손책의 뒤를 이어 강동을 다스리고 오나라를 일으켰다. 강남의 대호족으로 유비와 손잡고 남쪽으로 세력을 확장하던 조조의 군대를 크게 물리쳐 삼국의 형세를 이루었다.

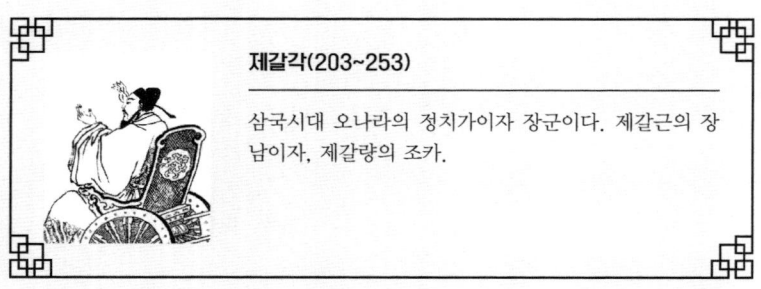

7. 높은 산 위에 있어야 천 길 계곡을 내려다볼 수 있다

한비자는 「고분孤憤」 편에서 "術을 아는 인사는 반드시 멀리 내다보고 명확하게 꿰뚫는다. 명확하게 꿰뚫지 않으면 사적인 음모를 밝혀낼 수 없다. 법法에 능한 인사는 반드시 굳세며 강직하다. 굳세고 강직하지 않으면 간사한 자들을 바로잡을 수 없다."라고 말하고 있다.

군주가 지혜롭고 법도를 잘 지키는 인재를 만나는 것은 나라를 위해서는 이상적인 일이다. 그러나 군주 곁에는 명령을 무시하고 멋대로 일을 처리하며 법령을 어기면서까지 자신의 이익을 챙기는 '중인重人'들만 득실거리기 때문에, 군주가 원하는 인재를 만나기란 쉽지 않다. 한비자는 중인 혹은 중신들의 음모를 정확히 꿰뚫어 군주의 통치를 방해하는 장해를 제거할 수 있다고 했다. 이들은 자신의 의도를 관철하기 위해 군주에게 인재를 천거할 리가 없으며, 그러므로 군주의 눈과 귀는 더욱더 가려지고 위험해지는 것이다.

'고분孤憤'이란 '홀로 분격해 한다'라는 뜻이다. 즉 자신의 주장을 알아주는 이가 없어 홀로 울분에 찬 마음을 터트린다는 뜻이다. 『한비자』「고분」편에는 "진실을 아는 사람은 외롭다"라는 의미가 담겨 있다.

통치술에 정통한 인재는 미래의 일을 미리 알며, 법도를 준수하는 인재는 강인하고 강직하다. 이들이 군주의 신임을 받아 임용된다면 법령을 어기면서 자기 이익만을 추구해 나라를 좀먹는 사람들의 행동을 바로잡을 수 있다.

통치술에 정통한 인재나 법도를 잘 준수하는 인재는 정론만을 내세워 군주의 편협하고 왜곡된 생각을 바로잡으려 하기 때문에, 군주의 총애를 받거나 높은 자리에 뽑히는 경우가 드물다. 진실을 말하고 바른말을 하는 사람을 좋아하는 군주가 많지 않기 때문이다. 그래서 이들은 지위가 낮고 따르는 자도 없으며 항상 신변의 위협을 느끼므로 홀로 울분에 가득 차 있는 것이다. 이렇게 된 까닭은 군주가 신하에게 상벌을 내릴 때 실제 공적에 따르지 않은 탓이다.

신하들은 사사로이 패거리를 지어 제멋대로 권력을 휘두르면서 군주의 권위를 가리고, 현명한 선비들에 대한 평가마저도 왜곡시킨다. 한비자가 말하는 개혁가와 기득권의 관계는 대립이고 충돌이며, 서로 반드시 멸해야 하는 대상으로 본다. 권세를 가진 자들은 늘 군주의 측근들이고, 개혁가는 군주 곁에 가기도 힘들다. 그들이 가는 것을 곁에서 방해하는 간신들은 수없이 많기 때문이다.

측근에게 약점을 잡히지 않는다는 것은 리더에게 대단히 중요한 문제다. 마치 사당 안의 쥐처럼 간신들은 궁정에서 군주를 위협하는 지경에 이르러도 제거되지 않는다. 흔히 춘추전국시대는 약육강식(弱肉强食: 약한 자는 강한 자에게 먹히거나 지배된다)의 논리가 지배하고, 군주 한 사람이 모든 것을 결정하는 제왕적 전횡의 시대였을 법하나 늘 그런 것은 결코 아니었다.

『한비자』「외저설 우상」에 다음과 같은 이야기가 있다.

> 환공이 관중에게 물었다.
> "나라를 다스리는 데 무엇을 가장 걱정해야 하오?"
> 대답하여 말하였다.
> '사당의 쥐를 가장 걱정해야 합니다."
> 공이 말하였다.
> "무엇 때문에 사당의 쥐를 걱정해야 하오?"
> 대답하여 말하였다.
> "군주께서도 사당 세우는 것을 보신 적이 있으시지요? 나무를 세우고 칠을 하는데 쥐가 그 사이에 구멍을 뚫고 들어가 그 안에서 삽니다. 그것을 불태우자니 나무가 탈까 두렵고, 그곳에 물을 대자니 칠이 벗겨질까 두렵습니다. 이것이 사당의 쥐를 잡지 못하는 이유입니다. 지금 군주의 좌우에 있는 자들이 밖에서는 권세를 부려 백성들로부터 이익을 거두어들이고 안에서는 패거리를 지어 군주에게 사악함을 감춥니다. 궁궐 안에서 군주의 사정을 엿보아 궁궐 밖으로 알리고, 안팎으로 권세를 키워 신하와 벼슬아치들에게 기대어 부유해지고 있습니다. 벼슬아치가 그들을 주살하지 못하면 법을 어지럽힐 것이고, 그들을 주살하면 군주가 불안해하므로 이에 근거해서 그대로 두는 것입니다. 이 또한 나라와 사당 속 쥐인 것입니다. 그러므로 신하 된 자가 권력을 잡고 멋대로 금령을 행사하며 자기를 위하는 자는 반드시 이롭게 되고 자기를 위하지 않는 자는 반드시 해로울 것임을 밝히고 있으니, 이 또한 사나운 개입니다. 무릇 신하가 사나운 개가 되어 도에 정통한 인재를 물어버리고, 주위에 있는 자들이 또 사당의 쥐가 되어 군주의 사정을 엿보고 있는데도 군주는 깨닫지 못하고 있습니다. 이와 같다면 군주가 어찌 가려지지 않겠으며 나라가 어찌 망하지 않겠습니까!"

위의 이야기를 통해 한비자는 사람을 보는 안목과 부하를 조종하는 기술이 모두 필요함을 힘주어 말하고 있다. 한비자는 심지어 부하뿐 아니라 아내, 자식도 의심해야 한다고 말한다. 아내는 혈연으로 맺어진 것이 아니기 때문에 군주의 사랑을 받는 동안만 유효 기간이 지속된다. 한비자가 예시하듯 여자가 서른이 되어 용모가 퇴색하면 남편의 마음을 붙잡기 어렵고, 시기하는 마음에서 정부인이나 첩은 군주의 죽음을 바라게 되는 것이다.

처든 첩이든 자기가 낳은 자식이 군주의 자리를 이어받기를 바라는 것은 과연 나라를 위한 것인가, 아니면 남편인 군주를 위하는 것인가? 바로 자기 자신을 위하는 것이라는 게 한비자의 시각이다. 그래서 음식에 독을 넣기도 하고 심지어 여태후呂太后가 척부인戚夫人에게 했던 것처럼 눈알을 빼고 두 손과 두 발을 끊어 변소에 가둘 정도로 가혹한 행위가 쉼 없이 이어졌다.

신하가 요직을 차지하고 있으면서 군주에게 신임과 사랑을 받지 못하는 경우는 드물다. 이들은 군주의 마음에 따라 좋아하고 싫어하는 것을 맞추는 아부에 익숙해 있다. 그렇기에 승진을 위해 권력을 따라가는 것은 당연한 수순이다.

오히려 인재는 군주의 왜곡된 생각을 바로잡으려 하기 때문에 군주의 총애를 받기 힘들고, 심지어 낮은 지위에 머물거나 한을 품은 채 생을 마감할 수밖에 없다. 이들은 간신들의 모략에 빠져 신변상의 위협도 느끼게 되므로, 은둔하면서 울분에 차 있게 된다. 그렇다면 인재는 어떻게 얻을 수 있을까?

군주가 인재를 얻으려면 능력에 따라 평가하고, 능력에 따라 벼슬을 주어야 한다. 그래야만 현명한 자가 군주를 섬길 수 있고, 공이 있는 자가 군주를 위해 공적을 쌓는다. 측근을 중용하지 말고, 능력에 따르라는 말은 이래서 중요하다.

진실의 눈을 가져야 능력 있는 인재를 얻을 수 있는 법이다. 능력 있는 자는 군주를 속이지 않으며, 공이 있는 자는 군주를 위해 충성하기 마련이다.

군주에게 권세權勢가 있다는 것은, 마치 한 자밖에 안 되는 나무라도 높은 산 위에 서 있으면 천 길의 계곡을 내려다볼 수 있는 것과 같은 이치다. 그래서 한비자는 권세가 있으면 설령 재능이 부족하고 현명하지 못할지라도 현명한 사람들까지 굴복시킬 수 있다고 보았다. 물론 한비자는 세상이 혼란스러워졌을 때 어질고 현명한 사람이 나타나 혼란을 평정한다면 좋겠지만, 그렇지 못할 경우는 군주가 권세를 쥐고 법을 시행하면 빠른 시일 안에 안정을 찾을 수 있다고 보았다.

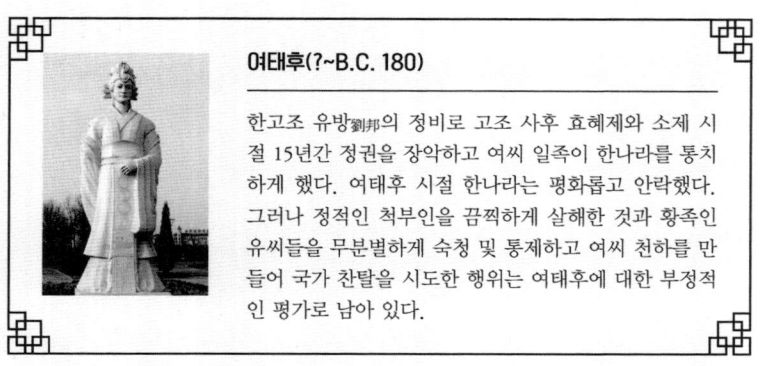

여태후(?~B.C. 180)

한고조 유방劉邦의 정비로 고조 사후 효혜제와 소제 시절 15년간 정권을 장악하고 여씨 일족이 한나라를 통치하게 했다. 여태후 시절 한나라는 평화롭고 안락했다. 그러나 정적인 척부인을 끔찍하게 살해한 것과 황족인 유씨들을 무분별하게 숙청 및 통제하고 여씨 천하를 만들어 국가 찬탈을 시도한 행위는 여태후에 대한 부정적인 평가로 남아 있다.

척부인(?~B.C. 194)

한고조 유방劉邦의 후궁. 척희戚姬나 척씨戚氏라고도 불린다. 유방의 후궁 중 특히 많은 사랑을 받은 걸로 유명한 여인이다. 하지만 친아들을 황태자로 만들기 위해 유방의 정실부인이자 정치적 숙적이었던 여태후와 노골적으로 대립했다가, 유방 사후 여씨의 보복으로 중국 역사상 유례가 없을 정도로 비참한 극형을 받은 것으로 더욱 유명하다. 여태후는 척부인에게 약을 먹여 벙어리로 만들고, 귀를 잘라 귀머거리로 만들고 눈을 도려낸 다음, 두 손과 두 발을 끊어, 변소에 던져, 이것을 "사람돼지(人彘)"라고 칭했다고 한다.

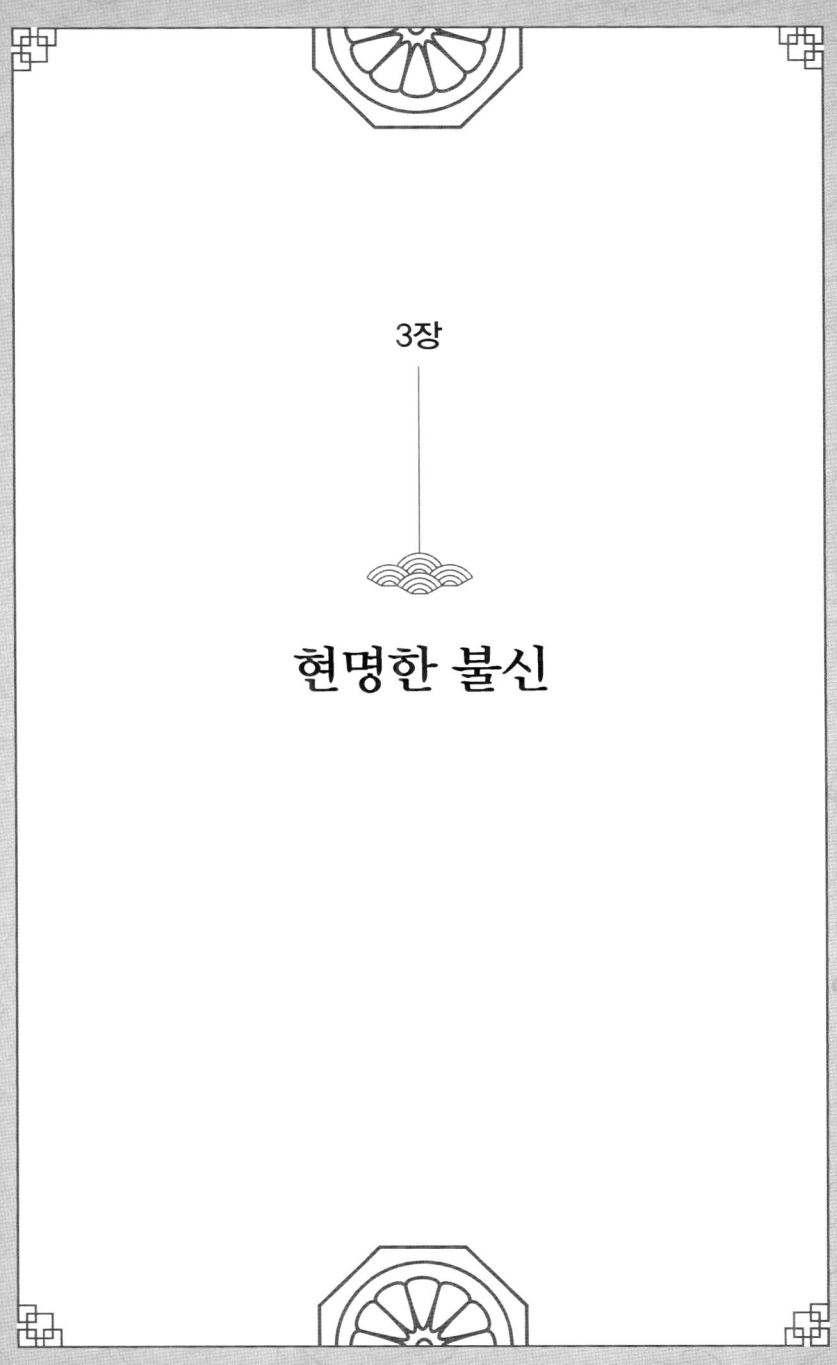

3장

현명한 불신

1. 충성보다 배신을 못 하게 하라

대체로 사람들은 자기에게 좋은 소리를 듣기 좋아한다. 그래서 사탕발림에 쉽게 넘어가는 일이 많다. 특히 윗사람의 자리에 있을 때 아랫사람의 달콤한 말은 경계를 허물기도 한다. 한비자는 아랫사람이 하는 일이 주로 윗사람의 동태를 살피는 것이라고 평가절하한다. 그러므로 아랫사람의 동태에 대한 경계심을 느슨하게 해서는 안 된다고 강조한다.

한비자는 특히 경계해야 할 것을 '육미六微'라는 말로 설명했는데, 이는 "부하가 마음속에 숨기고 있는 여섯 가지 속셈" 정도로 보면 된다. '육미'의 첫째는 부하에게 '권한'을 빌려주는 것이다. 군주가 군주일 수 있는 까닭은 권한을 쥐고 있기 때문인데 권한이 없다고 한다면 이미 허수아비일 수밖에 없다. 아랫사람이 군주에게 다가오는 것은 바로 이 권한이 있기 때문이다. 『한비자』「내저설 하」편에 다음과 같은 이야기가 있다.

정곽군淸郭君이 제나라 재상으로 있을 때 옛 친구와 오랫동안 이야기를 나눈 일이 있었다. 사람들은 그가 정곽군의 신임을 받는다고 생각해 뇌물을 보내 옛 친구는 부유해졌다. 정곽군이 주위에 있는 자들에게 수건을 주자 그들은 이로 인해 강한 세력을 이루게 되었다. 오랫동안 이야기를 나누거나 수건을 내리는 것은 하찮은 일인데도 오히려 부자가 되었으니, 하물며 벼슬아치가 군주의 세력을 빌린다면 어떠하겠는가?

한비자는 앞의 일화를 통해 권력을 이용하려 한 자가 나쁜 것이 아니라 이용하게 만든 재상의 처세에 문제가 있다고 말했다. 그러므로 윗사람은 아랫사람과 가까이 있는 것조차도 경계해야만 한다. 군주가 권한 하나를 잃으면 신하는 그것을 100개로 만들어 이용하기 때문이다. 즉 신하가 군주의 권력을 대행하게 되면 군주는 위험에 빠질 수밖에 없다. 이는 군주와 신하 사이에 존재하는 영원한 간극의 문제다. 서로 필요할 때는 감싸주지만 조금의 이해관계만 얽혀도 가차 없이 상대를 공격하게 된다.

이럴 경우 군주가 기댈 수 있는 것은 오로지 '법法'과 '술術'이다. 어찌 보면 뻔한 이야기 같지만, 신하의 속임수에 빠져 군주가 형벌을 적절하게 적용하지 못하는 경우가 많다. 특히 음흉한 신하일수록 언젠가는 속임수로 군주를 곤경에 빠뜨릴 가능성이 높다.

군주는 어떤 말에도 속아 넘어가지 않는 통찰력을 갖고 있어야만 한다. 군주라는 자리는 겉으로는 굳세어 보여도 실상은 약하다. 왜냐하면 측근이나 중신들이 배신하게 되면 군주는 그야말로 속수무책일 경우가 적지 않기 때문이다. 특히 신하가 야심을 품고 국가를 전복하려고 할 때는 종종 적국의 힘을 빌리는 경우가 있다. 한비자는 「내저설 하」편에 이러한 일화를 소개했다.

적황翟璜은 위魏나라 왕의 신하였으나 한韓나라와도 친하였다. 그래서 한나라의 군대를 불러들여 위나라를 공격하도록 하였다. 그러고는 위나라 왕을 위해 한나라와 화평을 맺어 자신의 지위를 두껍게 하였다.

현명한 불신 **93**

그야말로 상대의 허를 찌르는 무서운 전술이다. 군주는 신하에게 이런 꼴을 당할 수 있다는 것을 늘 염두에 두어야 한다. 이때 신하의 힘을 약화하고 군주의 권한을 최대한 강화하는 것이 핵심이다. 신하는 자신의 이익을 위해 언제든 군주를 공격할 채비가 되었다는 것을 명심할 필요가 있다. 그러므로 한비자는 부하의 충성심을 믿는 군주야말로 가장 어리석은 군주라고 보았다.

아랫사람에게 권한을 이양하는 것은 군주가 하지 말아야 할 큰 잘못이다. 물론 아랫사람을 신뢰하여 그에게 맡길 수만 있다면 이보다 더 좋을 수는 없을 것이다. 그러나 동상이몽(同床異夢: 같은 잠자리에서 다른 꿈을 꾼다는 뜻으로, 같은 처지에 있으면서도 목표가 저마다 다름)이라는 말처럼 부부지간도 믿지 못하는 것이 세상인데, 군주와 신하가 어찌 이해관계에 따라 움직이지 않겠는가.

'자애慈愛'란 '배려'와 같은 말로, 형벌보다는 '은혜를 베푸는 것'이다. 하지만 한비자는 정치의 근본은 배려에서 나오는 것이 아니라고 보았다. 정치를 할 때 약자의 편에 서서 그들을 구해내는 것이 중요할 듯하나, 군주가 약자의 편에 서려고 하다 보면 재정 문제가 부각될 수밖에 없고 형벌을 적용할 때도 난감한 상황에 직면할 수밖에 없다. 상은 남발해서는 안 되며 벌 역시 가혹해서도 안 된다. 징벌의 목적은 악을 금하고 정치를 안정시키는 데 있는 것이다. 그러므로 공평함이라는 잣대에 따라서 이루어져야만 한다. 따라서 정말 공을 세우면 군주와 아무리 사이가 나빠도 반드시 상을 주어야 하고, 잘못을 한다면 아무리 군주와 가깝더라도 처벌을 해야만 한다는 것이 한비자의 논점이다.

어찌 보면 냉엄한 현실주의자의 면모가 엿보이는 한비자의 논점이 이

시대에도 유효한 것은 부하의 충성심 따위가 얼마나 덧없는 것인지를 알게 해주기 때문이다. 상대의 충성에 기댈 것이 아니라 상대가 도저히 배신할 수 없는 상황을 만들어야 한다. 즉 현명한 군주라면 부하의 배신에 눈물을 흘릴 것이 아니라 자신의 판단 착오에 피눈물을 흘려야 할 것이다.

한비자는 신하에게 권한을 이양하는 것을 마치 도끼를 빌려주는 것처럼 위험한 일이라고 했다. 상대편은 도끼를 쥐는 순간 언제라도 순식간에 내려칠 수 있다. 신하에게 권력을 나누어주는 것은 군주로서 굴욕을 맛보는 일일 뿐이다.

주후州侯는 초나라의 재상이었는데, 지위가 높아지자, 정무를 제멋대로 주관하였다.

초나라 왕은 그를 의심해 주위의 신하들에게 물었다.

주위에 있는 자들은 이렇게 대답하였다.

"그런 일은 없었습니다."

그들의 말은 한 입에서 나오는 것처럼 똑같았다.

연나라 사람이 정신적으로 이상이 없는데도 일부러 개똥으로 목욕을 하였다.

그 연나라 사람의 아내는 젊은 남자와 사통하고 있었다. 그 남편이 일찍이 밖에서 왔는데 마침 젊은 남자가 문밖으로 나오고 있었다.

남편이 말하였다.

"저 손님은 누구요?"

그의 아내가 말하였다.

"손님은 없습니다."

주위에 있는 사람들에게 묻자, 그들은 이렇게 대답하였다.

"아무도 없었습니다."

마치 한 입에서 나오는 것처럼 똑같이 말하였다.

그의 아내가 말하였다.

"공께서는 이상하군요"

그러고는 개똥으로 목욕을 하도록 하였다.

- 『한비자』 「내저설 하」

여러 사람이 한 사람을 바보로 만드는 것은 어렵지 않다. 주변 사람들이 모두 같은 말을 한다는 것은 조직의 위기를 보여주는 것이다. 즉 불륜을 저지른 아내에게 오히려 개똥 세례를 당하는 모욕이 바로 충성에만 의존하는 군주의 결말이다. 그러므로 리더가 아랫사람의 충성을 무조건 믿는다는 것은 헛되고 어리석은 일이다.

2. 굳건한 카리스마

한비자는 「식사飾邪」 편에서 법을 시행하는 것이 얼마나 중요한 일인지 사례를 들어 설명했다. 옛날 순舜임금이 어떤 관리에게 홍수를 막도록 명령했는데, 그 관리는 명이 내려지기도 전에 그것을 방지하는 공적을 세웠다. 그런데 순임금은 그 관리를 명령위반죄로 사형에 처했다. 우禹임금은 여러 제후국의 군주를 한자리에 모이게 했는데, 방풍국防風國의 제후가 약속한 기일에 도착하지 않았다고 그의 목을 벤 적이 있었다.

이렇듯 선인들은 반드시 법대로 실행되는 것을 존중했다. 거울은 오직 맑음만을 지켜야 아름다움과 추함을 비교할 수 있고, 저울은 흔들림 없이 바른 상태여야 물건의 무게를 헤아릴 수 있다고 했다. 법도 마찬가지로 명확히 해야 정치의 근본 원리가 되는 것임을 역설하고 있다.

한비자는 오로지 정확한 법만이 공적인 기준이 된다고 말한다. 그래서 신하의 사적인 지혜는 법을 앞세워 금지해야 한다고 강조한다. 신하의 사의私意는 사사로운 의견을 관철하는 것이며, 사의가 행해지면 나라가 혼란해질 것이며 공의公意를 행하여 다스리면 공과 사가 분별될 것이라 했다. 그러므로 공사를 명확히 해야 한다는 것이다.

인간의 사심 혹은 속내는 철저히 계산에 따라 움직인다. 그러므로 상과 벌이 분명하면 백성들은 목숨을 바쳐 일할 것이며, 백성들이 죽음을 무릅쓰면 병력은 강해지고 군주는 존중받게 된다. 그러나 상과 벌이 분명하지 않다면 백성들은 공로가 없으면서도 상 받기를 구하고, 죄가 있으면서도 사면되기를 바랄 것이니 병력은 약해지고 군주의 권위는 낮아질 것이다. 그래서 선왕의 현명한 보좌관들은 공사를 명확히 하기 위해 힘을 다하고 지혜를 다했던 것이다.

한비자는 군신이란 서로 견제하고 철저히 이용하는 관계라고 강조했다. 군주는 군주대로, 신하는 신하대로 자신들이 살 궁리를 해야 한다는 것이다. 그런데 칼자루는 군주가 쥐고 있어야 신하를 조종할 수 있다. 그렇다면 신하는 어떻게 해야 하는가? 군주의 역린을 건드리지 않고 나름의 생존을 모색해야 한다. 군주는 자질구레한 일에 손을 대면 안 된다. 가능한 한 신하들에게 일을 맡기고 자신은 강령만 가지고 엄중히 감독하면 된다. 한비자가 이런 관점을 피력하는 이유는 무엇인가? 『한비자』「식사飾邪」편에 다음과 같은 내용이 있다.

군주는 계산하여 신하를 기르고, 신하는 계산하여 군주를 섬긴다. 이처럼 군주와 신하는 서로 계산을 하니 자기 몸을 해치면서 나라를 이롭게 하는 일을 신하는 하지 않고, 나라를 해치면서 신하를 이롭게 하는 일을 군주는 행사하지 않는다.

　신하들의 정서란 자신을 해치면서 군주를 이롭게 하지 않고, 군주의 정서란 나라를 해치면서 신하를 친하게 여기지 않는다. 이렇듯 군주와 신하의 관계란 계산에 따라 합쳐지는 것이다.

　한비자는 신하들은 오로지 자신의 사욕만을 챙길 뿐 아니라 파당(派黨: 주의나 주장 또는 이해관계가 같은 사람들이 끼리끼리 모인 집단)을 만들어 군주를 늘 위협하려 한다고 했다. 신하의 득세를 차단하기 위해 군주는 외롭게 싸워야 한다. 그에게 가장 강력한 무기는 '카리스마와 권력'이다. 그 권력은 법에서 나오며, 군주가 발휘하는 통치술로 더욱 힘을 얻는다.

　그렇다면 유가가 바라보는 군신 관계는 어떠한가? '군군신신(君君臣臣: 임금은 임금답고 신하는 신하다워야 한다)'이라는 말은 군주와 신하의 엄격한 구분을 전제로 한 것이다. 『삼국지』에 나와 있는 다음과 같은 문장이 그런 예일 것이다.

　　장무 3년(223년) 봄 유비(劉備: 161~223)는 영안永安에서 병세가 위중하므로 성도에서 제갈량(諸葛亮: 181~234)을 불러와 뒷일을 부탁했다. 유비는 제갈량에게 말했다.

　　"당신 재능은 조비의 열 배는 되니 틀림없이 나라를 안정시키고, 끝내는 큰일을 이룰 것이오. 만일 후계자가 보좌할 만한 사람이면 그를 보좌하고, 그가 재능이 없다면 당신이 스스로 취하시오."

　　제갈량이 눈물을 흘리며 말했다.

　　"신은 감히 온 힘을 다하여 충정의 절개를 바치며 죽을 때까지 이어가겠습니다."

　　유비는 또 후주 유선에게 조서를 내려 말했다.

"너는 승상과 함께 나라를 다스리고 그를 아버지같이 섬겨라."

－『삼국지 · 촉서』「제갈량전」

　그러나 성인은 아랫사람을 무조건 믿지 않는다. 한비자가 말하는 정치는 많은 사람을 상대해야 하겠지만 어디든 선과 악은 공존하기 마련이라고 한다. 말하자면 아무리 선한 사람들이 많다 하더라도 분명 그들 틈에서 악행을 저지를 사람은 여전히 존재한다. 그럴 경우 악의 싹을 자르고 올바른 길을 가려면 엄격한 법 적용이 우선해야만 한다.

　우리는 리더십을 이야기하면서 '카리스마'를 자주 말한다. 리더에게는 좌중을 휘어잡는 카리스마가 필요하다. 그런데 그 카리스마는 그저 강함만으로 얻을 수 있는 것이 아니다. 거울을 움직이면 맑음의 성질이 없어질 것이며, 저울을 움직이면 물건을 정당하게 계량하는 성질을 잃게 된다는 한비자의 비유처럼, "사사로움을 지양하고 공의를 지키는 데서 진정한 카리스마가 나온다." 또한 "신하가 난국에 처하여 생명을 버리고 지식을 동원하여 나라에 헌신하는 것은 오직 법 때문"이라고 했던 것처럼 아랫사람을 움직이게 하는 것도 법을 정확히 시행하는 리더의 몫이다.

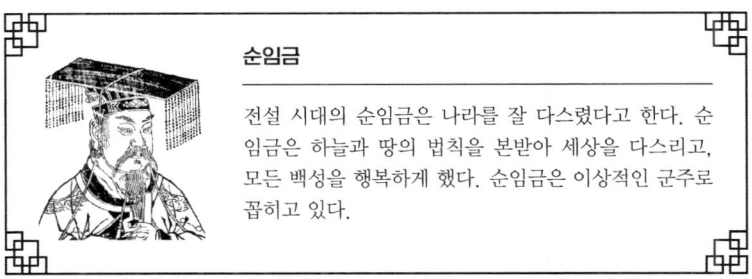

순임금

전설 시대의 순임금은 나라를 잘 다스렸다고 한다. 순임금은 하늘과 땅의 법칙을 본받아 세상을 다스리고, 모든 백성을 행복하게 했다. 순임금은 이상적인 군주로 꼽히고 있다.

우임금

전설의 왕조인 하나라의 첫 번째 국왕. 전설에 의하면 우임금은 곤의 아들로서 하나라의 첫 번째 임금이다. 순임금이 물을 다스린 공로로 임금 자리를 그에게 물려주었다. 우가 죽은 후 계가 즉위했는데 이때부터 왕위의 세습 제도가 생겨났다.

유비(161~223)

가난을 딛고 촉한을 일으킨 전한 경제의 후손 유비. 소설 삼국지에서 관우, 장비와 의형제를 맺고 제갈량의 도움으로 나라를 세운다. 유비는 한 황실의 후손으로 알려졌으며, 현재의 사천 지역을 중심으로 촉한蜀漢을 세워 촉한의 첫 황제가 되었다.

제갈량(181~234)

삼국시대 촉나라의 정치가. 자는 공명으로 흔히 제갈공명이라고도 불린다. 유비의 책사로 탁월한 지략을 이용해 적벽에서 조조의 대군을 크게 물리치고 형주를 차지했다. 221년 촉한이 건국된 후 승상이 되었으며, 유비 사후 여러 차례 위나라 정벌을 시도했으나 모두 실패했다.

3. 무게감이 있어야 권위를 지킨다

현명한 군주가 되기 위한 영원불변의 도는 신하들로 하여금 그들의 재주를 다 부리도록 여건을 조성하는 데 있다. 군주가 자기가 아니면 안 된다는 생각으로 일일이 모든 일을 다 하는 것이 아니라 사사로운 생각을 비우고 고요하게 있으면서 은밀히 신하들의 허물을 살펴보는 것이다. 군주는 눈과 귀를 가리며 아무도 모르게 운신해야만 한다. 이는 신하들로 하여금 군주의 속내를 추측할 수 없도록 하기 위한 까닭이다. 간사함이란 군주가 뜻을 드러내면 드러낼수록 심해지기 때문이다. "군주의 곁에 있으면서 군주의 틈을 엿보는 자를 역적"이라고 한비자는 말했다.

그러므로 현명한 군주는 위에서 정무를 보지 않아도 신하들이 아래에서 두려움에 떨게 된다. 말하자면 군주란 드러내기보다는 감추고 있음으로써 더 힘을 가진다는 것이다. 말을 앞세우지 말고 '은인자중隱忍自重'하라는 경고다. 또한 군주는 드러내지 않아도 그 무게가 충분히 전해질 수 있도록 해야 한다. 군주는 존재만으로도 두려움의 대상이기도 하고, 영향력이 그만큼 강하기 때문이다.

그렇다고 군주가 아무것도 하지 않고 가만히 있으면 그 권위가 세워지는 걸까? 은인자중하라는 경고처럼 자신을 드러내지 않고 고요히 있되 그 권위를 지킬 수 있는 무게감을 갖추는 게 필요하다. 그러려면 군주 스스로도 자기 관리가 필요하며 처신을 잘해야 한다. 그런 의미에서 우리에게 널리 알려진 양두구육(羊頭狗肉: 겉으로는 훌륭한 듯이 내세우지만 속은 보잘것없음을 이르는 말. 양의 머리를 걸어 놓고 실제로는 개고기를 판다는 뜻)이란 말을 떠올려보자. 이 고사는 군주의 처신에 대해 생각하게 해준다.

제나라 영공(靈公: ?~B.C. 554)은 특이한 취미를 갖고 있었다. 그는 궁중에 있는 미녀들을 데려와 남장을 시키고는 그 모습을 바라보며 즐겼다. 영공의 이러한 취미는 제나라 전체에 전해져 백성 가운데 남장한 미녀가 나날이 늘어갔다. 그러자 영공은 궁중 밖에 있는 여자들은 절대로 남장을 하지 못하도록 명령을 내렸지만, 금령이 제대로 지켜지지 않았다. 영공은

금령이 지켜지지 않는 까닭이 궁금하던 차에 우연히 안자晏子를 만나게

되자 물었다. 시시비비를 엄격히 가려 올바로 간언하는 것으로 유명한 제

나라의 재상 안자는 영공의 질문에 서슴지 않고 대답했다.

"대왕께서 궁궐 안에서는 남장하도록 하면서 궁궐 밖에서는 금하였습

니다. 이는 마치 소머리를 문에 내걸어 놓고 안에서는 말고기를 파는 것

과 같습니다. 어찌하여 궁중에서 남장하는 것을 금하지 않으십니까? 궁중

에서 금하면 밖에서 아무도 할 수 없을 것입니다."

이 말을 들은 영공은 깨우친 바가 있어 즉시 궁중에서 남장하는 것을

금했다. 그러자 하루도 채 지나지 않아 제나라 전국에 남장하는 여자가

모두 사라졌다.

군주에게 취미는 어느 정도라면 괜찮지만, 그 이상을 넘어선다면 위험

에 빠질 수 있다. 군주가 쾌락에 너무 빠져들면 아무래도 직무를 소홀히

하게 된다. 군주라는 자리는 기분 내키는 대로 행동하는 그런 자리가 아

니다. 자신의 일거수일투족을 바라보는 수많은 백성과 신하가 있다는 것

을 잊지 말아야 한다. 왕의 처신과 하층민의 처신에 차이가 나는 이유는

단순히 지위고하의 문제가 아니다. 한쪽은 주변을 철저히 돌아보아야 하

는 존재이고, 다른 한쪽은 자신만 잘하면 되는 존재이기 때문이다.

또 다른 예로 『사기史記』「고조본기高祖本紀」에 한고조漢高祖 유방(劉邦:

B.C. 247?~B.C. 195)이 죽음에 임박하여 유언하는 내용이 있다.

고조가 경포를 공격할 때 빗나간 화살을 맞았는데 길을 가던 중 그 상처

가 덧났다. 고조의 병이 심해지자 여후呂后가 명의를 불렀다. 고조는 의원에

게 병의 상태를 물어보았다.

"폐하의 병은 치료될 수 있습니다."

이에 고조는 그를 만만히 보고 꾸짖으며 말했다.

"나는 평민 신분으로 세 자 길이 칼을 들고 천하를 얻었으니, 이것은 천명이 아니겠는가? 명은 하늘에 달려 있으니, 비록 편작扁鵲인들 무슨 도움이 되겠는가!"

결국 의원이 병을 치료하지 못하게 하고 황금 쉰 근을 내려주며 물러가게 했다. 잠시 후 고조의 죽음을 예견한 여후呂后가 고조에게 물었다.

"폐하의 100년 뒤 만일 소 상국이 죽으면 누가 대신하게 하지요?"

고조는 대답했다.

"조참曹參이 할 수 있소."

그다음 사람을 물으니 다시 대답했다.

"왕릉王陵이 할 수 있소. 그러나 왕릉은 좀 꽉 막혔으므로 진평陳平이 그를 돕도록 하는 것이 좋소. 진평은 지혜가 남음이 있지만 혼자서 맡기는 어렵소. 주발(周勃: ?~B.C. 169)은 점잖고 너그러우며 글재주는 모자라지만 유씨를 안정시킬 자는 틀림없이 주발이니 그를 태위太尉로 삼을 만하오."

여후가 다시 그다음을 물으니, 고조는 대답했다.

"그 이후는 당신이 알 바가 아니오."

유방이 결코 어리석지 않음을 보여주는 대화다. 여기서 유방은 조강지처인 여후를 끝까지 경계하는 치밀한 모습을 보여주었다. 제아무리 조강지처라 하더라도 고조는 자신의 속내를 가리고 있다. 그것이 군주가 지닌 무게감이 아니겠는가. 군주는 한 가정의 가장임에 앞서 한 나라를 책임지는 존재이기에 누구에게도 자신의 속내를 보이지 말아야 한다는 한비자의 말은 조직을 책임지고 있는 리더들에게는 되새겨볼 만하다.

리더는 무조건 강하게만 보이지 않으면서도 조직을 장악하는 무게감 있는 존재다. 한비자는 군주란 법法, 술術, 세勢를 능수능란하게 익히고 활용해서 흔들리지 않는 권위를 보여야 한다고 강조한다. 아랫사람을 다루는 리더에게는 드러내지 않아도 빛이 나는 무게감이 있어야 한다. 하나의 조직과 한 나라를 책임지는 위치에 있다면 더욱 그래야 하지 않겠는가.

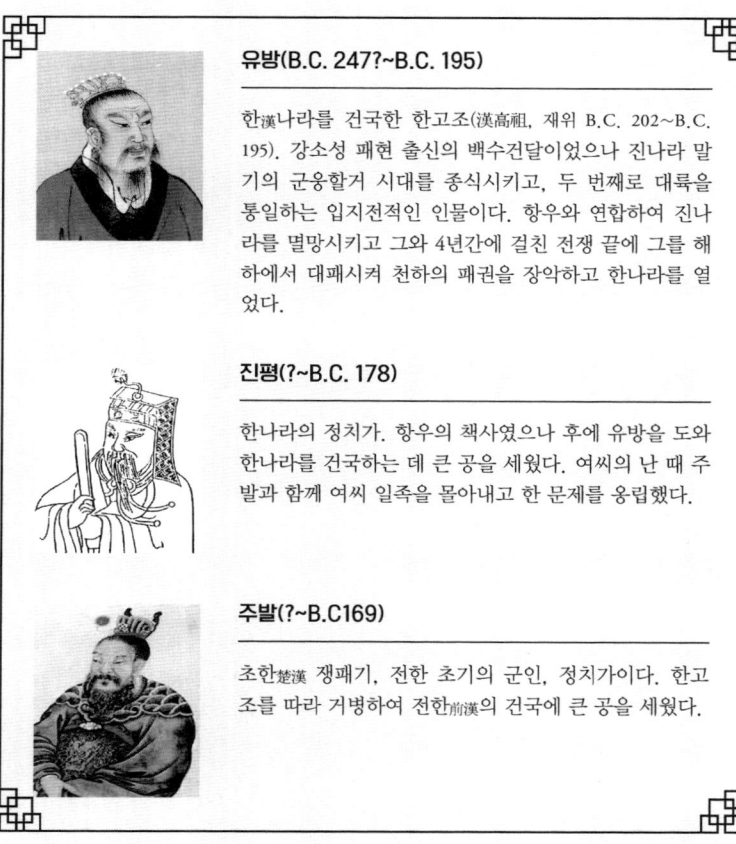

유방(B.C. 247?~B.C. 195)

한漢나라를 건국한 한고조(漢高祖, 재위 B.C. 202~B.C. 195). 강소성 패현 출신의 백수건달이었으나 진나라 말기의 군웅할거 시대를 종식시키고, 두 번째로 대륙을 통일하는 입지전적인 인물이다. 항우와 연합하여 진나라를 멸망시키고 그와 4년간에 걸친 전쟁 끝에 그를 해하에서 대패시켜 천하의 패권을 장악하고 한나라를 열었다.

진평(?~B.C. 178)

한나라의 정치가. 항우의 책사였으나 후에 유방을 도와 한나라를 건국하는 데 큰 공을 세웠다. 여씨의 난 때 주발과 함께 여씨 일족을 몰아내고 한 문제를 옹립했다.

주발(?~B.C169)

초한楚漢 쟁패기, 전한 초기의 군인, 정치가이다. 한고조를 따라 거병하여 전한前漢의 건국에 큰 공을 세웠다.

4. 실용성이 없으면 소용없다

『한비자』「외저설 좌상」편에 정치가인 범저(范雎: ?~B.C.255)가 활 만드는 공인에게 다음과 같이 말했다.

> "대체로 공인工人이 활을 휠 때는 30일 동안 도지개에 끼워두었다가 시위를 걸 때는 발로 밟으며, 하루가 지나서 쏘아본다. 이는 처음에는 신중하게 하다가 막바지에 거칠게 다루는 것이니, 어찌 부러지지 않겠는가? 그러나 나는 활을 휠 때 그렇게 하지 않는다. 하루만 도지개에 끼워놓고 곧바로 발로 밟아 시위를 걸어두고는 30일이 지나서 쏘아본다. 이는 처음에는 거칠게 다루지만, 막바지에는 신중하게 하는 것이다."

도지개는 활을 휠 때 쓰는 틀이다. 대개 활을 휠 때 도지개에 30일을 끼워두는데, 범저는 이를 잘못하는 것이라면서 자신은 하루만 끼워놓는다고 했다. 그런데 공인이 범저의 말대로 했더니, 활이 이내 부러졌다. 당연하다. 본래 곧은 것을 휘게 해서 부러지지 않게 하려면, 오랜 시일이 걸릴 수밖에 없다. 이게 이치다. 이를 간과하고 하루 만에 그 성질을 바꾸려는 것은 무리다. 범저는 왜 그렇게 생각했을까? 약弱의 참뜻을 모르고 강强의 반대되는 것이라고만 알았기 때문이다.

일이란 처음은 쉬워도 결말을 보기는 어려우며, 성취란 결국 맨 나중의 결과로 말하는 것이지, 과정으로 말해서는 안 된다. 따라서 무슨 일을 하든 최선을 다해 끝까지 물고 늘어져 그 일의 결말을 쟁취해 내는 것이 무엇보다도 필요하다.

우경虞慶이 집을 짓게 되었는데, 장인匠人에게 말하였다.

"집을 더 높이 지으시오."

장인이 대답하여 말하였다.

"이것은 새로운 집이므로 진흙은 축축하고 서까래는 생나무입니다. 축축한 진흙은 무겁고 생나무 서까래는 휩니다. 휜 서까래로 무거운 진흙을 받치면 이것은 당연히 낮아지게 됩니다."

우경이 말하였다.

"그렇지 않다. 다시 날이 오래되면 진흙은 마르고 서까래는 건조해진다. 진흙이 마르면 가벼워지고, 서까래가 건조해지면 곧게 되니, 곧은 서까래로 가벼운 진흙을 받치면 이것은 더욱 높아진다."

장인은 묵묵히 그의 말대로 했으나 집은 무너졌다.

－『한비자』「외저설 좌상」

우경은 말재간이 좋고 훌륭하지만, 실정에 맞지 않는 말을 했다. 그럼에도 군주는 그런 그를 좋아했다. 그것이 실패의 원인이 되었다. 대체로 나라를 다스리면서 군사를 강화하지 않고, 시원스러운 웅변이나, 화려하고 그럴듯한 표현만을 좋아하며, 정치를 터득한 현명한 인사를 배척한다는 것은 집을 부수고 활을 부러뜨리는 웅변가에게 나라를 맡기는 것과 같다.

군주는 나라를 다스릴 때 목수나 활을 만드는 사람과 같은 기술이 없다고 보아야 한다. 정치를 터득한 인사가 범저나 우경과 같은 사람에게 꼼짝 못 하는 것은 허황한 말이 쓸모가 없는데도 압도당하기 때문이며, 실질적인 것이 그 앞에서 오금을 펴지 못하는 까닭이다.

군주가 아무짝에도 쓸모없는 웅변에 현혹되고, 정확한 언론을 배척하게 되면 국정이 문란해진다. 요즘 우경이나 범저와 같은 인물이 계속 나타나고 있으며, 더욱이 군주가 그런 자들을 받아들이는 실정이다. 결국 집을 무너뜨리고 활을 부러뜨리는 웅변을 소중히 여기고, 정치를 터득한 현명한 인사를 목수나 활을 만드는 사람처럼 대하게 된다. 목수나 활을 만드는 사람이 기술을 사용할 수 없게 되므로 집은 무너지고 활은 부러지는 것이다. 이와 같이 정치를 터득한 자가 전문적인 방법을 행하지 못하게 되므로 나라가 혼란에 빠지고, 군주는 위태로워진다.

한비자는 같은 편에서 "무릇 어린아이들이 서로 장난을 칠 때 흙덩어리를 밥이라 하고 진흙을 국이라 하며 나무를 고기라고 하다가도 날이 저물면 반드시 돌아가 밥을 먹는 것은, 흙으로 만든 밥과 진흙으로 만든 국은 가지고 놀 수는 있어도 먹을 수는 없기 때문이다."라고 말했다.

상고 적부터 전해온 것을 다룬다고 해서 성실하다고 할 수 없으며, 또 선왕의 업적을 아무리 찬양한다고 할지라도 국정을 바로잡지 못한다면 그것은 소꿉장난은 될지 몰라도 실제로 정치를 잘하는 사람은 못 되는 것이다. 인의仁義를 숭상하여 나라가 약화되고 혼란에 빠진 것은 한나라와 위나라와 초나라였는데, 인의를 소중히 여기지도 않고 나라가 부강해진 것은 진나라였다. 그러나 그러한 진나라가 황제국이 되지 못한 것은 정치술이 능란하지 못했기 때문이다.

한비자는 군주가 신하의 말을 들을 때 효용성이 있고 없음을 기준으로 삼지 않으면 말하는 자는 쓸데없는 말을 하게 된다고 했다. 말이 자상하고 미묘하며 난해한 것은 실용적이지 않다. 우경은 목수를 나무란 것까지는 좋았으나 집이 무너졌고, 범저가 활을 만드는 자를 괴롭힌 것까지는 좋았으나 활을 부러뜨려서는 소용이 없었다. 그러므로 진실을 구하는 자는 소꿉장난은 그만두고 집에 돌아가 밥이나 먹는 편이 낫다.

또한 한비자는 요즘의 군주가 말을 듣는 태도는 법도에 따라서 대응하는 것이 아니라 그 웅변을 좋아하는 것이고, 공로에 따라서 인물을 다루는 것이 아니라 그 행동만을 칭찬하는 것이라고 비판한다. 그러므로 군주는 언제나 웅변가에게 속게 되고, 웅변가들은 언제까지나 군주에게 녹을 얻어먹게 된다는 것이다.

조직의 운영은 '실용'을 바탕으로 해야 이익이 되는 법이다. 리더가 그런 효용성을 가지지 못한다면 조직은 결국 무너질 수밖에 없다.

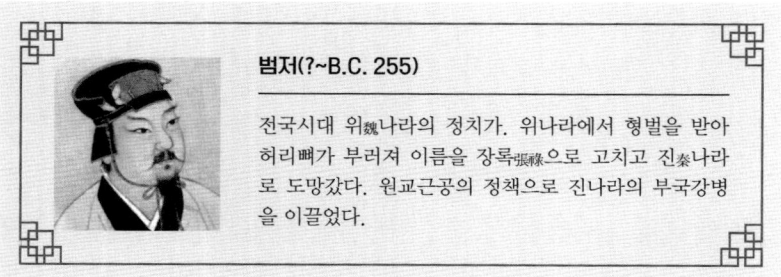

범저(?~B.C. 255)

전국시대 위魏나라의 정치가. 위나라에서 형벌을 받아 허리뼈가 부러져 이름을 장록張祿으로 고치고 진秦나라로 도망갔다. 원교근공의 정책으로 진나라의 부국강병을 이끌었다.

5. 성군과 폭군의 차이는 자신을 제어하는 데 있다

『여씨춘추呂氏春秋』「중언重言」편에 이런 이야기가 있다. 초楚나라 목왕穆王이 죽고 아들 장왕莊王이 즉위했다. 장왕은 황하 남쪽까지 세력권을 확장한 목왕과는 달리, 밤낮으로 주색에 파묻혀 있으면서 간언하는 자는 사형에 처한다고 했다. 장왕의 이런 생활은 어느덧 3년 세월이 흘렀다. 충신 오거伍擧가 연회석 자리에 나와 이렇게 말했다.

"언덕 위에 새 한 마리가 있는데, 3년 동안 날지도 않고 울지도 않습니다.

이는 어떤 새입니까?"

장왕은 매서운 눈초리로 말했다.

"3년 동안 날지 않았으니 한 번 날면 하늘까지 이를 것이고, 3년 동안 울지 않았으니 한 번 울면 세상 사람들을 깜짝 놀라게 할 것이다. 알았으면 물러가시오."

장왕은 오거가 한 질문의 의미를 모르는 듯 여전히 음탕한 생활을 했다. 그러자 대부大夫 소종蘇從이 다시 간언을 했다. 장왕은 그에게 이렇게 물었다.

"죽음을 각오하고 있는가?"

소종은 머리를 조아린 채 말했다.

"죽음을 무릅쓰고 눈을 뜨시기를 간언하는 것입니다."

그 후 장왕은 심경의 변화를 일으켜 조정으로 나와 정사를 돌보았다. 장왕은 수많은 인물을 다시 등용하는가 하면, 부패와 부정을 일삼는 관리들을 벌주었다.

초장왕(?~B.C. 591)이 천하의 패자(霸者: 춘추전국시대 제후의 우두머리)가 될 수 있었던 것은 신하의 간언을 들었기 때문이다. 권력자는 무소불위의 위치에 있다. 그러니 객관적인 판단을 그르칠 때가 많고 오만해지기 쉽다. 자기 행동을 제어하는 것은 그래서 어렵다.

한비자는 「안위安危」 편에서 "질병이 있으면서도 고통을 참지 못한다면 편작의 의술을 놓치게 될 것이고, 나라가 위태로운데도 귀를 거스르지 않게 한다면 성인의 뜻을 놓치게 될 것이다."라고 했다. 그는 나라를 안정시키려면 상벌, 화복, 생사, 현명함과 어리석음 등을 판단하면서 개인적인 억측을 배제하고 일정한 기준을 세워야 한다고 주장한다.

군주는 신하보다 앞서 요임금과 같은 성군이 되기 위해 뼈를 깎는 노력을 해야 한다. 그래야 백성들 또한 자연스레 오자서(伍子胥: ?~B.C. 485)나

비간(比干: BC.1125 ~B.C. 1063) 같은 충신이 될 것이다. 그러면 군주는 나라를 잃는 일도 없을 것이고 백성들은 목숨을 잃지 않을 것이다. 나라의 안정과 혼란은 그 나라가 강한지 약한지, 혹은 백성들의 수가 많은지 적은지에 달린 것이 아니다. 그것은 법에 따라 옳고 그름을 정확히 분별하는가에 달려 있다. 이것이 한비자의 견해다.

이와 달리 남의 말을 듣지 않고 무리하게 고집을 부리다가 패망을 자초한 군주는 없을까? 바로 수隋나라 양제煬帝를 들 수 있다.

수나라 제2대 황제인 양제는 문제文帝의 둘째 아들이다. 그는 폭군으로 알려져 있고, 진시황제秦始皇帝와도 곧잘 비견된다. 그의 이름은 양광楊廣이고 대업大業이라는 연호를 사용했다. 그의 시호에 붙은 '양煬'이라는 글자도 덕치德治나 인치仁治가 아니고 타오르는 불길처럼 학정을 일삼은 그의 행적을 적절히 빗대 '악독한 황제'라는 의미를 담고 있다.

수양제는 남조南朝에 속한 진(陳, 557~589)나라를 정벌하기도 한 수문제의 확실한 창업 동지였다. 그러나 적장자 원칙에 철저한 아버지 문제에 의해 도저히 황태자의 자리를 차지할 수 없었던 그는 결국 형인 용勇을 살해하고 권신 양소楊素와 공모하여 제위를 차지하게 된다. 물론 제위 찬탈 과정에서 아버지 문제도 살해했다는 것은 널리 알려진 사실이다.

정통성 시비를 의식한 수양제(隋煬帝: 569~618)는 백성들의 마음을 다른 곳으로 돌리려 무모한 일을 감행하게 된다. 아버지 문제가 닦아놓은 창업의 제국을 수성하는 데 그리 큰 힘이 들지 않았을 것인데 말이다. 그의 대표적인 사업은 항주杭州에서 양자강 유역의 양주楊州를 거쳐 낙양洛陽에 이르는 대운하大運河 토목공사였다. 그러나 운하 건설에는 값비싼 대가가 따랐다. 15세에서 55세의 장정 550만 명이 동원되었고 관리하는 감독만 해도 5만 명이나 됐다. 정해진 일감을 채우지 못해 태형 등의 형벌을 받은 자들도 이루 헤아릴 수 없었다.

그런 고통에도 아랑곳하지 않고 수양제는 완성된 운하를 따라 마흔 개 이상의 이궁離宮을 지었고 뱃놀이를 즐겼다. 순행을 빙자한 배의 행렬은 200리에 달할 정도였다고 전해진다. 게다가 운하가 완공되자마자 612년 제1차 고구려 원정에 113만 8,000명의 대군을 동원하여 나섰다가 고구려 명장 을지문덕에게 살수에서 대패하고 만다. 이듬해 제2차 원정과 614년의 제3차 원정을 모두 실패하면서 걷잡을 수 없는 민심의 동요를 겪었고, 결국 자신이 믿었던 신하 우문화급(宇文化及: 569?~619)에게 살해되고 만다.

물난리가 잦은 중국에서 치수 문제는 오랜 난제였고, 따라서 대운하 건설은 오늘날의 시점에서 보면 어느 정도 유효하다 할 수 있다. 500여 개나 되는 율령을 정비하고 많은 제도를 확립해 당唐제국의 초석을 다진 것 등도 인정할 만한 업적이다. 그러나 현실을 고려하지 않은 대규모 토목공사와 고구려 원정 등으로 인해 자신도 살해당하고 수나라 역시 가장 일찍 패망한 국가 중 하나로 기록되는 오명을 남기게 되었다. 양제와 거의 똑같은 방식으로 제위에 오른 당태종(唐太宗: 598~649)은 22년간 당 제국을 이끈 정관지치(貞觀之治: 정관貞觀 연간의 다스림. 당나라 태종 때의 치세로, 국가를 잘 다스려 태평성세로 만드는 것을 비유하는 말이다)의 대명사 성군으로 기록되었는데, 왜 수양제는 폭군으로만 기억되는 것일까?

국가든 회사든 최고경영자는 늘 자신의 판단이 틀릴 수 있다고 생각해야 한다. 주변을 돌아보지 않고 무리하게 추진하는 정책이나 개혁, 조직원의 동의나 협의를 거치지 않은 성급한 구조조정은 결국 조직의 거대한 반발에 직면하게 되어 돌이킬 수 없는 상황으로 들어서는 것을 우리는 수많은 역사적 사례를 통해 보아왔다. 모든 일에는 시기와 원칙이 있는 법. 독불장군은 존재할 수 없다.

『여씨춘추』

진시황의 재상 여불위가 식객들을 시켜 짓게 한 책. 26권. 별명 여람呂覽. 후세의 고증학자考證學者들에게 좋은 자료가 되고 있음.

초장왕(?~B.C. 591)

초나라의 군주로 행정 구조 개편, 군사 제도 개혁 등 다방면으로 내정을 쇄신하고 부국강병을 달성했다. 왕권을 대폭 강화했고, 이후 내정에 대한 근심 없이 거침없는 영토 확대를 이루면서 중원의 패권을 쟁취하여 초나라를 제, 진을 이은 세 번째 패권 국가로 부상시켰다.

오자서(?~B.C. 485)

춘추시대의 정치가로 초나라 사람이었으나 아버지와 형이 살해당한 뒤 오나라를 섬겨 복수하였다. 오나라 왕 합려를 보좌하여 강대국으로 키웠으나, 합려의 아들 부차에게 중용되지 못하고 모함을 받아 자결하였다. 사마천은 『사기』「오자서전」에서 소의小義를 버리고 큰 치욕을 갚아 명성이 후세에 전해졌으며, 모든 고초를 참고 견디며 공명을 이룬 강인한 대장부라고 평가하였다.

비간(B.C. 1125~B.C. 1063)

은殷나라 정치인이며, 주왕紂王의 숙부로 은나라 말기의 현인이다. 주왕의 폭정을 간언하다 살해되었다. 미자微子, 기자箕子와 함께 은나라 말기의 세 명의 어진 사람[三仁]으로 꼽힌다.

수양제(569~618)

수隋나라의 제2대 황제(재위 604~618). 만리장성萬里長城을 수축하고 대운하를 완성하였다. 3차례 고구려를 침입하였으나 대패하였고 각지에서 민란이 일어나 수나라가 멸망에 이르게 하였다.

우문화급(?~619)

우문화급은 수隋나라 때 고구려를 침공해 온 수나라 사령관 우문술의 아들이다. 수나라 황제인 양제煬帝의 친위부대를 맡은 관리로 봉직했다. 하지만 618년 수나라의 국운이 기울기 시작하자 동생 우문지급과 함께 황제 양제를 죽이고 조카 양동을 황제로 옹립하여 섭정으로 권력을 장악했다.

수대의 대운하

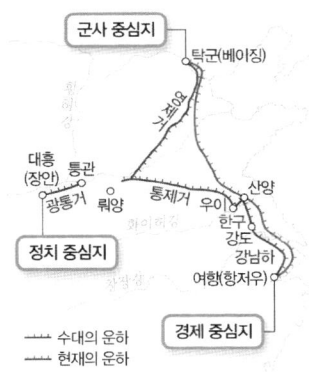

군사 중심지

탁군(베이징)

대흥(장안) 통관

광통거 뤄양

정치 중심지

산양

통제거 우이

한구

강도

강남하

여항(항저우)

경제 중심지

----- 수대의 운하
----- 현재의 운하

당태종(599~649)

당唐나라의 두 번째 황제로 아버지 이연李淵과 함께 수나라를 무너뜨리고 당나라를 건국했다. 주변 민족들과의 전쟁에서 승리하여 중국이 통일을 이루는 데 큰 공을 세웠으며, 황제의 자리에 올라 백성들을 위한 정치를 펼쳐 태평성대를 만들었다.

6. 원칙과 신뢰

약속을 지킴으로 작은 신의(信義: 믿음과 의리)가 성취되면 큰 신의가 확립된다. 그러므로 현명한 군주는 가급적 작은 신의일지라도 지켜야 한다. 『한비자』「외저설 좌상」편에 다음과 같은 내용이 있다.

진나라 문공文公이 원原이라는 곳을 공격하기로 했을 때, 열흘분의 식량을 준비시키면서 대부들과는 열흘 안에 함락시키기로 기한을 정하였다. 그러나 원 지역에 이른 지 열흘이 지났지만, 원을 함락시키지 못하자 문공은 징을 쳐서 물러나게 한 뒤 군대를 거두어 떠나려고 하였다.

그때 원의 대부가 성에서 나와 말하였다.

"원은 사흘이면 함락됩니다."

여러 신하가 주위에서 간언하여 말하였다.

"원은 식량이 떨어지고 힘이 다했으니, 주군께서는 잠시 기다리십시오."

문공이 말하였다.

"나는 대부들과 열흘을 기한으로 정했으니, 떠나지 않는다면 이는 나의 신의를 잃게 될 것이오. 나는 원을 얻고도 신의를 잃는 일은 하지 않겠소."

문공은 마침내 병사를 거두어 떠났다.

원의 사람들은 이 소식을 듣고 말하였다.

"군주가 저와 같이 신의가 있다고 한다면 귀의하지 않을 수 있겠는가!"

그러고는 문공에게 항복하였다.

위衛나라 사람들도 소문을 듣고 말하였다.

"군주가 저와 같이 신의가 있다고 한다면 따르지 않을 수 있겠는가?"

그러고는 문공에게 항복하였다.

공자가 이 소문을 듣고 기록하며 말하였다.

"원을 공격해 위나라까지 얻은 것은 신의信義 때문이다."

진나라 문공이 기정(箕鄭: 춘추시대 진晉나라 대부)에게 물었다.
"굶주림을 구제하려면 어떻게 해야 하오?"
기정이 대답하여 말하였다.
"신의입니다."

진문공이 원을 공격할 때 식량 때문에 열흘만 공격하겠다는 약속을 지켜서 상대의 항복을 끌어낸 것은 리더에게 아랫사람의 믿음을 얻는 일이 얼마나 중요한지 보여주는 사례다.

초나라 여왕厲王은 긴급한 일이 생기면 북을 쳐서 백성들과 나라를 지킬 것을 약속하였다. 하루는 술을 마시고 취해 실수로 북을 쳤다. 백성들은 매우 놀랐다.
그는 사람을 시켜 백성들을 저지하며 말하였다.
"내가 술에 취해 신하들과 장난하다가 북을 잘못 쳤소."
그러자 백성들은 모두 진정되었다.
몇 달 뒤 여왕은 긴급한 일이 있어 북을 쳤지만, 백성들은 달려오지 않았다.

– 『한비자』「외저설 좌상」

이 일화는 마치 '양치기 소년'의 이야기를 보는 듯하다. 모든 일의 근본은 신의다. 아무리 사소하게 보이는 일이라도 반드시 지켜야 할 약속을 어기게 되면 조직의 근간을 뒤흔들 결과로 이어지는 법이다.

특히 군주는 법을 다스려야 하는 자리이므로 원칙이 흔들리게 되면 신되는 한순간에 깨지고 만다.

『논어論語』에 보면, "민무신불립民無信不立"이란 말이 있다. "정치란 백성의 신뢰와 지지를 얻어야 존재한다"라는 의미로, 정치가이자 외교가로서 명성을 떨친 자공子貢이 어느 날 공자에게 정치의 기본에 관해 물어보자, 공자가 한 말이다.

공자는 정치의 핵심 요소로 "식량을 충족시키는 것, 병기를 충분하게 하는 것, 백성들이 군주를 믿게 하는 것"(『논어』「안연」)을 꼽았다. 자공이 이 세 가지 중에서 우선 무엇을 포기해야 하느냐고 묻자, 공자는 주저 없이 '병기'라고 했다. 다시 공자에게 남아 있는 것 중에서 또 무엇을 버리면 되느냐고 하자 '식량'이라고 했다. 그러고는 결코 버려서는 안 될 것으로 백성들의 '신뢰'를 꼽았다.

공자의 사상에서 '신信'의 의미는 매우 중요하다. 자장子張이 공자에게 인仁의 내용을 물었을 때 공자는 '공손함(恭)' '너그러움(寬)' '믿음(信)' '영민함(敏)' '은혜(惠)' 등 다섯 가지 항목을 거론하면서 그 중심에 '믿음'을 두었다. 그 이유로 '믿음'이 있어야 사람들이 '신임'하기 때문이라고 했다. 그리고 공자는 "충심과 믿음을 주로 하는"(「안연」편) 것을 강조하고, "말에는 반드시 믿음이 있어야"(「자로」편) 한다고 한 뒤, 군자의 네 가지 덕목을 말하면서 '의義' '예禮' '손孫(겸손)' '신信'을 꼽았다.

세상에 이름이 알려지고 나서 공자는 천하의 제후국들을 주유하며 절실하게 깨달았다. 군사력과 식량 같은 안보와 경제 등의 요소보다 오히려 절대적으로 중요한 것이 바로 보이지 않는 백성들의 '신뢰'였다는 점이다. 문제는 이 사실을 군주 중에서 그 누구도 제대로 알지 못했다는 것이다. 청대淸代 장병린(章炳麟: 1868~1936, 중국의 혁명 운동가)이 「혁명도덕설革命道

德說」이라는 글에서 "믿음을 백성의 보배로 삼아야" 제대로 된 정치가 가능하다고 했던 것도 바로 공자의 '무신불립(無信不立: 믿음이 없으면 살아 나갈 수 없다)'과 같은 맥락인 것이다.

한비자는 공자가 강조한 백성들의 신뢰를 바탕으로 하되, 그 위에 법이 바로 서야 한다고 주장한다. 법이란 다스림의 근거이며 포악한 짓을 금해 선善으로 인도하는 원칙이라고 보았기 때문이다. 법이 바르면 백성들이 충성을 다하고, 죄를 정당하게 처벌하면 백성들이 복종하므로 군주 된 자는 법을 중시하지 않을 수 없다. 특히 "누구나 납득할 수 있는 원칙과 법을 흔들림 없이 적용하는 태도는 신뢰를 쌓는 가장 기본"이다. "원칙은 리더 자신부터 지켜야 한다는 사실을 간과하지 않는다면 신뢰는 따라오기 마련이다."

진문공(B.C. 673~B.C. 628)

이름은 중이. 진헌공의 아들로, 헌공이 어린 이복동생을 후계자로 바꾸는 바람에 국외로 도망가 19년을 보냈다. 나중에 진나라로 돌아와 즉위했다. 정치 기강을 바로잡고 군대를 확충하며 통치에 전념해 국력을 증강시켰다.

초여왕(?~B.C. 741)

초여왕은 재위 초기, 개간을 적극적으로 시행하고 병사를 훈련시키는 등 국력 강화에 힘써 초나라의 힘은 날로 강해져 갔다. 그런데 시간이 흘러서 초여왕은 백성들을 압박하여 경고하는 공포 정치를 시행했기 때문에 점점 민심을 잃어갔다.

7. 신상필벌이 확실해야 상대가 움직인다

한비자는 벌을 주는 것만큼 상을 주는 것도 중요하다고 했다. 포상이 불충분하고 애매하면 신하는 일을 하지 않지만, 상이 충분하고 확실하면 신하는 목숨을 걸고 일을 한다는 것이다.

> 월나라 왕은 오나라를 토벌하려 하고 있었다. 그래서 백성들이 죽음을 무릅쓰고 싸워주기를 바라고 있었다. 그러던 중 외출을 했다가 뽐내는 듯한 두꺼비를 보고 수레 위에서 경례를 하였다.
> 시종이 어처구니가 없어 물었다.
> "어찌하여 두꺼비에게 경례를 하십니까?"
> 왕이 말하였다.
> "저놈에겐 기개가 있기 때문이다."
> 그러자 다음 해부터 스스로 제 목을 베어 왕에게 바치겠다는 자가 한 해에 열 명이 넘었다. 이렇듯 칭찬하는 것으로도 사람의 목숨을 바치게 할 수 있다.
> – 『한비자』 「내저설 상」

군주가 기개 있는 두꺼비에게도 인사를 하는데, 하물며 용기가 있는 사람에게는 얼마나 극진한 대우를 할 것인가! 이 일화는 상과 명예가 박하고 믿을 수 없으면 아랫사람이 힘을 쓰지 않고, 그 반대면 아랫사람이 목숨을 기꺼이 내놓는다는 것을 보여준다.

한비자는 "상과 벌의 원칙을 행하는 것은 예리한 무기다."라고 했다. 그는 신하는 사슴과 같아서, 풀이 우거진 초원에 사슴이 모이듯 신하는 상이 후한 곳으로 오는 법이라는 말을 덧붙였다. 이는 나라를 다스리는 원칙을 말한 것으로, 아랫사람을 평가함에 신상필벌(信賞必罰: 공로가 있는 사람에게는 반드시 상을 주고, 죄가 있는 사람에게는 반드시 벌을 준다는 뜻으로, 상과 벌을 공정하고 엄격하게 주는 일을 이르는 말)처럼 확실하고 객관적인 기준은 없다는 것을 뜻한다. 어떤 일을 잘했을 때 상을 주고, 못했을 때 벌을 주는 것은 당연한 지침이다. 그럼에도 이러한 지침에서 벗어나 자신의 감정에 휘둘리다 보면 대사를 그르치기 마련이다.

> 월越나라 왕이 대부 문종(文種: ?~B.C. 472)에게 질문하였다.
> "내가 오吳나라를 정벌하려고 하는데, 가능하겠소?"
> 문종이 대답하였다.
> "가능합니다. 상을 두텁게 확실히 내리고 벌을 엄하게 하시면 됩니다. 군주께서 이것을 알고 싶다면 어찌하여 궁실을 태워보지 않으십니까?"
> 그래서 마침내 궁궐에 불을 질렀으나 사람 중에 불을 끄려는 자가 아무도 없었다.
> 이에 왕은 영을 내려 말하였다.
> "백성 중 불을 끄다가 죽은 사람은 적과 싸우다가 죽은 자와 비슷하게 상을 줄 것이고, 불을 끄고도 죽지 않은 자에게는 적을 무찌른 자와 비슷하게 상을 줄 것이며, 불을 끄지 않은 사람은 적에게 항복한 자와 비슷하게 벌을 내릴 것이다."
> 그러자 몸에 진흙을 바른 채 젖은 옷을 입고 불을 끄는 자가 왼쪽에 3,000명, 오른쪽에 3,000명이나 되었다. 이것을 보고 오나라와 싸우면 반드시 승리할 형세임을 알게 되었다.
> ─『한비자』「내저설 상」

> 잘 다스려지는 세상에서는 공적이 많은 신하의 지위가 높아지고, 끝까지 힘쓴 자가 상이 두터워지며 정성을 다한 자가 명성이 세워진다.
> ─『한비자』「수도守道」

그러나 세상 이치란 『한비자』「수도」편에 나오는 말처럼 공을 세운다고 해서 상을 받을 수 있는 것은 아니다. 때로는 공을 가로채는 자들도 있고, 심지어 공을 세운 사람에게 갖은 음모와 협박을 들이대면서 누명을 씌우려는 자들도 있다. 그러므로 리더는 신상필벌에 엄격해야 하는데, 특히 상을 줌에 있어서 공에 따라 합당한 포상을 하면 불만은 잠재워지고 조직은 잘 굴러가게 되는 것이다.

그래서 군주와 백성이 서로 협조하므로, 신하는 법제의 범위 안에서 자기 능력을 다해 진秦나라의 역사力士 임비任鄙 같은 사람이 되려고 힘쓰고, 싸움터에 출전한 병사는 죽음을 무릅쓰고 뛰어나가며 맹분과 하육 같은 용사가 되기를 원하며, 통치의 원칙을 지키는 자는 모두 쇠와 돌같이 굳은 마음으로 오자서伍子胥처럼 충절을 지키며 죽을 것을 생각한다.

"칭찬은 고래도 춤추게 한다."라는 말이 있다. 칭찬은 사람을 변화시키고 불가능을 가능하게 하는 힘을 갖고 있다. 아랫사람에게 칭찬을 아끼지 않는다면 최선을 다해 사명감을 가지고 일을 하게 될 것이다. 상대방을 인정하는 가장 빠르고 효과적인 방법은 칭찬이다. 리더는 벌을 내릴 때는 단호해야 하지만 칭찬할 때는 아낌없이 해야 한다.

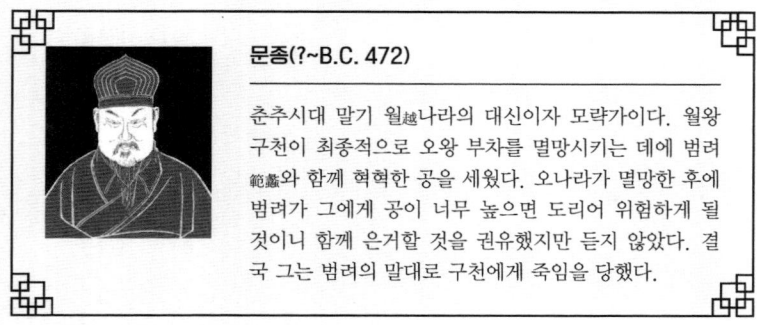

문종(?~B.C. 472)

춘추시대 말기 월越나라의 대신이자 모략가이다. 월왕 구천이 최종적으로 오왕 부차를 멸망시키는 데에 범려范蠡와 함께 혁혁한 공을 세웠다. 오나라가 멸망한 후에 범려가 그에게 공이 너무 높으면 도리어 위험하게 될 것이니 함께 은거할 것을 권유했지만 듣지 않았다. 결국 그는 범려의 말대로 구천에게 죽임을 당했다.

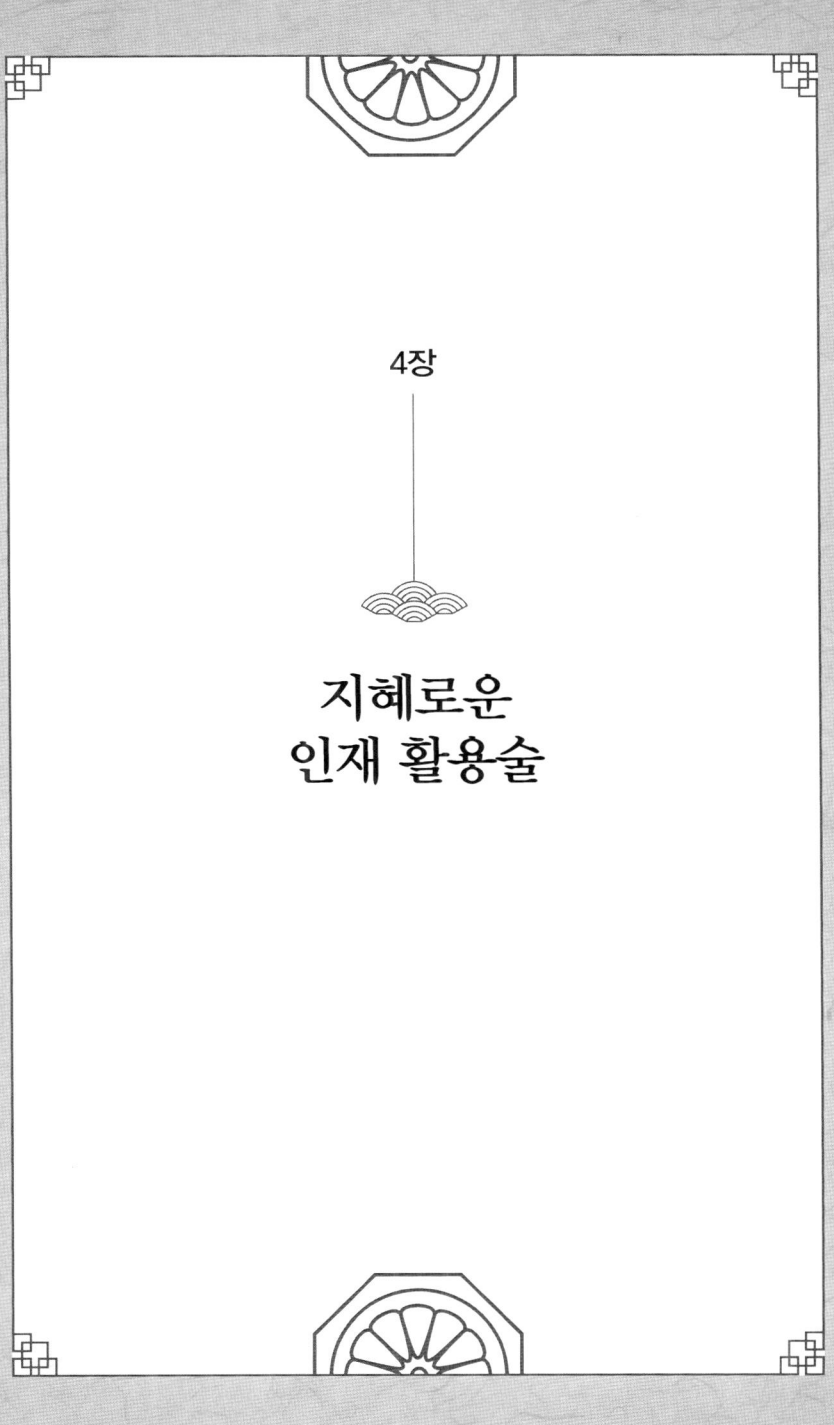

4장

지혜로운
인재 활용술

1. 지혜가 유능함을 이긴다

어느 회사를 막론하고 회사에 대한 지식과 애정이 CEO만큼 큰 사람이 있을까? 아마 없을 것이다. 뛰어난 참모들이 있다고 하더라도 CEO 본인만큼 치열하게 고민했을 리가 없다. 나아가 CEO가 '능력'까지 출중하다면, 적어도 그 조직에선 CEO를 따라올 자가 없을 확률이 높다. 문제는 그다음이다.

열정과 애정, 실력까지 최고인 CEO가 자신의 재주를 펼치면서 신나게 원맨쇼를 할 것인가, 아니면 때로는 힘들더라도 조직원들의 능력을 끌어올리는 과정을 통해 여러 사람의 힘을 모으려 노력해야 하는가.

이에 대해 한비자는 「양각揚推」 편에서 "위에 있는 군주가 장기를 부리기 시작하면 모든 일이 균형을 잃고 법도에 맞지 않게 된다"라고 경고하며 다음과 같이 설명한다.

> 군주가 자기 자랑이 심하고 자기 능력을 발휘하길 좋아하면 아랫사람에게 속기 쉽다. 말재주가 좋고 영리하며 재능을 드러내기 좋아하면 아랫사람이 빌붙어 일을 꾸미려고 한다. 위에 있는 군주와 아래에 있는 신하가 서로

할 일을 바꾸면 그 때문에 나라는 잘 다스려지지 않는다.

리더는 조직원들의 역량을 잘 가늠하여 그 역량이 최대한 발휘될 수 있도록 더 많은 노력을 기울여야지, 자신의 재능을 찬란하게 밝히는 데 집중해서는 안 된다는 것이다. 그렇게 되면 아랫사람들이 자신의 의견을 말하지 않고 그저 시키는 대로만 일하면서 윗사람에게 빌붙거나 속임수를 쓰려고 해서 일을 해도 성과를 낼 수 없다.

한비자의 가르침을 풀이하면, CEO는 영화를 연출하는 감독이지 영화의 주인공이 아니다. 또한 오케스트라의 지휘자이지 화려한 독주자가 아니다.

한비자는 또한 "군주는 모름지기 신하가 수고로움과 지혜를 최대한 펼쳐낼 수 있는 여건을 만들어야 한다"라고 조언하면서 『한비자』「주도主道」 편에서 다음과 같이 군주의 도道를 설명한다.

> 현명한 군주는 지혜로운 자들이 생각을 자아내게 하고 그에 따라 일을 결정한다. 그러므로 군주는 지혜에 궁하지 않게 된다. 또 군주는 현명한 자들이 재능을 발휘하도록 하고 그에 따라 임용한다. 그러므로 군주는 재능에 궁하지 않게 된다. 신하가 일을 잘해 공을 세우면 군주의 공덕이 되고, 일을 못해 실패하면 신하가 자기 책임으로 벌을 받게 된다. 그러므로 군주의 명예는 좀처럼 손상될 까닭이 없다. 이렇게 함으로써 군주는 현명하지 않더라도 현명한 자들의 지도자가 될 수 있고, 지혜가 없더라도 지혜로운 자들의 통솔자가 될 수 있다. 신하는 힘써 일하고 군주는 그 성취를 취하는 것, 이것이 현명한 군주가 지켜야 할 규범이다.

한비자가 전제한 군주는 플라톤이 전제한 '철인哲人'이 아닌 '지극히 평범한 능력을 갖춘 사람'이다. 그가 살고 있던 춘추전국시대에는 단지 왕의 아들이라는 이유만으로 군주의 자리에 올라 막강한 권한을 행사하는 일이 비일비재했다. 한비자는 이 상황을 철저히 현실적으로 접근했다. 아무리 능력이 떨어지는 사람이라 하더라도 일단 군주의 지위에 오르면 자기에게 주어진 권한을 잘 행사하면서 선정善政을 베풀어야 하는데, 그렇게 하기 위해서 자신보다 뛰어난 사람들의 능력을 최대한 활용해야 한다고 주장한 것이다. 즉 한비자는 평범한 능력을 지닌 군주라 할지라도 신하들로 하여금 정책을 입안하게 하고 그 결과에 대해서 준엄한 책임을 묻는다면 능히 뛰어난 참모들을 통솔할 수 있다고 생각했다.

『한비자』에는 군주의 규범으로서 무위無爲, 즉 '하지 않음'을 강조하는 내용이 반복해서 나온다. 이는 군주는 위에 있고 신하는 아래에 있음을 분명히 하면서, 아래에서 일을 하는 사람은 군주가 아니라 신하여야 한다는 점을 강조한 것이다.

자신이 나서지 않고 신하를 잘 통솔함으로써 일이 되게 하는 리더십의 대표 주자로, 초楚나라 항우(項羽: B.C. 232~B.C. 202)와의 대결에서 이기고 한漢나라를 세운 유방(劉邦: B.C. 247?~B.C. 195)이 있다. 항우는 발군의 능력을 갖추고 있었지만, 부하의 의견에 귀를 기울이려 하지 않고 자기 능력만 믿었기에 결국 자기보다 능력이 뒤떨어진 유방에게 패배하고 말았다. 다음은 『사기史記』「고조본기高祖本紀」의 한 대목이다.

> 한고조 유방이 천하통일 후 낙양의 남궁에서 크게 주연을 베풀면서 좌우의 군신들에게 물었다.
> "이 자리에 모인 제후, 장군들은 어찌하여 내가 천하를 차지했으며, 또 어찌하여 항우가 천하를 잃었는가를 말해보라."

이에 왕릉王陵이 대답하기를 "폐하는 사람들을 깔보고 항우는 인자하여 사람들을 사랑했으나, 다만 폐하는 승리한 장군에게는 봉토를 주어 천하와 이익을 나누었습니다. 하지만 항우로 말하자면 현자를 꺼리고 능력자를 시기했으며, 공 있는 사람을 죽이고 현자를 의심하여 전쟁에 이기더라도 장군에게 시상하지 않았고, 토지를 얻어도 사람들에게 나누지 않았습니다. 항우가 천하를 잃은 이유는 바로 그것입니다"라고 했다.

그러자 한고조 유방이 말했다.

"공公은 아직 하나를 알되 둘은 모른다. 본시 중앙에서 정략을 꾸미고 승리를 천 리 바깥에서 겨루는 전략을 짜는 데 있어서 나는 장량(張良: ?~B.C. 186)보다 못하다. 국가를 다스리고 국민을 살펴 전선에 양식을 공급하는 군수 조달에 있어 나는 소하(蕭何: ?~B.C. 193)에 미치지 못한다. 백만의 대군을 배치하여 싸우면 반드시 이기고, 공격하면 반드시 점령하는 군사 지휘 능력에 있어 나는 한신(韓信: ?~ B.C. 196)에 미치지 못한다. 이 세 사람은 모두 뛰어난 인재들인데, 나는 그들을 잘 쓸 수 있었다. 내가 천하를 장악한 이유다. 한편 항우는 오직 한 사람뿐인 범증(范增: B.C. 277~B.C. 204)이라는 인재가 있었으나 그나마 활용하지 못했다. 그리하여 항우가 나에게 패하고 만 것이다."

유방은 자신이야말로 졸병들의 장군(졸지장卒之將)이 아니라, 장군들의 장군(장지장將之將)으로서 처신했기에 대업을 이룰 수 있었다는 것을 잘 알고 있었다.

아무리 천재적인 역량을 지닌 리더도 조직을 혼자 운영할 수는 없는 법이다. 자기 능력을 믿기보다 팀원들의 지혜를 믿어야 한다.

항우(B.C. 232~B.C. 202)

진秦나라 말기에 유방劉邦과 진나라를 멸망시키고 중국을 차지하기 위해 다툰 무장. 진나라가 혼란에 빠지자 봉기하여 진군을 도처에서 무찌르고 관중으로 들어갔다. 진을 멸망시킨 뒤 서초패왕西楚霸王이라 칭했으나, 해하에서 한왕漢王 유방에게 패배했다.

장량(?~B.C. 186)

장량은 천리 밖의 승패도 한눈에 들여다본다는 지략가로 알려져 있다. 한韓나라 명문가 출신으로, 한나라의 다섯 왕을 모신 재상 집안에서 태어났다. 장량은 소하, 한신과 더불어 한漢나라를 건국한 3걸 중 한 사람이다. 그의 일생은 세 가지로 요약된다. 첫째는 유방을 도와 진나라를 멸망시킨 일, 둘째는 유방을 보좌해 한나라를 건국한 일, 마지막으로 한나라의 기틀을 마련한 일이다.

소하(?~B.C. 193)

전한 건국의 일등 공신이다. 유방의 참모로서 유방이 천하를 얻도록 도왔으며, 한신, 장량과 함께 한의 삼걸로 꼽힌다. 초·한 전쟁 때 그는 승상의 신분으로 관중 지방에 머물면서, 그 지역을 한군의 후방 기지로 만들어 병력과 군비의 보급을 원활하게 했다. 유방이 천하를 평정한 후 찬후酇侯에 봉해졌으며, 진의 법을 참고한 '9장률'을 만들어 후세에 큰 영향을 끼쳤다.

한신(?~B.C. 196)

한나라의 개국공신으로 소하, 장량과 함께 한초삼걸이라 불린다. 회음淮陰 지역 출신으로 가난한 집에 태어났으나, 한고조의 승상 소하에게 발탁되어 능력을 발휘하고 대장군에 이르렀다. 유방의 진영에서 대장군으로 활동했고, 위, 제, 조, 초나라를 멸망시키는 등 유방을 도왔으나, 결국 유방에 의해 목숨을 잃었다. 훗날 '토사구팽兎死狗烹'의 주인공으로 더욱 잘 알려지게 되었다.

2. 리더의 경청이 직원을 일하게 한다

한비자는 군주의 덕목으로 '마음을 비우고 고요해지는 것(허정虛靜)'과 '하지 않음(무위無爲)'을 강조한다. 군주는 원칙을 바로 세우고 조용히 기다림으로써 신하들로 하여금 스스로 힘써 일을 하게 해야 한다는 것이다. 그러기 위해서는 '경청(傾聽: 남의 말을 귀 기울여 주의 깊게 들음)'이 선행되어야 함을 강조하고 있다. 즉 군주는 신하의 말을 들을 때 입을 먼저 움직이지 말고 바보처럼 해야 한다고 조언한다. 신하들이 말을 하게 하고 군주는 그 말을 잘 경청해야 한다는 의미다.

한비자의 사상을 전제군주의 독재를 옹호하는 이데올로기로 잘못 이해하고 있는 사람이 있다면 이러한 조언이 선뜻 이해되지 않을 것이다. 사실 신하들의 이야기를 경청하라는 한비자의 주장에는 다음과 같은 깊은 뜻이 숨어 있다.

첫째, 신하의 이야기를 잘 들어야 신하의 속마음을 정확히 알 수 있다. 만약 군주가 신하의 이야기를 잘라버리고 자신의 이야기를 하기 시작하면 신하는 곧바로 군주의 의도가 어떤 것인지를 간파하기 때문에 그 이후에는 군주의 뜻대로 발언하게 된다. 그렇게 되면 군주는 신하의 진심을 알 수 없을 뿐만 아니라 신하의 지혜를 활용할 수도 없게 된다.

둘째, 군주는 신하의 이야기를 충분히 들어야 그의 뜻을 물어 정책을 시행하도록 할 수 있다. 만약 정책의 결과가 신하가 보고한 대로 되지 않았다면 그에 대한 책임을 물을 수 있으며, 책임까지 묻지 않더라도 교육의 결과를 달성할 수 있다. 그런데 신하의 이야기를 중간에 잘라버리고 군주가 자기 뜻을 밀어붙여 정책이 입안되었다면, 그 정책은 군주가 만든 정책이므로 신하의 책임감은 줄어들고 책임정치가 구현되지 않는다.

결국 한비자가 군주에게 신하의 말을 경청하라고 한 것은 그렇게 해야 신하의 지혜를 활용할 수 있고, 또한 신하가 책임지는 자세로 일할 수 있도록 할 수 있기 때문이다.

'경청'이 중요한 또 한 가지 이유는 바로 '경청'이 '피드백'과 연결되기 때문이다. 리더의 중요한 역할 중 하나는 '피드백을 잘하는 것'이다. 피드백을 잘하려면 직원의 진짜 속마음이 무엇인지 정확히 파악할 필요가 있다. 그러나 상대의 이야기를 귀 기울여 듣지 않으면 속마음을 정확히 파악할 수 없다. 결국 경청은 리더의 핵심 역량일 뿐만 아니라 다른 역량을 뒷받침해 주는 출발점이기도 하다.

자연의 이치에 따르면 '비어 있어야 채울 수 있는 법'이다. 하지만 CEO를 비롯한 리더들 가운데에는 너무 꽉 차 있는 사람들이 많다. 무언가 새로운 것이 비집고 들어갈 틈이 전혀 없을 정도로 꽉 차버린 사람들 말이다. 이런 상태에서는 경청이 어려울 수밖에 없다. 참다운 경청은 우선 나 자신은 뒤에 물러나 있는 상태에서 상대방의 지혜를 받아들이겠다는 마음이 있어야만 가능하다.

스스로 한번 질문을 던져보자.

"나는 직원들의 이야기를 중간에 자르지 않고 끝까지 경청해 본 경험이 얼마나 되는가?"

이 질문에 긍정적인 대답을 할 수 없다면 당신은 '경청 지수'를 한 단계 더 업그레이드해야 할지도 모른다.

3. 리더의 말은 부드러워야 한다

어느 중견기업의 CEO가 이런 질문을 했다.

"사사건건 직언하는 임원이 있는가 하면, 반대로 옳은 말을 하더라도 좀 부드럽게, 내 마음 편하게 해주는 임원이 있다. 당신이라면 이 두 사람 중 누구에게 더 마음이 갈 것 같으신가요?"

"아…… 글쎄요."

"사실 대부분의 CEO들은 '몰라서' 못한다기보다는 알긴 하지만 여러 여건 때문에 못 하는 경우가 많아요. 그런데 그 부분을 신랄하게 콕 집어서 파헤치는 임원이나 부하 직원을 보면 야속하기도 하고 심지어 화도 나거든요. 처음부터 그런 말을 들으면 마음이 먼저 상해버리는 것이죠. 그러고 나면 맞는 말인 걸 알면서도 듣기 싫어집니다. 기왕이면 잘했다, 못했다를 따지기 전에 먼저 부드럽게 마음을 알아주는 사람이 한 명쯤은 있으면 좋겠습니다."

이성적으로야 직언을 하는 임원이 회사에 더 필요하고 고마운 존재겠지만, 항상 힘들고 외로운 결정을 해야 하는 CEO 입장에서는 날카롭고 세세하게 따지는 것부터 시작하는 사람보다 일단 좋은 말로 이야기를 꺼내는 사람에게 더 정이 간다는 것이 사장의 설명이다.

한비자가 이런 이야기를 들었다면 뭐라고 이야기했을까? 그가 『한비자』「세난說難」편에서 한 말을 살펴보자.

상대가 자기 능력이 아주 뛰어나다고 생각한다면 굳이 그가 할 수 없는 일을 찾아낼 필요가 없다. 상대방이 자신의 결단이 과감했다고 생각하고 있으면 그가 실수한 일을 찾아 화나게 할 필요가 없다. 상대방이 자신의 계획이 현명하다고 생각하면 실패할 경우를 들어서 추궁하지 말아야 한다.

　설득의 의미는 상대의 뜻을 거스르지 않는 것이다. 또한 말투로 상대의 감정을 건드리지 않아야 한다. 그런 뒤에야 자신의 지혜와 변설을 마음껏 구사할 수 있다.

이 가르침을 요약하자면, 상대방의 자존심을 최대한 살려주고 자랑스러워하는 일은 계속 칭찬해 주되 굳이 기분을 상하게 할 말은 가려서 하지 말라는 것이다. 이런 과정을 통해 상대방의 호감을 얻어야 비로소 지혜와 변설을 마음껏 구사할 수 있기 때문이다. 즉 한비자는 '지혜와 변설'보다 '호감'이 먼저라는 점을 강조하고 있다.

맹자(孟子: B.C. 372~B.C. 289)의 정치이론은 매우 뛰어나다는 평가를 받았지만 정작 왕들에게 채택되지 못했다. 후세 사람들은 그 이유를 맹자의 정치이론이 지닌 선명성, 달리 말하면 과격성에서 찾기도 한다.

맹자는 "벼슬을 하는 자는 직분을 다 못하면 떠나고, 꾸짖음을 맡은 자는 말이 안 통하면 떠나야 한다"라고 말했다. 즉 "말귀가 안 통하면 떠나라"라고 주문을 한 것인데, 이에 대한 한비자의 주장은 달랐다.

한비자는 "말귀가 안 통하면 상대방의 귀를 부드럽게 자극할 수 있도록 다양한 변주곡을 들려주라"라고 조언하면서 『한비자』「세난說難」편에서 다음과 같이 말한다.

　군주와 신하로서 오랜 시일을 지내면서 이미 친숙해지고 후한 은덕恩德을 입게 되었을 때는 원대한 계획을 올린다 해도 의심받지 않을 것이며, 논쟁을 일으켜도 벌을 받지 않을 것이다. 그제야 이해를 분명하게 하여 일을 성공시키고, 옳고 그름을 곧이곧대로 지적하여 군주를 바로잡을 수 있다.

즉 한비자는 말이 안 통한다면 떠날 것이 아니라 "친해져서 마음을 열어야 한다"라고 조언한 것이다. 더 나아가 『한비자』 「난언難言」 편에서는 명재상 이윤伊尹의 사례를 통해 소통에서 상대방의 마음을 먼저 여는 것이 얼마나 중요한지를 강조하고 있다.

> 옛날에 탕왕湯王은 탁월한 지도자 가운데 지극한 사람이었고, 이윤은 지혜로운 사람 가운데에서도 지극한 사람이었다. 이처럼 지극히 지혜로운 사람이 지극히 탁월한 지도자에게 유세했는데, 일흔 번이나 설득했지만 끝내 받아들여지지 않았다. 그리하여 이윤은 몸소 솥과 도마를 잡고 주방장이 되어 탕왕에게 요리를 해주면서 친해졌고, 그제야 비로소 탕왕도 이윤의 현명함을 깨닫고 그를 재상으로 등용했다.

이윤에게는 지혜와 변설이 부족했던 것이 아니었다. 그러나 왕에게 등용되기 위해서는 '마음'을 얻는 것이 먼저라고 판단했기 때문에 스스로 부엌으로 들어간 것이다. 한비자는 이 일화를 두고 "자기 말이 일개 요리사의 말과 같이 될지라도 그것이 받아들여져 세상을 구할 수 있다면, 이는 유능한 자가 부끄럽게 생각할 일이 아니다"라고 강조했다.

한비자가 주장한 '소통의 전략'을 요약하면, 결국 상대방의 마음을 열어서 내 주장이 잘 받아들여질 수 있도록 하는 것이다. 마음을 열기 위해서는 상대방의 욕구에 초점을 맞춰야 하고, 공격적인 말보다는 칭찬하는 말을 먼저 해야 하고, 때로는 돌아가더라도 가까이에서 친해지기 위해 노력해야 한다.

맹자(B.C. 372~B.C. 289)

맹자는 공자의 정통유학을 계승 발전시켰다. 맹자는 통치자는 백성들의 생계를 보장하는 물질적인 상황을 만들어 주어야 하고 그들을 교육시키는 도덕적·교육적 지침을 마련해야 한다고 강조했다. 그리고 인간의 성선설性善說을 주장했다. 맹자는 한 걸음 더 나아가 개인의 덕성 함양은 자신의 마음을 수양하는 데 달려 있다고 했다.

탕왕(?~?)

고대 중국의 은나라를 창건한 왕. 하나라의 폭군 걸왕을 정벌하고 천자天子가 되었다고 한다. 제도와 전례를 정비하고 13년간 재위했다.

이윤(?~?)

은나라의 탕왕에게 불려 가서 재상이 되어 하나라의 걸왕을 토벌함으로써 은이 천하를 평정하는 데 공헌했다. 그는 비와 곡식의 풍흉을 꿰뚫어 보는 힘이 있었다고 한다.

4. 인재를 뽑을 때 조심해야 할 것

한비자는 「망징亡徵」 편에서 나라의 멸망을 초래하는 다양한 징조를 열거하고 있는데, 그중 하나가 바로 "나라 안의 인재를 쓰는 대신 나라 밖의 사람을 구하며, 오랫동안 조직에 충성했던 이들보다 외부의 인재에게 더 높은 지위를 부여할 때"라고 한다.

그러면 이것이 왜 나라가 망할 징조일까? 대략 다음의 두 가지로 그 이유를 가늠해 볼 수 있을 것이다.

첫째, 군주가 외부의 인재를 더 높게 대우하면 기존 세력들은 상실감과 패배감을 느끼고 자신이 가진 권한으로 나라의 이익이 아니라 자기 개인에게 이익이 되는 행위를 하면서 나라를 위태롭게 할 수 있다.

둘째, 새로운 인재들이 과연 끝까지 충성을 다할지 장담할 수 없다. 그들은 자신의 이해관계에 따라 얼마든지 다른 선택을 할 수도 있다. 그럼에도 군주가 새로운 인재의 등용에만 몰두한다는 것은 불안한 기초 위에 성을 쌓는 것과 비슷한 형국이다.

회사의 개혁과 새로운 비즈니스 개발을 위해 외부에서 인재를 스카우트하는 것은 필요한 일이다. 참신한 인재를 조직에 영입하는 것은 리더가 해야 할 중요한 일 중의 하나다. 그런데 그 과정에서 기존 임직원들에 대한 배려가 부족했다. 새로 영입한 인재들에게만 리더의 애정과 지원이 집중되고 있을 때, 기존 임직원들이 느끼는 상실감과 패배감을 충분히 고려하지 못한 것이다.

더구나 새로 영입된 인원들이 기존 비즈니스 모델을 축소해야 한다거나 임직원들의 정리가 필요하다는 식의 발언을 공개적으로 하는 상황에서 과연 임직원들은 어떤 생각을 하게 될까? 언제 해고될지 모르는 상황에서 제 몫을 해낼 수 있는 직원이 몇이나 되겠는가? 그간 헌신한 것의 결과물이 박탈감에 지나지 않는다면 조직에 충성할 사람은 없다.

대책 없는 외부 인력의 영입은 혼란을 부추긴다. 기존 직원에 대한 배려 없이 외부 인력을 영입할 경우 조직의 질서가 어지러워질 수 있다. 외부 인력의 영입은 기존 직원들이 납득할 만한 이유가 있거나, 기존 직원들의 반감을 막는 조치가 따를 때 이루어져야 한다.

리더는 조직원들 모두의 역량을 고르게 끌어내야 한다. 그러려면 외부의 인재를 들이면서 기존 조직원을 함께 돌아보아야 한다. 한번 조성된 위화감과 박탈감은 쉬이 없어지지 않기 때문이다. 이는 자칫 조직에 대한 충성도를 떨어뜨리는 것으로 이어져 기업경영에 큰 혼란을 초래할 수 있다.

5. 반대 의견이 없다면 위험신호

경청은 리더에게 중요한 역량이며, 때로는 반대와 비판의 목소리도 꺼리지 않고 들을 수 있어야 한다. 리더는 오히려 모든 의견이 한 가지 방향으로 통일되는 것을 경계해야 한다. 그것은 리더로서 실패하지 않을 방법이기도 하다. 한비자도 "간신은 반대 의견을 없앤다"라고 하며, "반대 의견을 듣지 못하는 군주는 그 절반을 잃은 것이다"라고 했다.

영국의 유명한 극작가이자 방송 제작자인 안토니 제이(Antony Jay)는 『경영과 마키아벨리Management and Machiavelli』에서 히틀러나 나폴레옹과 같은 실패한 영웅들에게서 발견되는 공통적인 행태에 대해 다음과 같이 지적한다.

> '예스맨'들에게 둘러싸인 지도자는 자기가 알고 싶어 하는 자료만을 표시해 주는 계기計器에 의거하여 맹목적으로 비행하는 조종사와 같은 존재다. 그러한 독재자는 독립심과 창조력이 있는 인재들을 회사에서 축출하고 자기의 정책에 대한 비판의 소리를 모조리 봉쇄했기 때문에 일단 파국이 도래

하는 날이면 누구도 구제의 대안을 제시하지 못한다. 나아가서 그를 대신하여 지휘를 맡을 만한 지도자가 그 회사에는 존재하지 않는다.

이렇듯 CEO는 "그것이 비록 귀에 거슬리는 듣기 싫은 말이라 할지라도 여러 사람의 다양한 조언에 귀를 기울여야 한다.

한비자는 「내저설內儲說 상」편에서 군주가 신하를 다스리는 일곱 가지 방법을 설명하는데, 그 첫 번째가 바로 '참관參觀'이라 하여 '여러 신하의 말을 두루 참조하고 관찰한다'라는 것이다. 즉 군주야말로 다양한 의견을 가감 없이 들을 수 있어야 하고, 만일 같은 의견이 나올 경우에는 그 원인이 어디에 있는지를 파악한 후에 적극적으로 다른 의견을 들어야 한다는 것이 한비자의 조언이다.

다음은 이와 관련해 한비자가 소개한 일화다.

여러 제후 간의 이름이 높은 현자 안자(晏子 또는 안영晏嬰: B.C. 578~B.C. 500)가 노魯나라를 방문하자 애공哀公이 안자에게 의견을 구했다.

"속담에 이르기를 '세 사람이 모여서 의논하면 미혹됨이 없다'라고 했소. 지금 과인은 온 나라 사람들과 함께 의논하고 있음에도 불구하고 나라가 여전히 혼란을 면치 못하고 있으니, 그 까닭이 무엇이라고 생각하시오?"

이에 안자가 대답했다.

"그 속담은 한 사람이 틀려도 두 사람은 옳을 수 있으므로 세 사람과 의논하는 것은 여러 사람과 의논하는 것과 같이 미혹됨이 없다는 뜻입니다. 지금 노나라의 신하는 수천수백 명이나 되지만 하나같이 계씨季氏의 사사로운 이익에 부합하는 말만 하고 있습니다. 사람의 수가 적은 것은 아니지만, 말하는 바는 한 사람이 하는 것과 다름없으니 어찌 세 사람과 의논했다고 할 수 있겠습니까?"

당시 계씨 가문은 노나라의 제15대 임금 환공桓公의 후손 가운데 한 가문으로 대권을 장악하고 있었다. 많은 사람이 최고 권력자인 계씨의 영향권 아래 놓여 있었기 때문에 그들의 이야기는 모두 계씨의 편에 서서 그의 이익을 옹호하는 것이었고, 결국 표현만 다를 뿐 하나의 의견에 불과했다. 즉 애공은 자신이 '여러 사람'과 의논한다고 생각했지만, 사실은 '한 사람'의 이야기만 듣고 있는 것이나 다름없었다.

한비자는 이 사례를 통해 "한 명의 신하에게 힘이 몰리는 것을 경계하라"라고 조언함과 동시에, 아무리 여러 사람에게 의견을 들어도 그 내용이 한 방향을 향하고 있다면 결국 한 사람에게 이야기를 들은 것과 같다는 점을 분명하게 이야기하고 있다.

이렇듯 다양한 의견을 듣기 위해 노력하는 것 못지않게, 조언하는 자의 의도, 즉 말의 행간에 숨겨진 의미를 세밀하게 이해하는 것도 중요하다.

다음은 사마천司馬遷의 『사기史記』에 소개된 한 일화다.

추기자鄒忌子라는 귀족이 제나라 위왕威王의 눈에 들어 재상이 되었을 때, 현자인 순우곤(淳于髡: B.C. 385~B.C. 305)이 추기자의 요청으로 그를 찾아가 몇 가지 충고의 말을 올렸다.

"산돼지의 기름을 수레 축에 바르는 까닭은 축을 원활하게 회전시키기 위해서입니다. 그러나 수레 축이 네모꼴로 되어 있으면 아무리 산돼지 기름을 발라도 회전하지 못합니다."

"알겠습니다. 군왕의 좌우에 있는 신하들을 섬겨 원활하게 하겠습니다."

순우곤이 다시 말했다.

"활을 맬 때 아교 칠을 하는 것은 잘 결합하기 위함입니다. 그러나 간격이 너무 크면 아무리 아교를 칠해도 붙지 않습니다."

"알겠습니다. 몸소 만민에게 친근하여 간격이 없도록 하겠습니다."

순우곤의 발언이 이어졌다.

"여우 가죽으로 만든 갖옷이 해졌다고 해서 개 가죽으로 부족한 부분을 채워 기울 수는 없습니다."

"알겠습니다. 군자를 택하여 임용하고 소인을 그 사이에 섞지 않겠습니다."

"수레와 비파를 만들 때 잘 계량하여 균형을 맞추지 않으면 물건을 싣거나 소리를 낼 수 없습니다."

"알겠습니다. 법률을 정리하여 간사한 관리를 경계하겠습니다."

순우곤은 말을 마치고 나와 문밖에 있던 종에게 이렇게 말했다.

"내가 '미묘한 말' 네 가지를 던졌는데, 그는 내 말에 응답하기를 마치 소리를 지르면 산울림이 되돌아오는 것과 같이했다. 이 사람은 선정을 베풀 분이다."

순우곤은 자신의 충고가 재상인 추기자에게 어떻게 받아들여질지 자신할 수 없었기에 직언을 하기보다는 은유를 사용하여 미묘하게 말했다. 그런데도 재상은 그 미묘한 말 속에 숨겨져 있는 교훈을 찾아내고 이를 적극 참고하겠다는 수용의 자세를 보였다. 그야말로 조언을 경청하는 모범을 보여주는 사례라 할 수 있다.

리더는 직원들의 조언을 경청할 때 '완곡한 표현'에는 증폭기를 들이대고 들어야 한다. 부하 직원들은 리더에게 비판적인 이야기를 할 때 웬만해서는 직언을 하지 못한다. 따라서 완곡하고도 미묘한 표현의 행간에 감춰져 있는 진의를 예리하게 파악하려는 노력이 필요하다. 이 점을 명심하지 않으면 리더는 혼자 달리는 기차가 될 수밖에 없다.

어떤 CEO의 경우에는 직원들의 조언을 듣는 것이 권위를 무너뜨리는 것으로 생각하기도 한다. 하지만 군주의 권세를 그토록 강조한 한비자가

'참관'을 강조한 이유가 무엇이겠는가. 그것은 신하의 말을 참조하고 관찰하는 참관이 권위를 무너뜨리는 것이 아니라, 오히려 아랫사람을 좀 더 현명하게 다스리는 방법이기 때문이다.

리더에게 적극적인 수용의 태도가 없으면 어떻게 될까? 반대 의견이 있어도 감히 직언하지 못하는 직원들은 그냥 입을 다물거나 대충 다른 사람들의 의견에 동조하는 태도를 보일 것이다. 그러고 나면 회의는 이미 정해진 결론을 확인하고 옹호하는 단합 대회로 끝나버릴 공산이 크다. 단합대회를 하고 나면 잠시 분위기는 좋아질 수도 있겠지만, 이것이 리더에게는 뼈아픈 후회를 낳을 수 있는 함정이 될 수 있음을 잊지 말았으면 한다.

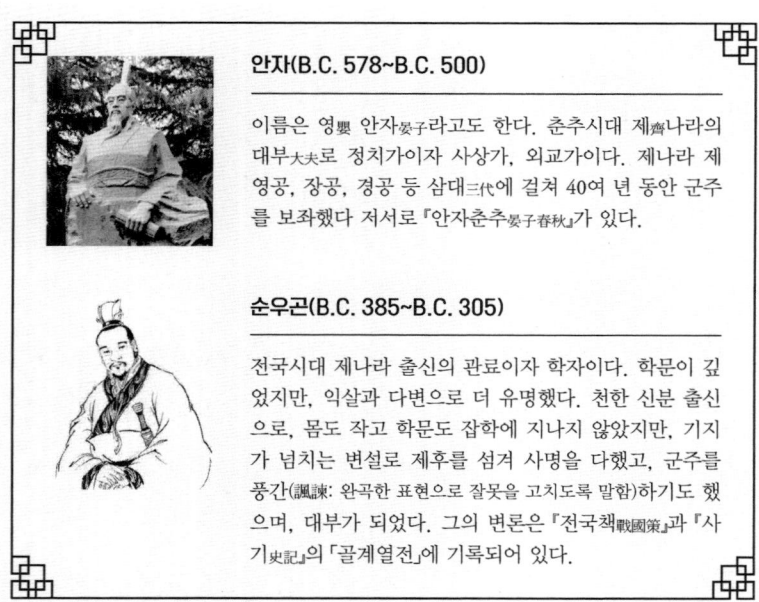

안자(B.C. 578~B.C. 500)

이름은 영嬰 안자晏子라고도 한다. 춘추시대 제齊나라의 대부大夫로 정치가이자 사상가, 외교가이다. 제나라 제영공, 장공, 경공 등 삼대三代에 걸쳐 40여 년 동안 군주를 보좌했다 저서로『안자춘추晏子春秋』가 있다.

순우곤(B.C. 385~B.C. 305)

전국시대 제나라 출신의 관료이자 학자이다. 학문이 깊었지만, 익살과 다변으로 더 유명했다. 천한 신분 출신으로, 몸도 작고 학문도 잡학에 지나지 않았지만, 기지가 넘치는 변설로 제후를 섬겨 사명을 다했고, 군주를 풍간(諷諫: 완곡한 표현으로 잘못을 고치도록 말함)하기도 했으며, 대부가 되었다. 그의 변론은『전국책戰國策』과『사기史記』의「골계열전」에 기록되어 있다.

6. 작은 지혜와 작은 충성에 주의하라

한비자는 「식사飾邪」 편에서 법을 바로 세워야 함을 강조하면서 그러기 위해서는 작은 지혜와 작은 충성을 경계해야 한다고 조언한다. 그렇다면 한비자가 말하는 작은 지혜와 작은 충성이란 무엇일까?

우선 작은 지혜란 "순간의 이익을 얻을 수는 있지만 그것만으로는 더 큰 이익을 낳지 못하는 미봉책"을 말한다. 『맹자孟子』에 나오는 이야기를 통해 좀 더 자세히 살펴보자.

> 자산(子産: ?~B.C. 522)이 정鄭나라의 재상이 되었다. 자산은 진수라는 큰 개천에 다리가 없는 것을 보고 개천을 건너는 사람들을 위해 자기 마차를 기꺼이 내주었다. 이에 대해 맹자는 이렇게 말했다.
> "그것은 인자하기는 하나 정치를 모르는 짓이다. 다리를 놓아준다면 굳이 자기의 마차를 내줄 필요가 없지 않은가? 재상은 한두 사람을 상대하는 것이 아니라 여러 백성을 사랑해야 한다. 좋은 정책이 곧 참다운 인자함이다."

자산이 한 나라의 재상이 아니라 평범한 백성이었다면 그 인자함을 칭찬받아야 마땅하다. 하지만 재상은 많은 백성들이 골고루 혜택을 누릴 수 있는 '좋은 정책'을 펴야 하는 리더다. 그런 점에서 마차를 내어준 것은 작은 지혜에 불과하다 할 것이며, 이는 올바른 리더의 모습이라 할 수 없다는 맹자의 가르침은 매섭기가 그지없다.

1년 단위의 단기 이익을 강조함으로써 회사의 내실은 다질 수 있을지 모르겠지만, 회사가 1년만 존속하고 말 것이 아니라면 당연히 중·장기적인 계획이 필요하다. 하지만 회사의 CEO가 단기성과를 강조하고 그에 따라 평가를 하는 까닭에 조직원들로 하여금 1년 안에 성과를 올리기 위한 전략, 즉 '작은 지혜'에만 매달리도록 만들었다. 작은 지혜는 아무리 많이 모여도 큰 지혜가 될 수는 없으며, 리더는 다리를 놓아주는 사람이지 배와 수레를 내어주는 사람이 아니다.

다음으로 작은 충성이 가져올 수 있는 문제점에 대해 한비자는 「식사飾邪」 편에서 이런 예화를 들어 설명하고 있다.

초나라 공왕共王과 진晉나라 여공厲公이 언릉에서 전투를 벌일 때의 일이다.

어느 날 초나라 군대가 오전 전투에서 패했고, 그 과정에서 초나라 공왕은 부상을 입었다. 그 무렵 초나라의 일급 장수인 자반子反이 목이 말라서 물을 찾자, 시종인 곡양穀陽이 술을 올렸다.

술 냄새를 맡은 자반이 말했다.

"치워라. 이것은 술이다."

그러자 곡양은 말했다.

"이것은 술이 아닙니다."

자반은 그것이 술인 줄 알면서도 못 이기는 척하며 받아 마셨다. 자반은 술을 좋아해서 일단 술잔을 들었다면 입에서 떼어놓을 수 없을 때까지 마시는 성격이었으므로 여러 잔을 마신 후 마침내 취해 잠이 들어버렸다.

오전 전투의 패배를 설욕하기 위해 비장한 마음을 먹은 공왕이 복수전에 관한 작전회의를 하려고 사람을 보내 자반을 불러오게 했다. 하지만 이미 술에 취할 대로 취한 자반은 자신이 술을 먹은 사실이 공왕에게 알려질까 두려워 가슴이 아프다는 핑계를 대며 회의에 참석할 수 없겠다고 말을 전했다. 그러자 공왕은 걱정스러운 마음에 수레를 타고 직접 자반을 보러 왔다. 공왕이 자반의 막사에 들어서자, 술 냄새가 코를 찔렀고, 이내 공왕은 표정이 바뀌어 막사를 나온 다음 이렇게 말했다.

"오늘 전투에서 나는 눈에 부상을 입어서 심히 괴로웠지만 믿을 사람이

있었기에 힘을 낼 수 있었다. 내가 믿을 사람은 자반뿐이었다. 그런데 자반
은 저렇게 술에 취해 있다. 자반의 이 행위는 아예 초나라의 사직을 잊어버
리고 우리 백성들을 사랑하지 않는 것과 다름없다. 나는 더 이상 전쟁을 할
힘이 없다.”

공왕은 군대를 철수하여 귀환하고는 자반을 처단해 저잣거리에 내걸었다.

곡양이 자반에게 술을 건넨 이유가 자반을 해치고자 했던 것이 아님은
분명하다. 곡양은 자신이 모시는 자반의 피로를 풀어주려고 술을 물이라
하고 바친 것이며, 자반은 못 이기는 척하고 이를 받아 마셨다. 하지만 자
신이 모시는 장군을 정성껏 섬기려는 곡양의 충성심이 결과적으로는 자
반을 나라와 군주를 배반한 사람으로 만들고 죽음에 이르도록 했다. 이를
두고 한비자는 “작은 충성이 큰 충성을 해친다”라고 했다.

아마도 곡양은 자신의 행위가 그토록 엄청난 파국을 몰고 오리라고는
생각지도 못했을 것이다. 자반은 전투해야 하는 장수로서 술의 유혹을 물
리치지 못한 것도 문제지만, 시종의 마음이 작은 충성인 것을 알고 그것
이 장수로서 마땅히 행해야 할 일을 방해할 수 있다는 점을 깨닫지 못한
것이 더 큰 잘못이다.

리더가 고민이 많고 힘들 때 옆을 지켜주는 부하 직원들의 응원과 충성
은 큰 힘이 된다. 그러나 리더를 배려하는 선한 마음에서 비롯된 행동이
순간적으로 리더의 마음을 약하게 하고 올바른 판단을 내리지 못하게 만
드는 경우가 종종 있다. 그러나 눈앞의 작은 이익이나 충성 때문에 더 크
고 중요한 것을 놓친다면 리더로서 본분을 다하지 못한 것이다.

리더는 시시각각 수많은 판단과 결정을 해야만 한다. 판단이나 결정이
필요하다는 말은 몇 가지 선택지를 놓고 이를 비교하고 분석하여 최적의

선택을 해야만 한다는 뜻이다. 그리고 리더의 판단과 결정은 전 조직에 전파된다. 조직원들은 그 판단과 결정 방향을 보면서 리더의 속내를 가늠하기도 하며, 자신의 미래에 대한 전망을 점치기도 한다. 이처럼 조직에 미치는 영향력의 크기와 정도가 절대적이기 때문에 리더는 언제나 신중하게 판단하고 결정해야만 하는 것이다. 사실 이러한 선택의 순간에 리더의 진짜 역량과 가치관이 드러나게 된다.

그런데 때로는 눈앞의 작은 지혜와 작은 충성에 현혹되어 올바른 판단을 하지 못하는 경우가 발생한다. 이런 일이 일어나지 않도록 하려면 큰 지혜와 큰 충성을 가려낼 줄 아는 혜안을 지니고 있어야 한다. 특히 임직원들의 건의와 보고를 들을 때 그 지혜와 충성의 크기를 냉정히 따져볼 필요가 있다. 즉 소수의 이익을 위한 것인지 회사 전체의 이익을 위한 것인지 따져보아야 한다는 말이다. 더불어 당장은 이익이 되는 것처럼 보이지만 미래의 이익을 갉아먹는 자충수가 되는 것은 아닌지 반드시 점검해야 한다.

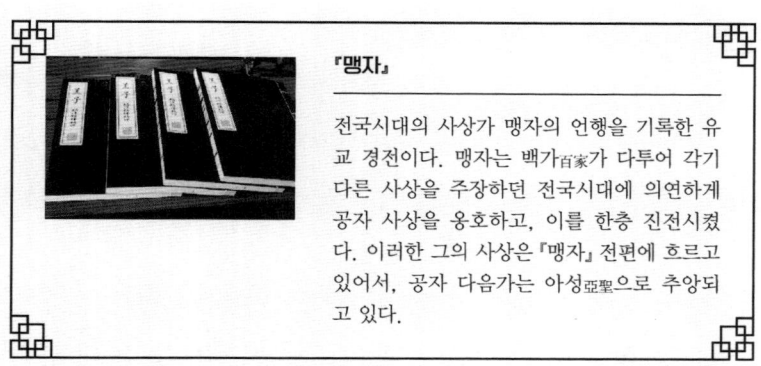

『맹자』

전국시대의 사상가 맹자의 언행을 기록한 유교 경전이다. 맹자는 백가百家가 다투어 각기 다른 사상을 주장하던 전국시대에 의연하게 공자 사상을 옹호하고, 이를 한층 진전시켰다. 이러한 그의 사상은 『맹자』 전편에 흐르고 있어서, 공자 다음가는 아성亞聖으로 추앙되고 있다.

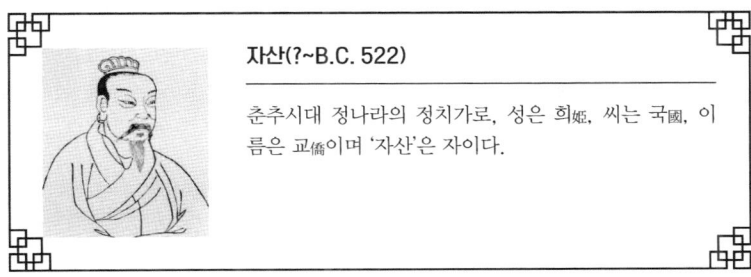

7. 내 편으로 만드는 방법

조직의 리더는 조직원들이 자신에게 충성을 다해줄 것을 기대하면서, 과연 어떻게 해야 그 충성을 끌어낼 수 있을지에 관해 고민한다. 이에 대해 한비자는 리더가 '커다란 은혜를 베풀면' 조직원들을 감동시켜 충성을 끌어낼 수 있다고 설명한다. 다음은 『한비자』「외저설外儲說 좌상」편에 소개된 일화다.

오기吳起가 위나라의 장군이 되어 중산국中山國을 공격할 때, 그의 부하 중에 등창이 발병하여 몹시 앓고 있는 병사가 있었다. 그러자 오기는 무릎을 꿇고 앉아 자기 입으로 직접 고름을 빨아냈다. 그런데 옆에서 그 광경을 바라보던 병사의 어머니가 눈물을 흘리는 것이 아닌가! 그것을 이상히 여긴 어떤 사람이 이렇게 물었다.

"장군께서 당신의 아들을 저토록 아끼고 보살펴 주시는데, 당신은 왜 우는 것이오?"

그러자 그 어머니가 대답했다.

"예전에 저 애의 아버지가 등창에 걸렸을 때도 오 장군이 고름을 빨아주었습니다. 그때 아이 아버지는 그 은혜에 감동하여 목숨을 걸고 싸우다가 전사하고 말았습니다. 그런데 지금은 내 아들의 고름까지 빨아주셨으니 저 애도 곧 목숨을 걸고 싸울 것 아닙니까? 그러니 전쟁터에서 전사하기 십상이지요. 그래서 슬퍼하는 것입니다."

유가儒家에서는 이 이야기를 '연저지인吮疽之仁', 즉 '종기의 고름을 빨아주는 어진 마음'이라 하며 "윗사람은 아랫사람을 자식을 대하듯이 인자함으로 대해야 한다"라는 가르침을 나타내는 대표적인 사례로 인용한다. 즉 유가의 입장에서 바라보면 이 이야기는 아랫사람을 사랑으로 보살펴 주는 윗사람에 대한 미담美談이라 할 수 있다.

하지만 한비자는 같은 이야기에 대해 다른 식으로 접근한다. 즉 오기 장군이 부하의 고름을 빨아준 행위를 인자함이나 자비심의 발로로 보지 않는다. 한비자는 오기 장군의 행위는 결국 자신의 성과를 위한 것이었다고 냉철하게 분석한다. 윗사람이 베푸는 커다란 호의와 은혜는 아랫사람에게 더 큰 감동과 함께 마음의 빚으로 남을 것이며, 그로 인해 부하는 물불 안 가리고 윗사람에게 충성하며 명령을 따를 것이기 때문이다. 한비자는 오기 장군의 행위가 옳은지 여부를 따지지 않는다. 커다란 호의를 베풀어 부하의 감성을 건드리는 것이 리더로서 조직 구성원의 충성을 담보할 수 있는 훌륭한 전략이 될 수 있음을 이야기할 뿐이다.

리더가 예기치 않은 순간에 조직원이 상상하는 이상의 호의를 베풀 경우, 이는 조직원들의 뇌리에 깊이 각인된다. 즉 몇 번의 자그마한 호의가 아니라 한 번의 큰 호의가, 그것도 정말 필요한 순간에 주어지게 되면 조직원의 마음도 크게 움직인다. 이렇게 심어진 호의는 언제 어느 때 다시 돌아오게 될지 모른다.

조직원들의 마음에 깊은 생채기를 낼 경우 언젠가 그것이 복수로 이어질 수 있듯이, 조직원들의 마음에 깊은 감동을 준다면 이는 더 큰 보답으로 되돌아올 가능성이 크다. 그 때문에 리더는 과연 조직원들에게 어떤 방식으로 기억에 남을 만한 큰 호의를 베풀 수 있을지 고민해야 한다.

이 말은 반대로 자신이 받은 큰 호의에 대해서는 객관성을 유지해야 한다는 뜻이다. 누군가로부터 받은 호의가 자칫 잘못하면 자신의 이성적인 판단을 방해하는 장애물이 될 수 있다. 다소 냉정하게 보일지는 몰라도 CEO라면 상대방으로부터 호의를 받았다고 해서 반드시 나도 똑같은, 아니 그 이상의 호의를 베풀어야 한다는 마음의 셈법을 초월할 필요가 있다.

다시 한번 분명하게 알아두어야 할 것은, 한비자는 리더에게 선량함이나 인간적인 베풂을 요구한 것이 아니라는 점이다. 리더는 법을 토대로 엄격하게 부하 직원들을 통솔해야 하는데, 통솔의 한 가지 방법으로 '상대가 원하는 것을 원하는 때에 제대로 주는 커다란 호의'를 말한 것이다. CEO의 호의가 커다란 힘을 가질 수 있는 이유는 리더라는 자리가 가진 위상 때문이다. 그러므로 아랫사람에게 호의를 베풀 때도 그것이 개인이 아닌 리더로서 베푸는 호의라는 점을 잊어서는 안 된다.

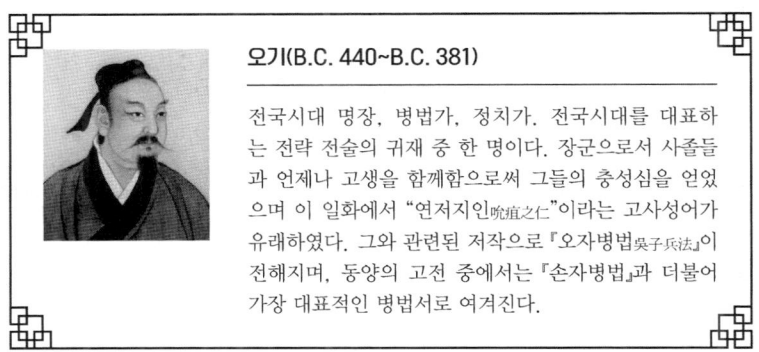

오기(B.C. 440~B.C. 381)

전국시대 명장, 병법가, 정치가. 전국시대를 대표하는 전략 전술의 귀재 중 한 명이다. 장군으로서 사졸들과 언제나 고생을 함께함으로써 그들의 충성심을 얻었으며 이 일화에서 "연저지인吮疽之仁"이라는 고사성어가 유래하였다. 그와 관련된 저작으로 『오자병법吳子兵法』이 전해지며, 동양의 고전 중에서는 『손자병법』과 더불어 가장 대표적인 병법서로 여겨진다.

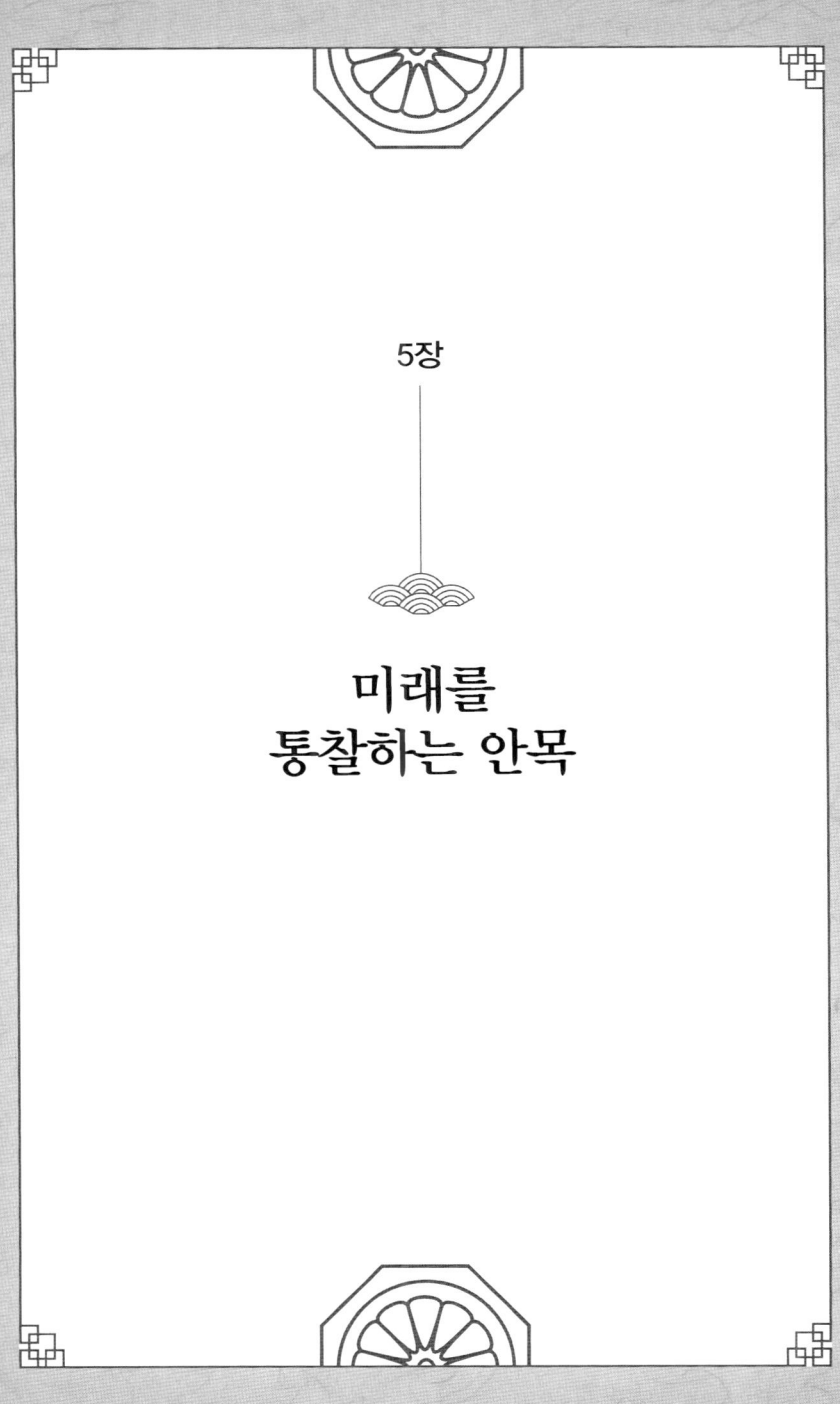

5장

미래를
통찰하는 안목

1. 꿰뚫어 보는 능력은 어떻게 생기나

한 치 앞을 예측하기 힘든 지금은 춘추전국시대와 비슷하다. 그래서 우리는 더더욱 한비자의 이야기에 귀를 기울여야 한다. 현대의 삶을 효과적으로 살아가기 위한 힌트가 한비자가 살았던 시대에 숨어 있기 때문이다.

한비자는 「고분孤憤」 편에서 지혜로운 선비의 전형을 다음과 같이 이야기한다.

> 지혜로운 선비, 즉 통치술에 정통한 인재는 반드시 먼 장래를 정확하게 꿰뚫는다. 그렇지 못하면 이익을 추구하려는 음모를 밝혀낼 수 없다. 법에 따라 나라를 다스리는 인재는 의지가 강하며 부정을 용서하지 않는다. 그가 만약 강직하지 못하면 사람들의 간사함을 바로잡을 수 없다.
>
> 신하는 명령에 따라 일을 추진하고 법에 근거해 임무를 처리하면, 중인重人이라 불리지 않는다. 중인이란 명령을 무시하고 제멋대로 일을 처리하며, 법을 어기고, 자신의 이익을 추구해 국가의 재정을 빼돌려 자기 집안만 이롭게 하면서 군주를 자기 뜻대로 움직이려는 자를 말한다.

춘추전국시대에 지혜로운 인재가 군주 앞에 선다는 것은 하늘의 별을 따기만큼이나 어려웠다. 군주 곁에 중인重人들이 득실거렸기 때문이다. 중인 이란 자기 배를 불리기 위해 군주를 이용했던 사람들을 말한다. 이들은 군 주의 명령을 무시하고 제멋대로 일을 처리했다. 자신의 이익 추구에만 관 심을 두었고, 자신의 이익에 조금이라도 해가 될까 봐 인재가 군주 곁에 서 는 것을 막았다. 인재 등용을 가로막아 군주의 눈과 귀를 어둡게 만들었다.

한비자는 먼 장래를 정확하게 꿰뚫는 것이 중인들의 음모를 극복하는 길이라고 말했다. 미래뿐만 아니라 현재의 일 또한 정확히 꿰뚫어야 간사 한 무리에 현혹되지 않는다고 했다.

군주가 중인들의 음모를 극복하고 간사한 무리에 현혹되지 않으려면 법에 따라 나라를 다스릴 인재가 있어야 한다. 무슨 일이든 전체상을 읽 어 내되 법의 테두리 안에서 진행하는 인재 말이다. 그렇지 않으면 호시 탐탐 나라를 무너뜨리려는 간신들에 의해 나라가 위태로워진다. 춘추전 국시대에는 중인 같은 신하들이 그런 간신 무리였다.『한비자』「고분」편 에 다음과 같은 이야기가 있다.

> 무릇 신하의 이익과 군주의 이익은 서로 다르기 마련인데 그것은 다음과 같다.
>
> 첫째, 군주의 이익은 재능 있는 자를 관직에 임명함에 있고, 신하의 이익 은 재능 없이도 요직을 얻어내는 데 있다.
>
> 둘째, 군주의 이익은 일 잘하는 사람을 얻어 작위와 봉록을 주는 데 있고, 신하의 이익은 아무 공로 없이 부귀를 얻는 데 있다.
>
> 셋째, 군주의 이익은 재능 있는 호걸을 유용하게 부리는 데 있고, 신하의 이 익은 패거리를 결성해 사욕을 채우는 데 있다. 이런 까닭에 국토가 깎여도 대 신의 집은 부유해지고, 군주가 비천해져도 대신의 권력은 더욱 막강해진다.

당시 춘추전국시대는 군주 한 사람에 의해 모든 것이 결정되는 전제정치의 시대였다. 잠시라도 정치를 잘못하면 호시탐탐 기회만 엿보고 있던 다른 나라에 의해 망하기 쉬웠다. 그런데도 군주와 신하는 물론이고, 군주의 첩과 아들, 측근 모두가 나라보다는 자신의 이익을 위해 움직였다.

『한비자』「비내備內」편을 보면, 춘추전국시대 역대 왕조를 통틀어 병들어 죽은 왕은 절반도 안 된다. 대부분은 권력 암투 때문에 죽임을 당했다. 군주에게 춘추전국시대는 한 치 앞도 내다볼 수 없는 암흑기였고, 군주의 자리는 살얼음판이었다. 군주에게 사람을 보는 안목과 부하를 다스리는 기술이 특히 더 필요했던 것은 그래야 나라를 제대로 다스릴 뿐만 아니라, 자신을 지킬 수 있었기 때문이다.

한비자는 먼 장래를 내다보고 일을 꿰뚫어 보는 능력을 군주의 중요한 덕목으로 꼽았다. 다음의 『한비자』「고분孤憤」편을 통해 그 의미를 살펴본다.

> 지혜로운 인재는 먼 날의 일을 내다볼 줄 알고, 죽는 것이 두려워 권세 있는 사람을 따르는 일은 결코 하지 않는다. 현명한 인재는 몸을 닦아 청렴하기 때문에 간신들과 한패가 되어 군주를 속이는 것을 부끄러워하고, 결코 권세 있는 사람을 따르지 않는다.

지혜롭게 미래를 준비하려면 먼 장래를 볼 수 있어야 한다. 자신이 원하는 삶의 목적과 목표를 명확히 그려 낼 수 있어야 한다. 1인 기업가이든, 회사의 리더이든, 자신이 맡은 분야의 일을 꿰뚫어 볼 수 있어야 한다. 새로운 인생길에 선 사람도 마찬가지로 자신이 하고 싶은 일의 미래와 현재를 냉철하게 살필 수 있어야 한다. 실패와 성공을 가늠하는 데는 리스

크와 변수를 알 필요도 있다. 그래야 어떤 유혹이 와도, 도중에 실패를 겪어도, 흔들리지 않을 수 있다.

2. 미세한 움직임을 포착하여 오늘과 미래를 통찰한다

하루아침에 놀라운 사건이 벌어지는 일은 거의 없다. 대개는 사건이 벌어지기 전에 미세한 움직임이 있기 마련이다. 지혜로운 사람이라면 그 미세한 움직임을 포착하면서 오늘을 통찰하고, 오늘 일어난 일들을 발판 삼아 더 나은 미래로 나아갈 것이다.

한비자는 나라를 다스림에 있어서 작은 움직임에 관심을 가져야 한다고 강조하며, 군주가 나라를 다스릴 때 필요한 전략을 다음 세 가지로 요약했다.

첫째, '독단독람獨斷獨覽'이다. 군주라면 모든 권력을 자신이 독점해야 한다는 뜻이다. 신하에게는 단지 간언을 허락할 뿐 권한을 주어서는 안된다. 이는 한비자의 제왕학을 대변하는 대표적인 내용이기도 하다.

둘째, '심장불로深藏不露'이다. 군주는 자신의 견해와 감정을 철저히 감춰 자기 생각이 신하들에게 읽히지 않도록 하라는 뜻이다. 그래야 신하들은 군주의 의중을 알기 위해 복종하고 충성하게 된다.

셋째, '참험고찰參驗考察'이다. 군주는 신하들의 과거와 현재의 성격 심리 상태를 조사하고 분석해 미래를 예측하라는 뜻이다. 그렇게 해서 발빠르게 대안을 찾아야만 부국강병을 이룰 수 있다고 한비자는 주장한다.

여기서 우리가 눈여겨보아야 할 대목은 바로 '참험고찰'이다. 자기 삶을 리드하며 미래를 준비하려면 꼭 갖추어야 할 덕목이 '참험고찰'이다. 『한비자』「설림說林 상」편에 다음 이야기가 있다.

> 노나라에 비단 신을 잘 만드는 남편과 비단을 잘 뽑는 아내가 살았다.
> 이 부부가 월나라로 이사하려고 하자 어떤 이가 말했다.
> "그대는 반드시 궁핍해질 것이오."
> 남편이 물었다.
> "왜 그렇소?"
> "신은 발에 신는 것인데 월나라 사람들은 맨발로 다니고, 비단 모자는 머리에 쓰는 것인데 월나라 사람들은 머리카락을 짧게 자르고 생활하오. 그대 부부의 기술이 아무리 뛰어나도 신발과 모자가 쓰이지 않는 나라로 간다면, 아무리 노력한들 가난해지지 않을 수 있겠소?"

이 노나라 부부는 다른 나라로 이사하면서 그 나라의 실정을 살피지 않았다. 현재 처한 현실을 미래에도 여전히 적용하고 있으니 이 부부가 실패하는 것은 당연한 일이다. 준비는 열심히 하고 있지만 그 '노력'은 의미 있는 결과로 이어지지 못할 것이 분명하다.

한비자는 사람의 몸에 뚫린 구멍은 정신의 창문 역할을 한다고 보았다. 그것은 주위에서 일어나는 일을 제대로 알기 위한 기관이라고 한다. 따라서 눈과 귀가 음란한 것을 탐닉하면 외부의 사물에 정신력을 소진하게 되어 자기 몸을 주체할 수 없게 된다. 자기 몸의 주재자가 없어지면 화복禍福이 산더미처럼 밀려와도 그것을 발견할 수 없다는 것이다.

그래서 한비자는 노자老子의 말을 인용해 "문으로 나가지 않아도 천하를 알 수 있고, 창문으로 내다보지 않아도 자연의 이치를 안다"라고 했다. 눈과 귀 등 몸에 뚫린 구멍이 불필요한 것들에 사로잡히면 미래를 예측할 수 없다.

이는 불필요한 욕망에 사로잡혀, 나아갈 길을 바라보지 못함을 경계하는 말이다. 주변 사람들의 이목이나 체면 때문에 자신이 원하는 삶의 길을 찾지 못하는 사람들을 향한 일침이다. 그럴듯한 외형만 추구하다 보면, 정작 자신이 원하는 삶으로 전진하지 못하게 된다.

자신의 미래가 어떻게 펼쳐질지 아는 것은 지금의 삶을 관조하는 능력에 달려 있다. 현재 자기 삶이 어떻게 펼쳐지고 있는지 잘 분석하면 앞날도 예측할 수 있다는 이야기다. 『한비자』「설림 상」 편에는 현재 모습으로 미래를 유추하는 이야기가 있다.

> 은나라 주왕(紂王: ?~B.C. 1046)이 상아로 젓가락을 만들자 기자箕子가 두려워하며 말했다.
>
> "상아로 젓가락을 만들었으니, 질그릇에 국 담기를 꺼려 주옥 그릇을 만들 것이고, 그리되면 손쉽게 구할 수 있는 음식은 어울리지 않을 테니 개 발바닥이나 코끼리 고기나 표범 고기를 구하게 될 것이며, 음식이 그처럼 사치스러우면 아무래도 짚으로 엮은 집으로는 안 될 것이니 반드시 비단옷을 입고 고대광실(高臺廣室: 매우 크고 좋은 집)에서 살아야 할 것입니다. 이것을 모두 충족시키려면 천하의 재물을 동원해도 모자랄 것입니다."
>
> 성인은 미세한 것을 보고도 앞으로의 일을 알 수 있으며 단서만 보고도 결과를 짐작한다. 기자가 상아 젓가락을 보고 두려워한 것은, 주왕이 자신의 욕망을 충족시키기 위해 결국 천하를 바꾸게 될 것으로 짐작했기 때문이다.

기자는 은나라 주왕이 상아 젓가락을 만들 때부터 나라의 미래를 예측했다. 상아 젓가락을 만들면 그에 걸맞은 그릇과 음식, 옷이 필요하다는 사실을 직감한 것이다. 상아 젓가락을 만드는 것을 시작으로 사치스러운 행동이 이어질 게 분명했다.

실제로 은나라는 그 후 5년 뒤에 멸망한다. 한비자가 군주에게 미세한 것을 보고 미래를 예측해 대비하라고 말한 이유가 거기에 있다.

그렇다면 희망찬 미래를 준비하려면 어떻게 해야 할까? 「설림 하」 편에 나오는 이야기에서 그 답을 찾을 수 있다.

포악한 자의 이웃에 사는 사람이 있었다. 그가 견디다 못해 집을 팔고 이사하려 하자 어떤 사람이 이렇게 말하며 말렸다.

"그자는 죄가 쌓여 극에 달했으므로 스스로 망할 테니 잠시 기다려 보십시오."

이사하려던 사람이 말했다.

"그가 나한테 행패를 부리는 게 마지막 일이 될까 봐 걱정이 태산 같습니다."

그렇게 말하더니 그는 결국 이사했다.

그래서 옛말에 "어떤 일이든 위험한 징조가 보이면 주저하지 말고 결단을 내려야 한다"라고 한 것이다.

"징조徵兆가 보이면 주저하지 말고 결단을 내리라"고 한비자는 말한다. 징조들이 사소하다고 결단하지 못하는 순간, 작은 사고들이 일어나며 결국은 큰 낭패를 겪을 수 있다.

주왕(?~B.C. 1046)

은殷나라의 마지막 왕. 신체가 장대하고 외모가 준수하며, 총명하고 힘이 장사였다고 한다. 군사적 재능이 있어 많은 전쟁에서 승리를 거두었다. 그러나 향락을 좋아하고 여색을 밝히고 급기야 달기妲己에 빠진 후 주색을 일삼고 포학한 정치를 하여 주周나라 무왕에게 살해되었다.

기자(?~?)

은나라 주왕紂王의 숙부로 주왕의 폭정에 대해 간언諫言을 하다 받아들여지지 않자 미친 척을 하여 유폐幽閉되었다. 은나라가 멸망한 뒤 석방되었으나 유민遺民들을 이끌고 주周나라를 벗어나 북北으로 이주하였다.

3. 우선순위의 선택이 중요한 이유

현재 자신이 서 있는 위치에 따라 해야 할 일이 달라진다. 무조건 열심히 하는 것이 아니라 무엇을, 어떻게, 왜 해야 하는지를 명확히 인지할 수 있어야 한다.

한비자는 나라를 다스리는 군주에게 무조건 열심히 하지 말고, 자신의 역할에 맞게 처신하라고 조언했다. 그런 군주가 다스리는 나라는 강한 나라가 된다. 『한비자』「외저설外儲說 우하」편에 다음과 같은 예가 있다.

관리자가 불을 끄려고 직접 물항아리를 들고 불이 난 곳으로 달려갔다면

그는 한 사람 몫의 일밖에 하지 못한 셈이지만, 그가 채찍을 들고 사람들을 지휘했다면 많은 사람을 동시에 부린 것이다.

불이 났으면 당장 물항아리를 들고 달려가는 것은 당연하다. 잠시라도 지체하면 피해는 눈덩이처럼 불어날 것이 분명하다. 그러나 나라의 군주가 직접 물항아리를 들고 불을 끄겠다고 달려들면 어떻게 되겠나? 군주 혼자 몸으로 불을 끈다고 화재가 진화되겠는가?

군주는 많은 사람이 불을 끄도록 채찍을 들고 일사불란하게 지휘하는 일을 해야 한다. 그것이 군주 혼자 불을 끄는 것보다 더 효과적이다. 리더에게는 전체적인 흐름을 파악해 적재적소에 인재를 배치하는 일이 무엇보다 중요하다는 이야기이다.

한비자가 살았던 시대에는 본인이 직접 물항아리를 들고 불을 끄러 가겠다는 군주가 많았다. 백성을 사랑해서 한 행동이 오히려 독이 될 수 있다. 왜 그랬을까?

군주가 자신에게 가장 중요한 것이 무엇인지 몰라서였다. 『한비자』「설림說林 상」편의 다음 이야기를 보면 순간의 판단력이 얼마나 중요한지 알 수 있다.

노魯나라 목공穆公은 그의 많은 아들 가운데 누구는 진晉나라 조정을 섬기게 하고, 누구는 초나라 조정을 섬기게 함으로써 두 나라와 친분을 맺어 유사시에 도움을 받으려고 했다. 이에 신하 이서가 간언했다.｡"아이가 물에 빠졌는데 저 먼 월越나라에 도와 달라고 청한다면, 월나라 사람이 제아무리 헤엄을 잘 친다 한들, 때에 맞추어 올 수 없지 않겠습니까? 그러므로 물에 빠진 아이는 죽고 말 것입니다. 만약 불이 나서 먼 나라에 도움을 청한다면, 그 나라에 바닷물이 아무리 많다 한들 여기까지 물을 길어다가 불을 끌 수가 있겠습니까? 먼 곳의 물로는 가까운 곳의 불을 끄지 못합니다.

지금 진나라와 초나라가 강국이긴 하지만 우리 노나라와는 너무 멀리 떨어져 있고, 이와 반대로 제나라는 바로 이웃에 있습니다. 그러니 만약 제나라가 침공해 오면 진과 초는 아무 도움도 되지 못할 것입니다."

노나라 왕은 자기 아들들을 여러 나라에 보내 그 나라들과 우호 관계를 맺으려고 했다. 유사시에 도움을 받으려는 속셈이다. 얼핏 보면 참 지혜로운 왕처럼 보인다. 앞날을 대비해 미리 대책을 세운 것이니 말이다.

그런데 그의 아들들이 간 나라들은 노나라와 거리가 너무 멀다. 유사시에 전혀 도움을 받을 수 없는 위치였다. 한비자는 그런 판단을 한 군주를 어리석다고 비판하며, 긴급한 것과 그렇지 않은 것을 구분할 줄 알아야 한다고 강조한다. 그런 의미에서 『한비자』「오두五蠹」편에 나오는 다음의 이야기는 참으로 의미심장하다.

술지게미(술을 만들고 남은 찌꺼기)조차 배불리 먹지 못하는 자는 상등품의 쌀이나 고기를 먹으려고 힘쓰지 않고, 갈옷(일복의 일종)조차 제대로 갖추지 못한 자는 무늬를 수놓은 옷을 기대하지 않는다. 세상을 다스릴 때, 시급한 일을 해결하지 못하고서 긴급하지 않은 것에 힘쓰면 안 된다.

모든 일에는 우선순위가 있다. 우선순위를 잘못 정해서 정말 중요하고 시급한 일을 처리하지 못하는 경우가 많다. 한비자가 걱정한 것도 바로 그 점이다. 군주는 정말 중요한 것이 무엇인지 모르면 불필요한 것에 관심을 가질 수밖에 없다. 군주의 권력 강화에 해가 되는 여덟 가지 이야기를 담은 『한비자』 「팔설八說」 편에도 비슷한 이야기가 나온다.

> 자기 집에 우거짓국도 없는 사람이 굶는 사람에게 밥을 먹으라고 조언하는 것은 기아 대책이 될 수 없다. 군주가 자신은 농사를 지어 곡식을 생산하지도 못하면서 백성들에게 곡식을 빌려주거나 나눠 먹으라고 권하는 것은 백성을 부자로 만드는 일이 아니다.
>
> 요즘 학자들은 농업과 전투에는 아랑곳하지 않고, 있으나 마나 한 것에 매달려 공허한 성인 이야기만 하고 있으니, 이것은 자신은 우거짓국을 먹고 있으면서 남에게는 밥을 먹으라는 것과 다를 것이 없다. 현명한 군주라면 그런 자들을 상대도 하지 않을 것이다.

한비자는 자신이 해야 할 일은 하지 않으면서 남에게 이래라저래라 간섭하는 사람을 경계하라고 말한다. 정말 중요한 일은 관심 밖이고 옛 성인들의 이야기를 들먹이며 군주에게 간언하는 신하들을 조심하라는 뜻이다. 당시에 얼마나 많은 군주가 중요하지 않은 일에 신경 쓰며 살았는지 짐작할 수 있는 대목이다.

당시 군주들만 그랬을까? 지금도 그들과 비슷한 궤적을 그리며 살아가는 사람이 참 많다. 학생, 취업준비생, 직장인, 많은 리더가 중요한 것보다 그렇지 않은 것에 에너지를 허비하며 살아가고 있는 경우가 많다.

어떻게 하면 삶의 우선순위를 바로 세울 수 있을까? 첫째, 자신의 정체성을 확립해야 한다. 여러분은 지금 어느 자리에 서 있는가? 무엇을 어떻게 결정하고 선택하며 해결해야 하는지 명확하게 알고 있는가? 자신의 정체성이 정리되어야 무조건 물항아리를 들고 다급하게 뛰어가는 일은 하지 않을 것이다.

둘째로, 가장 중요한 일을 하지 못하도록 방해하는 요소를 제거해야 한다. 많은 사람이 하지 않아도 될 일에 시간을 빼앗기고 있다. 예를 들어, 어떤 일에 몰입하기 전 불필요한 루틴에 과도하게 시간을 쓴다. 그 대부분은 목표를 달성하는 데 큰 도움이 되지 않는 것들이다.

4. 책과 말을 대하는 방법

미래를 알차게 준비하려고 배움의 현장을 찾아다니는 사람이 많다. 시간이 허락되면 무엇이든 배워 두려고 하는 것이다. 이들은 "배워서 남 주냐?"고 한다.

그런데 그중에는 늘 배우기만 하는 사람들이 있다. 지식을 쌓는 노력만 하지, 그 지식을 활용할 생각은 깊이 하지 않는 것 같다. 배움으로 얻은 지식은 그냥 지식일 뿐이다. 머릿속에 있는 지식만으로 삶을 바꿀 수 없다.

다음은 『한비자』「유로喩老」편에 소개된 '지식과 실천'에 대한 이야기이다.

> 왕수王壽라는 학자가 책을 짊어지고 가다가 주周나라 땅에서 서풍徐馮을 만나 한 수 가르쳐 달라고 청했다. 서풍이 말했다.
> "일이란 실행하는 것이고, 실행의 결과는 때에 따라서 나타나는데 그 상황은 항상 같지 않다. 한 사람이 같은 일을 해도 결과는 그때그때 다르다. 책은 옛사람의 말을 기록해 놓은 것이고, 말이란 그때그때의 인식에서 생겨난 것이다.
> 책에 쓰인 말은 그 시대를 겨냥하고 있을 뿐이다. 그래서 지혜로운 사람

은 책을 소장하지 않는다. 그런데 그대는 어찌해서 그렇게 많은 책을 짊어지고 가는가?"

이 말을 들은 왕수는 갖고 있던 책을 모두 불살라 버리고는 어찌나 기뻤던지 덩실덩실 춤을 추었다. 지혜로운 사람은 말로써 가르치려 하지 않고, 책을 소중히 여기지 않는다. 책을 불사르고 말로 가르치지 않는 것을 세상 사람들은 그저 잘못된 일이라고 하지만, 왕수는 그렇지 않음을 깨닫고 바른 길로 돌아와 그동안 배우지 않았던 것을 배웠다.

한비자는 노자의 말을 빌려 "책만 읽어서는 안 된다"라고 한다. 책은 과거의 것이므로 삶을 변화시키려면 과감히 책을 던져 버리고 현재 꼭 필요한 것들을 배워야 한다는 것이다.

한비자가 법치를 주장한 이유는, 법으로 다스려야 강한 나라가 되기 때문이며, 시대에 따라 정치도 달라져야 하기 때문이기도 하다. 시기와 상황에 맞는 배움을 강조한 것도 같은 이유였다.

하지만 당시 많은 학자가 과거에 사로잡혀 있었다. 그래서 시대에 맞는 정치 방법을 활용하지 않았다. 한비자는 그것을 다양한 이야기로 비판했다. 『한비자』 「외저설外儲說 좌상」 편에 다음과 같은 이야기가 있다.

송나라의 한 젊은이가 연장자 앞에서 술을 마시고 있었다. 그 젊은이는 연장자가 마시면 자기도 마셔야 하는 줄 알고 연장자를 따라 계속해서 술을 마셨다. 일설에 의하면, 심신을 수양하던 어떤 노나라 사람이 연장자가 술을 이기지 못하고 토하는 것을 보고는, 실례인 줄도 모르고 본인도 그를 흉내 내어 토했다고 한다. 송나라의 젊은이도 자신은 술을 잘 못 마시면서 연장자가 술을 남기지 않고 단숨에 마시는 것을 보고, 단숨에 다 마시느라고 무진 애를 썼다.

옛날 책에 이르기를, "벽옥을 쪼고 다듬으면 본래의 아름다운 옥이 된다"라고 했다. 양나라 사람으로 고서를 연구하는 자가 있었다. 그는 일거일동을 옛사람의 말에 의거해 행하고, 만사를 고서에서 빌려 인용했다. 그런데 그가 그 고서를 읽고 이렇게 말했다.

"지나치게 쪼고 다듬으면 본바탕마저 잃게 된다."

어떤 사람이 왜 그런지 묻자 이렇게 대답했다.

"옛날 책에 그렇게 쓰어 있소."

한비자는 책에 쓰인 그대로 따라 한 부작용들을 열거했다. 현실과 동떨어져서 실천할 수 없는 것들을 지적하며 각성을 촉구했다. 책 속에 파묻혀 현실을 제대로 바라보지 못한 군주를 비판하기도 했다.

『한비자』「외저설 좌상」편에 이어진 다음 이야기가 있다.

세상 사람들은 요순(堯舜: 요임금과 순임금이 덕으로 천하를 다스리던 태평한 시대) 이래의 성인聖人에 의해 전해진 것을 '도道'라 하며 찬양하는데, 그 설이 아무리 교묘하다 해도 실제로는 아무 소용이 없다.

선왕先王의 업적을 아무리 찬양한들 국정을 바로잡지 못한다면 이 역시 소꿉장난에 불과할 뿐 진정 나라를 잘 다스린다고 할 수 없다.

한비자는 신하와 군주가 책에서 읽은 것을 정치에 적용하고는 있지만 국정을 제대로 운영하지 못하는 현실을 아이들의 소꿉장난에 비유했다. 책이란 실제 삶에는 적용하기 어려운 이론에 불과할 뿐인데, 수많은 책을 수레로 끌고 다닌들 무슨 소용이 있겠느냐는 이야기다.

한비자와 비슷한 주장을 펼치는 민족이 있다. 바로 세계 무대를 주름잡고 있는 유대 민족이다. 그들도 책에 있는 것을 있는 그대로 받아들이는 행태를 몹시 경계한다. 『탈무드』에는 다음과 같은 글이 있다.

> 책을 아무리 많이 읽은들 그저 읽기만 해서는, 등에 책을 싣고 가는 당나귀나 다름없다. 당나귀가 아무리 많은 책을 등에 지고 있다 해도, 책은 당나귀에게 도움은커녕 짐만 될 뿐이다. 책을 읽는 것은 대답을 얻기 위해서가 아니라, 질문을 받고 그 질문에 대해 스스로 생각을 정리하기 위해서이다.

한비자는 학자나 신하들이 서책에 쓰인 내용을 이용해 군주를 현혹할까 봐 염려했다. 현실에 소용도 없는 공허한 말로 혼란을 부추길 수 있었기 때문이다. 여기엔 당시 주류 사상인 유가 사상을 비판하려는 의도가 깔려 있다. 한비자는 부국강병을 이루려면 유가 사상으로는 터무니없고, 오직 법가法家 사상으로 무장해야 가능하다고 보았다.

법가사상의 근간을 이루는 것은 법法, 세勢, 술術인데, 『한비자』 「오두五蠹」 편에 그 세 가지가 집약적으로 나와 있다.

> 지금 나라 안의 모든 백성이 정치를 논하고 집집마다 상앙商鞅과 관중管仲의 책을 간직하고 있지만, 나라는 더욱더 가난해지고 있다. 이는 농사에 관해 말하는 자가 많지만, 쟁기를 잡는 자는 적기 때문이다. 나라 안의 모든 백성이 군사를 논하고 집집마다 손무(孫武: B.C. 544년?~B.C. 496?)와 오기吳起의 병서兵書를 비치하고 있는데도 병력은 점점 더 약해지고 있다. 이는 군사에 관해 말하는 자가 많지만, 갑옷을 입는 자는 적기 때문이다.
>
> 현명한 군주는 백성의 힘을 사용하더라도 그들의 말은 듣지 않으며, 공로에는 상을 주더라도 쓸모없는 행위를 금지한다. 그러면 백성은 사력을 다해 그 군주를 따르게 된다.

이와 같이 한비자는 과거의 책에 빠져서 공허한 말만 던져서는 나라를 강하게 만들 수 없으며, 군주는 상과 벌을 이용해 백성을 다스려야 한다고 주장한다. 잘하면 상을 주고 못하면 벌을 내리면서 백성을 이끌어야 질서가 잡히고 나라의 기강이 바로 선다는 것이다. 백성들은 상벌이 명확한 군주를 따른다. 그리고 리더는 곧바로 현실에 적용할 수 있는 정책을 내놓고 실행에 힘써야 한다.

지금은 4차 산업혁명 시대이다. 인공지능의 발달로, 인터넷 검색만 잘하면 고급 정보들을 손쉽게 자신의 것으로 만들 수 있다. 하지만 정보를 확보하고 지식을 쌓는 것보다 더 중요한 것은 그것을 현실에 적용해 삶의 변화를 끌어내는 일이다.

이를 위해서는 배운 것을 실천하는 것이 중요하다. 그리고 정말 자신이 원하고 적성에 맞는 일이 무엇인지 찾아야 한다. 자신이 잘하고 행복할 수 있는 일이 무엇인지 알 필요가 있다.

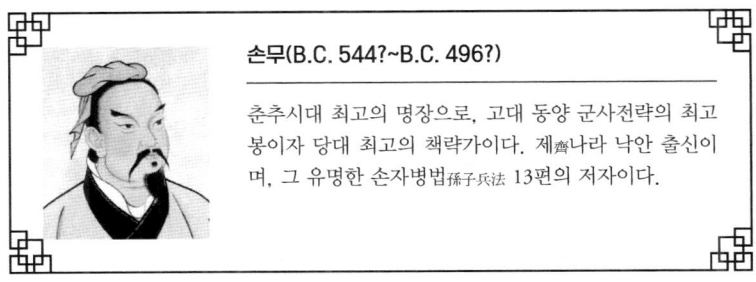

손무(B.C. 544?~B.C. 496?)

춘추시대 최고의 명장으로, 고대 동양 군사전략의 최고 봉이자 당대 최고의 책략가이다. 제齊나라 낙안 출신이며, 그 유명한 손자병법孫子兵法 13편의 저자이다.

5. 어떻게 상대의 겉과 속을 알 수 있나

4차 산업혁명 시대 인재의 키워드는 창의성이다. 창의적인 산물을 만들어 낼 수 있는 사람이 밝은 미래를 기대해 볼 수 있다. 창의적 인재의 핵심은 융합이다. 인공지능도 융합의 산물이다. 융합의 시대에는 열린 마음이 중요하다. 고정관념에 사로잡혀서는 다른 분야와 섞이고 연결될 수 없다. 다른 사람의 생각과 행동을 유연하게 받아들이는 것이 융합의 출발점이다.

인재뿐만이 아니라 나라를 다스리는 군주, 즉 리더도 열린 마음이 필요하다. 자기 생각만 고집하다가는 조직은 물론이고, 자기 자신조차 발전적인 미래로 이끌어 갈 수 없다. 『한비자』「설림說林 하」편에는 그 의미를 생각해 볼 수 있는 재미있는 이야기가 나온다.

전국시대 유명한 사상가 양주에게 양포라는 아우가 있었다. 양포는 어느 날 친구를 만나러 집을 나섰다가 도중에 비를 맞아 옷이 흠뻑 젖었다. 게다가 흰옷에 흙탕물이 튀어 엉망이 되었다. 초라한 모습으로 친구 집에 도착한 양포가 말했다.

"이래 가지고는 방에도 들어갈 수 없네. 어서 옷 좀 빌려주게."

친구는 하인에게 명해 옷 한 벌을 가져다주라고 했다. 그런데 하필이면 하인이 검은 옷을 가지고 와서 양포는 할 수 없이 검은 옷을 입었다.

양포는 저녁 무렵 친구와 헤어져 집으로 돌아왔는데 그의 개가 주인을 알아보지 못하고 크게 짖어댔다. 화가 난 양포가 개를 발로 차려고 하는 찰나, 마침 그 광경을 지켜본 형 양주가 웃으며 이렇게 말했다.

"내가 보기에는 네가 화낼 일이 아닌 것 같구나."

"화낼 일이 아니라니요? 아니, 자기 주인도 몰라보는 개가 있단 말입니까?"

"그 개하고 입장을 바꿔 생각해 보아라. 너라면 주인이 나갈 때 흰옷을 입었는데 들어올 때는 검은 옷을 입었다면 이상하게 여기지 않을 수 있겠느냐?"

이 이야기에서 '양포지구楊布之狗'라는 고사성어가 나왔다. '양포지구'란 양포의 개라는 뜻으로, 나갈 때 희었는데 돌아올 때 검어졌다고 속까지 변한 것으로 잘못 이해하는 행태를 꼬집는 말이다. 사람을 겉모습만 보고 판단하지 말라는 뜻이며, 나아가 자신의 기준으로 상대방을 바라보는 태도를 버리라는 메시지이기도 하다.

군주와 신하의 행동뿐만 아니라, 모든 관계의 행위에는 나름의 이유와 동기가 있다. 그 행동의 이면에는 인간의 본능이 작용하기 마련이며, 그 본능을 나쁘게만 바라볼 것은 아니다.

사람은 자신도 모르게 자기 기준으로 상대를 바라보고, 자신의 관점으로 상대를 판단한다. 자기가 정한 기준이 마치 정답인 것처럼 생각하며 살아간다. 자신이 생각한 대로 일이 진행되지 않으면 다른 사람을 탓하며 투덜대기 일쑤이다. 크고 작은 조직에서 일어나는 갈등은 대부분 이런 형태를 보인다. 하지만 그래 가지고는 일이 원만하게 처리되기가 어렵다.

세상에는 참으로 다양한 생각과 관점이 존재한다. 자기 기준만 고집해서는 안 된다. 열린 마음으로 상대가 주장하는 바에도 귀를 기울여야 한다.

하지만 그게 생각대로 잘되지 않는다. 다음의 『한비자』「외저설外儲說 좌상」에는 자기 기준에 얽매여 어리석은 행동을 하는 이야기가 나온다. 이 이야기를 통해 융통성에 대해 깊이 생각해 봐야겠다.

정나라 사람이 신발을 사려고 장에 갔다. 그런데 자기 발 치수를 재어 기록한 종이를 깜빡 잊고 가져오지 않았다. 그는 신발 장수에게 이렇게 말했다. "신발 치수를 적어 둔 것을 집에 놓고 왔으니 돌아가서 가져오겠소."

그러고는 집으로 돌아가 종이를 들고 다시 장에 갔는데, 장은 이미 끝난 뒤였다. 안타까워하는 그의 사연을 듣고 어떤 사람이 말했다.

"집으로 갈 필요 없이 그 자리에서 신발을 신어 봤으면 됐을 것 아니오?"

그러자 그가 대답했다.

"치수를 적은 종이는 믿어도, 내 발을 믿을 수가 없었소."

신발을 사러 갔으면 그 자리에서 신어 보면 된다. 그런데 이 사람은 치수를 적은 종이를 굳이 가지러 집에 갔다. 얼마나 어리석은 행동인가? 그런데 당시에는 그런 사람이 많았다는 거다.

군주가 나라가 잘되는 것에 집중해도 모자랄 판에, 선왕의 말에 따라 불필요한 계획을 세우는 일들이 많았다. 한비자는 그런 군주를, 신발 치수가 적힌 종이를 가지러 집으로 가는 사람에 비유한 것이다.

이 이야기를 통해 어떤 교훈을 얻을 수 있을까? 어리석은 사람은 단순한 이치를 복잡하게 생각하고 융통성 없이 행동한다. 괜한 틀에 얽매여 자기 고집대로 생각하고 움직인다. 요컨대, 어리석음이란 세상을 자기 기준에 맞추려는 일종의 아집이다.

세상에는 다양한 사고와 시각이 존재한다. 획일적인 잣대와 기준으로 판단하고 결정할 수 없는 일이 너무나 많다. 정치뿐만 아니라 과학과 산업에서도 마찬가지다. 통합과 융합을 통해 새로운 이론이 태어나고 과학 기술이 발전하고 있는 시대이다. 첨단제품이라는 것도 다양한 사고를 인정하고 받아들이는 과정에서 재탄생된 산물이다. 따라서 열린 마음으로 준비된 사람만이 4차 산업혁명 시대에 성과를 거둘 수 있을 것이며, 상대의 겉과 속을 알 수 있을 것이다.

6. 무리한 요구에 대한 반응

옳고 그름을 구분하는 것은 미래를 준비하는 데 있어서 매우 중요한 문제이다. 눈앞에 닥친 일의 경중을 구분하고, 먼저 할 일과 나중 할 일을 구분하는 것도 마찬가지로 중요한 문제다. 누군가 제안하고 요구하는 것들이 자기 삶에 어떤 영향을 끼칠지 구별해내는 능력도 필요하다.

이처럼 인간관계 속에서 벌어지는 숱한 일들을 제대로 해석하지 못하면 어리석은 결정을 내리기가 쉽다. 누군가의 노림수에 당할 수도 있고, 바라는 일을 효과적으로 준비하지 못할 수도 있다. 『한비자』「설림說林상」편에 다음과 같은 이야기가 나온다.

> 진晉나라 지백智伯이 위환자魏桓子에게 땅을 달라고 요구했는데 환자는 내주지 않으려 했다. 그 신하인 임장任章이 물었다.
>
> "왜 땅을 주지 않으십니까?"
>
> 위환자가 대답했다.
>
> "이유 없이 땅을 달라고 요구했기에 주지 않으려는 것이오."
>
> 임장이 말했다.
>
> "지백이 이유 없이 남의 땅을 요구하니 이웃 나라들이 그를 경계하게 될 것입니다. 만족할 줄 모르는 욕심 많은 지백을 천하의 모든 나라가 두려워하게 될 것입니다. 그러니 군주께서는 그에게 땅을 주십시오. 그러면 지백은 반드시 교만해져서 상대를 가볍게 볼 것이고, 이웃 나라들은 더욱 경계해 서로 친밀해질 것입니다. 서로 친밀해진 나라들이 힘을 합쳐 지백에 대항하면 적을 얕보는 지백의 운명은 길지 않을 것입니다.
>
> 『주서周書』에서 말하기를 '장차 적을 이기려면 잠시라도 그를 반드시 도와주어야 한다. 사람을 얻고자 한다면 그가 요구하는 것을 반드시 먼저 주어

야 한다'라고 했습니다. 군주께서는 땅을 주어서 지백이 교만해지도록 하는 것이 좋습니다. 왜 천하 제국과 동맹해 지백을 무찌르려 하지 않고 단독으로 그의 표적이 되려고 하십니까? 이야말로 어리석기 짝이 없는 일입니다."

위환자는 이 말에 동의해 1만 가구가 사는 고을을 지백에게 내주었다. 이에 맛을 들인 지백은 이번에는 조나라에 땅을 요구했다. 조나라가 이 요구에 응하지 않자 지백은 크게 노해 군사를 이끌고 조나라 수도인 진양晉陽을 포위했다. 그러자 한나라와 위나라가 밖에서 지백에게 반기를 들고 노나라는 성안에서 맞받아쳐서 지백은 멸망했다.

『한비자』「설림」 편은 역사책에 기록된 이야기와 입으로 전해 내려오는 민간의 전설, 그리고 한비자가 지어낸 우화들을 모아 엮은 책이다. 한마디로 이야기의 숲이다. 그 수많은 일화가 이야기하는 공통된 메시지는 "군주가 어떻게 나라를 다스려야 하는가?"라는 물음에 대한 답이다.

그 첫 번째 답은 상대가 원하는 것을 선뜻 내주라는 것이다. 왜냐하면 사람은 자신이 원하는 것을 얻게 되면 경계를 누그러뜨리고 옳고 그름을 판단하기가 어려워지기 때문이다. 그 이유는 자기 자신에게 도취해서일 수도 있고, 현실을 정확히 읽어 내지 못해서일 수도 있다. 어쨌든 무리한 요구를 하는 상대가 경계를 풀면, 그 상대를 쉽게 무너뜨릴 수 있다. 그것이 험난한 춘추전국시대를 헤쳐 나가는 방법이라고 할 수 있다.

현대에도 이 논리는 여전히 통한다. 뭔가를 얻고 싶으면, 일단 먼저 주라고 협상전문가들은 한목소리로 이야기한다. 얻고 싶은 것에만 집중하면 오히려 얻지 못한다고 한다. 한두 개쯤 주어도 크게 손해가 나지 않는다면, 주는 것을 아까워하지 말라고 조언한다. 자신이 희생하고 내준 그것이 자신을 지키고 조직을 살릴 것이기 때문이다.

한비자는 원하는 것을 얻으려면 먼저 주어야 한다고 말하지만, 이런 마음은 세상을 더 삭막하게 만들 수도 있다. 오직 원하는 것을 챙기려는 속셈만으로 자기 것을 내주는 현상은 지양할 필요가 있다.

이와 같이 한비자의 통치술은 4차 산업혁명 시대인 지금도 여전히 유효한 부분이 많지만, 비판적인 시각으로 해석하고 적응할 필요가 있다.

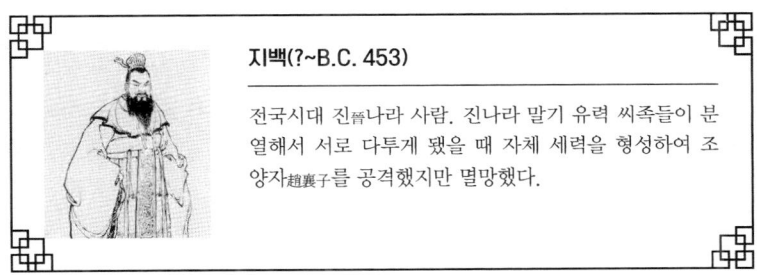

지백(?~B.C. 453)

전국시대 진晉나라 사람. 진나라 말기 유력 씨족들이 분열해서 서로 다투게 됐을 때 자체 세력을 형성하여 조양자趙襄子를 공격했지만 멸망했다.

7. 희망은 어디서 찾아야 하나

한때 2030세대에서 '3포 세대'라는 말이 유행했다. 연애, 결혼, 출산을 포기한 세대라는 뜻이다. 3포 세대를 넘어 5포, 7포 세대라는 말도 잇달아 유행했다. 연애, 결혼, 출산뿐만 아니라 인간관계, 내 집 마련, 희망, 꿈같은 것은 젊은 세대에게 모두 사치라는 것이다. 그런데 이제는 'N포 세대'라고 이야기한다. 모든 것을 다 포기할 수밖에 없는 세상이 되었다는 뜻이다.

희망이 사라지고 있다. 소망을 붙들고 노력하면 된다는 이야기가 더는 먹히지 않는다. 젊은이들은 자신의 인생에 대해 스스로 계획하고 준비할 생각조차 하지 않으려고 한다. "돈도 배경도 없으면 성공할 수 없어"라며 아무런 도전도 하지 않는다. 운명론에 휩싸여 지레 체념하고 포기하는 젊은이가 많아졌다.

개인뿐만 아니라, 나라의 군주도 이 같은 운명론에 빠질 수 있다. 한비자는 그런 군주를 비판하는데,『한비자』「식사飾邪」편에 다음과 같은 이야기가 있다.

> 월越나라 왕 구천句踐은 신령스러운 거북의 점괘만을 믿고 오吳나라와 전쟁을 벌였다가 패했다. 그리고 오吳나라 왕 부차夫差를 섬기는 신하가 되었다. 구천은 훗날 월나라로 돌아와서는 거북점을 버리고 법을 밝히며 백성을 아끼는 왕이 되었다. 그리고 오나라에 보복하니, 이번에는 오나라의 왕 부차(?~B.C. 473)가 월나라의 포로가 되었다.

'식사飾邪'란 사악함을 경계한다는 뜻이다. '사악한 행위', 즉 나쁜 행위의 첫째는 미신을 믿는 행위이다. 한비자는 미신으로는 나라를 일으킬 수 없다고 강조했다. 법을 지키고 백성을 사랑하며 나라를 다스리는 것이 곧 부국강병이 되는 길이라고 주장했다. 당시 군주들은 점괘를 보고 나라를 통치하는 경우가 많았는데 이 또한『한비자』「식사」편을 통해 살펴본다.

> 거북의 등딱지를 불에 구워 그 갈라지는 금을 헤아려 매우 길하다는 점괘가 나오자 조趙나라는 연燕나라를 공격했다. 연나라도 거북의 등딱지를 불에 구워 그 갈라지는 금을 헤아려 매우 길하다는 징조가 나오자, 조나라를 공격했다. …… 이것은 조나라의 점괘가 신통한 것도, 연나라의 점괘가 사람을 속인 것도 아니다.
>
> 조나라는 또 일찍이 거북점을 치고 산算가지로 헤아려 본 뒤 북쪽으로 연

나라를 징벌하고 협박해 진나라를 막아 보려 했는데 점을 치니 매우 길했다. …… 조나라의 거북점이 비록 멀리 있는 연나라에 대해서는 알아내지 못했더라도 괜찮지만, 가까이 있는 진나라에 대해서는 미리 알았어야 한다.

　진나라는 매우 길하다는 점괘를 이용해서 영토를 넓힌 만큼 실리도 얻고 연나라를 구원했다는 명망도 얻었다. 그러나 조나라는 매우 길하다는 점괘가 나왔지만, 영토를 침략당하고 군대가 치욕을 당했으며, 군주는 뜻을 얻지 못해 죽게 되었다. 이 또한 진나라의 거북점은 신통하고 조나라의 거북점은 가짜이기 때문에 그렇다.

　이 글에서 한비자는 군주들이 미신을 믿는 행태를 조롱했다. 다음 글에서도 한비자는 미신을 경계하라는 강력한 메시지를 전하고 있다.

　따라서 거북점과 산가지로 길흉을 점치고 귀신을 섬겨도 승리가 보장되는 것은 아니다. 하늘의 성좌들이 왼쪽에 있든 오른쪽에 있든, 뒤에 있든 앞에 정렬했든, 전쟁을 벌일 것인지 아닌지를 결정해 주는 것도 아니다. 그런 것에 의지한다는 것은 매우 어리석은 일이다.

　나라를 다스리는 사람이 운명론에 사로잡히면 안 된다는 사실을 일깨워 주는 글이다. 어디, 나라의 지도자뿐이겠는가? 사회현실이 아무리 비관적이라 해도 자신의 삶을 조금이라도 좋은 쪽으로 변화시키려는 노력을 멈추지 말아야 한다.

　나 자신 삶의 주인은 바로 자신이다. 사회가, 나라가 당신의 삶을 책임져 주지 않는다. 부모님, 멘토, 직장 상사는 조언해 줄 수 있을 뿐이며, 그 중 어느 누구도 여러분의 삶을 대신 살아줄 수는 없다. 나 자신의 삶을 개척하고 미래를 설계하며 도전해 나갈 주체는 오직 나 자신뿐이다.

N포 세대여도 누군가는 인생을 개척하며 살아간다. 보란 듯이 소망을 이루며 살아가는 사람들이 있다. 세상은 미리 정해진 필연적인 법칙에 따라 펼쳐지는 것이 아니라, 자신이 어떻게 개척하느냐에 따라 얼마든지 성공적인 삶을 살 수 있다고 믿는 사람들의 것이다. 그런 이들의 모습은 열정이 넘치고 활력이 샘솟는다.

사회현실에 낙심하며 좌절하기보다는 희망을 품고 미래를 준비하는 쪽을 선택하자. 때로는 실패와 좌절을 경험할 수 있고 자신이 짠 각본대로 상황이 움직여지지 않을 수도 있지만, 후회는 없을 것이다. 스스로 도전한 인생이기에 나름대로 의미와 보람을 느낄 것이다.

그런 과정에서 경험이 쌓이고 더 나은 삶으로 도약하는 발판이 만들어질 것이다. 성공보다는 실패에서 더 많은 경험이 쌓일 수 있다. 경험은 지혜로 바뀌어 똑같은 실수를 반복하지 않게 해준다. 이것이 삶을 스스로 개척하며 나아가는 사람들이 겪게 되는 선순환 인생 궤적이다. "하늘은 스스로 돕는 자를 돕고, 인생은 개척하는 사람의 것"이다.

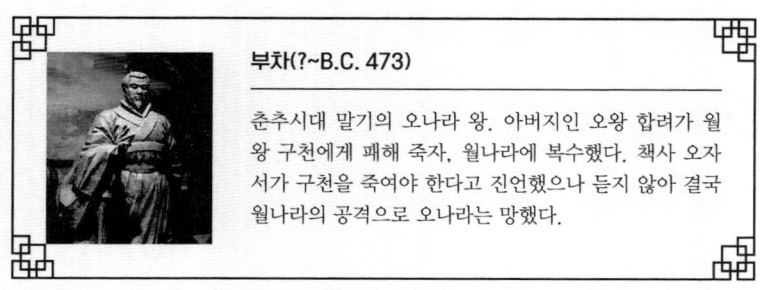

부차(?~B.C. 473)

춘추시대 말기의 오나라 왕. 아버지인 오왕 합려가 월왕 구천에게 패해 죽자, 월나라에 복수했다. 책사 오자서가 구천을 죽여야 한다고 진언했으나 듣지 않아 결국 월나라의 공격으로 오나라는 망했다.

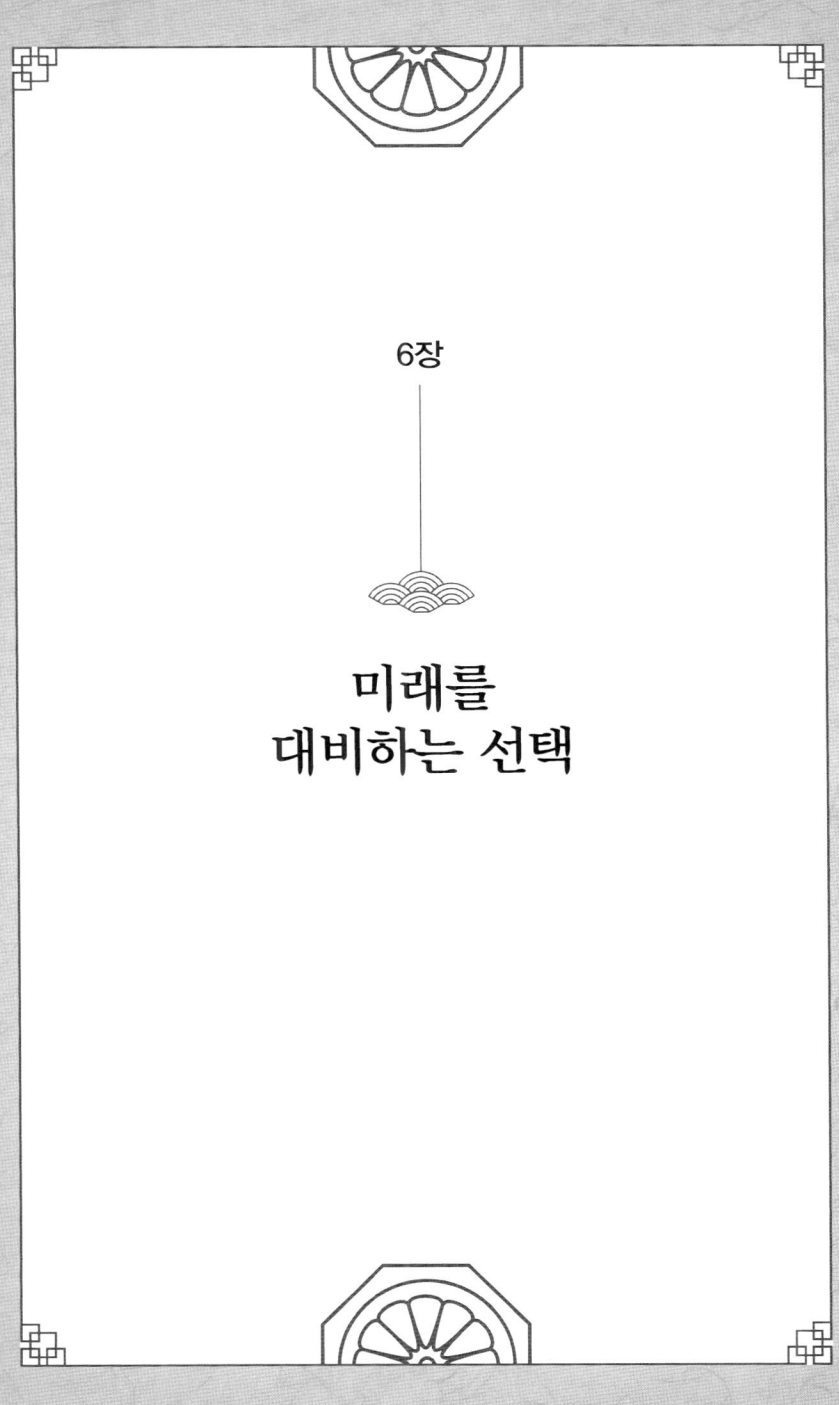

6장

미래를
대비하는 선택

1. 삶을 바로 세우는 균형감

한비자가 말한 법치주의는 신상필벌信賞必罰로 요약할 수 있다. 공로가 있는 사람에게는 반드시 상을 주고, 죄가 있는 사람에게는 반드시 벌을 줘야 한다는 것으로 다만 상과 벌을 공정하고 엄격하게 줘야 한다고 강조했다. 형평성에 어긋나면 안 된다는 것이다. 한비자는 수많은 역사적 사건과 우화를 빌려 신상필벌을 명확하게 해야 한다고 거듭 강조했다. 그래야 나라의 질서가 바로잡히고 군주는 부국강병(富國强兵: 나라를 부유하게 하고 군대를 강하게 하는 일)으로 이끌 수 있다는 것이다.

하지만 많은 군주가 상황에 따라 자신의 기준으로 상과 벌을 적용했다. 때로는 자기 실수를 덮으려 상을 남발하기도 했다. 이렇게 되면 당장은 자신의 실수가 무마된 듯하지만, 오히려 그 부작용은 심각하다고 한비자는 지적하며 군주의 실책을 질타했다. 『한비자』「논난論難」 편에 나오는 이야기를 살펴보자.

제齊나라 환공桓公(B.C. 716~B.C. 643)이 술에 취해 관冠을 잃어버린 것이 창피해 3일 동안 조정에 나가지 않았다. 관중管仲(?~B.C. 645)이 말했다. "그런 일은 군주로서 수치가 아닙니다. 군주께서 진정 부끄럽게 생각하신다면 어찌하여 선정을 베풀어 수치스러운 마음을 씻으려 하지 않으십니까."

환공은 옳은 말이라 생각하고 곡식 창고를 열어 가난한 자에게 나눠 주고, 죄수들을 조사해 죄가 가벼운 자를 풀어주었다. 이렇게 하고 나서 3일이 지나자, 백성은 이렇게 노래를 불렀다.

"임금님께서 다시 한번 관을 잃으시면 좋겠네."

어떤 사람이 말했다.

"관중은 환공의 수치를 일반 서민에 대해서는 씻게 하였으나, 유식한 자에 대해서는 오히려 환공의 수치를 키운 것이다. 환공이 곡식 창고를 열어 빈민에게 베풀고, 감옥을 조사해 죄가 가벼운 자를 풀어준 것이 정당하지 못하다면 수치를 씻을 수는 없다. 만약 그것이 정당하다면 환공은 정당한 일을 하지 않고 있다가 관을 잃은 뒤에 비로소 행한 셈이니 환공은 의를 행했을 뿐 관을 잃은 수치를 씻은 것은 아니다. 이것은 관을 잃은 수치를 소인에 의해 씻었다 하더라도 군자에게는 당연히 해야 할 일을 그때까지 게을리했다는 수치를 남기게 되는 것이다. 게다가 창고를 열어 빈민에게 베푼 것은 이를테면 공이 없는 자를 상 준 것이요, 죄수를 다시 조사해 죄가 가벼운 자를 풀어준 것은 과실을 범하지 않은 부당한 처사다. 대체로 공이 없는 자를 상 줄 경우 백성은 곤궁하면 위에서 어떻게 해줄 것이라는 요행을 바라게 되고, 또 과실을 범하지 않을 경우 백성은 응징되지 못해 부정한 일을 저지르기 쉬운 법이다. 이것은 나라를 문란케 하는 근본이니 어찌 수치를 씻을 수 있겠는가."

환공의 실수를 만회하기 위해 관중은 덕을 베풀라고 조언했다. 환공은 관중의 의견이 옳다고 여겨 곡식을 나눠 주고 죄수의 죄를 감면해 주었다. 하지만 그로 인해 심각한 후유증에 시달린다. 백성들은 요행을 바라게 되었다. 상 받을 일을 했어도 군주가 상을 주지 않으면 불평불만을 쏟아냈다. 환공이 자신의 실수를 만회하기 위해 베푼 은혜가 여러 가지 부작용을 낳게 된 것이다. 그래서 한비자는 법을 적용하면서 원리 원칙에 맞게 적용해야 한다고 강조했다. 마치 저울의 영점을 맞추어 놓은 것처럼 해야 한다고 했다.

나라가 어지러워지는 것은 사람들이 저마다 사적인 이익을 도모하는 데서 시작된다. 환공이 자신의 실수를 덮으려 하거나 신하가 자기 이익을 위하면 법질서가 엉망이 되어 나라가 위태로워진다고 한비자는 경고했다. 이것은 나라를 다스리는 데만 적용되는 것이 아니라, 우리 삶을 이끌어가는 데에도 마찬가지다. 삶의 질서를 올바르게 설정하고 나아가야 성공적인 삶을 살아갈 수 있다. 하지만 그때그때 상황에 따라 임기응변식으로 대응하면 삶의 질서가 무너지게 된다. 내가 하면 로맨스요 남이 하면 불륜이라고 여기는 것처럼 뭐든지 자신에게 유리하게 적용하며 정당화시키는 사람도 많다. 그렇게 되면 삶의 질서가 잡힐 수 없다.

그때그때 상황에 따라 사는 것이 아니라 저울의 영점처럼 균형감 있는 삶의 질서를 잡아 주는 덕목이 각자에게 필요하다. 그것이 어느 한쪽으로 치우치지 않고 삶의 목적을 향해 꿋꿋이 나아가게 하는 나침반이 된다. 그럴 때 성공적인 삶이 완성된다.

2. 잘못된 관습과 편견에서 탈피하라

잘못된 관습을 바꾸지 않는 나라는 희망이 없다. 잘못된 것이 무엇인지도 모르고 나아가는 길은 더욱 막막하다. 낭떠러지가 있는데도 발견하지 못하고 걸어간다고 생각해 보라. 위험천만한 일이다. 설령 알았다고 하더

라도 개혁을 두려워하는 나라도 막막한 것은 마찬가지다. 『한비자』「남면
南面」편에서 한비자는 군주가 개혁할 것이 있으면 과감하게 개혁해야 나
라가 희망적이라고 주장한다.

한비자는 옛 법 중에 변경해야 할 부분은 어느 누구의 눈치도 볼 것 없
이 변경하라고 했다. 그것이 곧 나라를 위한 길이라는 점을 강조했다. 특
히 나라가 어지러운데도 옛 법을 개혁하지 않으면 휘발유를 들고 불 속으
로 뛰어든 것과 같아 결국 나라는 멸망의 길을 걷게 된다고 충고했다. 그
래서 군주는 신하나 백성의 눈치를 보지 말고 개혁이 필요하면 언제든지
법을 고쳐야 한다는 것이다.

『한비자』「오두五蠹」편에서도 옛것에 얽매이지 말라고 강조하고 있다.
'오두'란 나무를 갉아 먹는 다섯 종류의 좀벌레를 말한다. 여기서 말한 좀
벌레란 나라를 갉아먹어 황폐하게 만드는 사람을 일컫는 말이다. 다섯 종
류의 좀벌레 중 하나를 '수주대토守株待兎'의 예화를 들어 옛날 방식이나
옛 규범만을 고집하는 것으로 규정하고 군주는 그렇게 해서는 안 된다고
일깨운다.

송宋나라 농부가 밭을 갈고 있었다. 밭 가운데에는 그루터기가 있었는데,
토끼가 달려가다 그루터기에 부딪혀 목이 부러져 죽었다. 그러자 농부는 쟁
기를 놓고 그루터기를 지키며 다시 토끼 얻기를 기다렸다. 농부는 다시는 토
끼를 얻을 수 없었으며, 송나라 사람들의 웃음거리가 됐다.

한비자는 이 이야기를 통해 군주는 그 시대 그 상황에 알맞은 방법을
사용해 정치를 해야 한다는 메시지를 전하고 있다. 이 이야기는 '수주대
토'라는 고사성어의 유래다. '수주대토'란 그루터기를 지켜 토끼를 기다린

다는 뜻으로, 고지식하고 융통성 없이 옛것을 고수하는 행동을 의미하는 말이다.

한비자는 역사적인 사건을 이야기하며 강한 나라를 만들기 위해서는 군주가 여러 가지 문제를 해결해야 군주로서 역할을 제대로 하고 나라를 바로 세울 수 있다고 강조했다.

나라를 이끌어가는 군주뿐만 아니라 한 개인의 삶도 마찬가지다. 과거를 점검하며 실패의 원인을 찾고 바꿀 것들이 무엇인지 알아야 한다. 그리고 잘못된 점들을 고치고 개선하며 발전적인 삶을 살아야 한다. 과거를 분석하고 종합해야 올바로 나아갈 길이 보인다. 성공적인 삶을 가로막는 익숙한 것들과도 하루빨리 결별을 고해야 한다. 익숙한 것을 바꾸지 않는 한 희망적인 미래는 없다.

한비자의 말을 교훈 삼아 우리의 삶을 변화시키려면 어떻게 해야 할까? 제일 먼저 생각하고 점검해야 할 것은 내 삶을 갉아먹는 좀벌레가 무엇인지 찾아내야 한다. 문제점을 반드시 해결해야 미래가 있다는 각오로 임해야 한다. 그리고 하나씩 점차 개선해 나가면 된다.

두 번째는 성공적인 인생을 산 사람들에게서 교훈을 배우는 것이다. 직접 만나서 배우는 것이 가장 좋지만 여의찮다면 책을 통해 배우는 것이다. 독서는 시간과 공간의 제약을 받지 않는다. 특히 고전은 영원불변한 삶의 진리가 담겨 있다. 『한비자』도 과거를 통해 군주가 어떻게 나라를 다스려야 하는지에 대한 한비자의 사상이 담겨 있다. 고전은 시간이 흘러도 그 가치가 줄어들지 않고 오히려 빛을 발하며 사람들에게 변하지 않는 진리를 알려준다. 고전을 통해 우리는 인간의 삶의 원리를 파악하고 삶의 변화를 꾀할 수 있다.

세 번째는 자신을 잘 알고 있는 사람의 조언에 귀 기울이는 것이다. 우리는 자기 자신이 무엇을 잘하고, 잘못하고 있는지 잘 모르는 경우가 많다. 그럴 때는 자신을 잘 알고 조언해 줄 수 있는 사람에게 도움을 구하는 것이다. 어떤 점을 고치고 발전시켜야 하는지, 개선해야 할 부분은 무엇인지 살피며 함께 문제를 해결해 나가면 좋다.

지나온 삶에 문제점이 보이는데도 해결책을 생각하지 않는다면 좀벌레가 삶을 갉아먹어도 방치하는 것과 다를 바 없다. 나무를 생각해 보라. 좀벌레가 야금야금 갉아먹으면 나중에 가서는 썩어 무너질 수 있다. 우리 삶도 마찬가지다. 우리 삶에서 사소한 좀벌레 같은 것들이 우리의 삶을 무너뜨릴 수 있다. 그러므로 그런 좀벌레 같은 요소를 반드시 찾아내 큰 재앙을 초래하기 전에 우리 삶에서 없애 버려야 한다.

수주대토

원래 그루터기를 지켜보며 토끼가 나오기를 기다린다는 뜻으로 어떤 착각에 빠져 되지도 않을 일을 공연히 고집하는 어리석음을 비유하는 말이다. 이는 곧 낡은 관습만을 고집하여 지키고, 새로운 시대에 순응하지 못하는 것을 가리키는 말이다.

3. 나쁜 싹은 미리 자른다

"로마는 하루아침에 이루어지지 않았다"라는 말이 있다. 천 년을 이어 온 로마의 역사는 수십 년, 아니 수백 년의 준비 기간이 있었기에 가능했 다. 하루아침에 뚝딱하고 로마가 세워졌다면 천 년이라는 유구한 세월을 이어갈 수 없었을 것이다. 이와 반대로 로마가 망한 것도 하루아침에 망 한 것이 아니다. 망할 징조가 수년 동안 지속되었을 것이다. 그것에 대해 대책을 마련하고 처방을 제대로 강구하지 않았기에 로마는 역사의 뒤안 길로 사라지고 말았다. 한비자는 신하가 군주를 해하고 자식이 부모를 해 하는 것은 하루아침에 일어나는 일이 아니라 그 전부터 쌓이고 쌓여 마침 내 나쁜 결과를 낳은 것이라고 말했다.

오나라 왕 합려闔閭가 초나라를 쳤다. 세 번의 싸움에서 모두 승리했지 만, 오자서(伍子胥, ?~B.C. 485, 본래 초나라 출신이나 아버지와 형이 초평왕楚平王 의 노여움을 사 처형된 뒤 초나라를 떠났다. 그 뒤 오나라의 약진에 크게 공헌하였다) 는 초나라 군사들을 살려 두려 하지 않았다. 합려는 너무 잔혹하다고 생 각해 오자서에게 그 이유를 물었다.

오자서는 이렇게 대답했다. "사람을 물에 빠뜨려 죽이려면 완전히 숨이 끊어질 때까지 손을 풀지 말아야 합니다. 적이 한두 번 졌다고 완전히 죽 은 것은 아닙니다. 기세를 몰아 숨통을 완전히 끊어놓아야 비로소 이겼다 고 할 수 있습니다."

오자서는 적군이 다시 일어나 반격하지 못하도록 화근을 완전하게 제 거해야 한다고 말했다. 하지만 합려의 아들 부차는 월왕越王 구천句踐을 사 로잡았지만 살려주고 만다. 오자서가 죽여야 한다고 주장했지만, 부차는 구천은 이제 끝났다고 생각하고 놓아주었다. 그로 인해 부차夫差는 나중에 구천에게 죽임을 당하고 만다. 복수의 싹을 미리 제거하지 못한 결과이다. 『한비자』「외저설 우상」 편에는 이런 문제를 해결하기 위한 근본적인 방법이 제시되어 있다.

> 몸에 좌저座疽라고 하는 악성 종기가 생겼을 때, 그것을 버려두면 목숨을 잃는 경우가 발생할 수 있다. 그 종기를 째 없애려면 지독한 통증을 참아내야만 한다. 그 종기의 근이 체내 깊숙이 박혀 있으므로 골수까지 이것을 도려내지 않으면 치료할 수가 없다.

종기가 있다면 골수까지 도려내 화근을 완전히 없애야 한다. 종기를 제거할 때 지독한 통증은 참아야 한다. 그 아픔을 견디지 못하면 문제의 화근을 도려낼 수 없기 때문이다. 세상에서 가장 아픈 고통은 골수에서 나온다고 한다. 그래서 골수이식을 할 때의 고통이 가장 고통스럽다고 말한다. 그 정도의 아픔을 감수하고서라도 간사한 싹을 잘라내야 한다고 한비자는 역설했다.

우리 삶에서도 성장과 변화를 방해하는 요소는 싹부터 잘라야 한다. 인정상 봐주거나, '별것 아니겠지'라고 무심코 지나치면 안 된다. 우리 삶에서 일어나는 문제는 하루아침에 만들어지는 것이 아니다. 수개월, 또는 수년 내지 수십 년 동안 진행되어 온 것일 수 있다. 종기는 겉으로 드러난 상처에 불과하다. 종기가 겉으로 드러나기까지는 살 속에서 서서히 진행된 결과다. 이미 살 속에서 나쁜 균들이 자라났다는 증거다. 이런 문제들을 간과했기에 비로소 삶의 문제로 나타난 것이다. 그래서 삶의 방해 요소를 찾고 문제를 해결해야 한다. 문제의 싹이 보이면 그때 바로 그것을 도려내야 한다. 겉으로 드러난 것뿐만 아니라 습관과 습성으로 만들어진 것까지 뿌리를 뽑아야 한다. 물론 그 과정에서 지독한 고통과 좌절, 어려움을 맛볼 수 있다.

하지만 이런 어려움을 극복하지 못하면 삶의 성장과 변화는 꾀할 수 없다. 그런 일들이 되레 삶의 발목을 잡고 삶을 실패로 이끈다. 자신의 삶을 살펴보라. 성장과 변화를 방해하는 요소가 무엇인지. 게으름, 스마트폰 중독, 게임, 나태한 생각, 목표 없는 삶, 도박, 술, 타락 등 사람마다 자신을 괴롭히고 방해하는 요소가 있을 것이다. 이 문제를 해결하지 않으면 삶의 성장과 변화는 있을 수 없다는 점을 명심해야 한다.

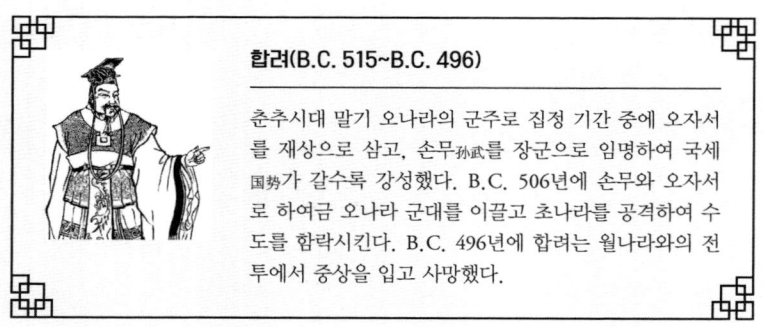

합려(B.C. 515~B.C. 496)

춘추시대 말기 오나라의 군주로 집정 기간 중에 오자서를 재상으로 삼고, 손무孫武를 장군으로 임명하여 국세國勢가 갈수록 강성했다. B.C. 506년에 손무와 오자서로 하여금 오나라 군대를 이끌고 초나라를 공격하여 수도를 함락시킨다. B.C. 496년에 합려는 월나라와의 전투에서 중상을 입고 사망했다.

4. 자신에게 이익이 되도록 일을 한다

원래 인간이란 다른 사람을 위하는 것이라 여기면서 일을 하면 상대편을 책망하게 되지만, 자기를 위하는 것이라 여기면서 일을 하면 일이 잘 진행되는 법이다. 그러므로 부자지간에도 서로 원망하거나 책망하는 경우가 있고 아랫사람을 고용할 경우에는 일을 잘 해달라는 의미에서 대접을 잘 해주는 경우가 많다. 다음은 『한비자』「외저설 좌상」편에 나오는 내용이다.

> 문공文公이 송나라를 정벌하려고 하면서 먼저 다음과 같이 선언하여 말하였다.
> "내가 듣건대 송나라 군주가 도가 없어 장로들을 멸시하고 업신여기며 재산 분배가 공평하지 않으며, 교령(教令: 군주의 명령)도 신뢰를 얻지 못한다고 하였다. 그래서 나는 송나라 백성들을 위해 그를 주살하러 온 것이다."

> 월나라가 오나라를 정벌하려고 하면서 먼저 다음과 같이 선언하여 말하였다.
> "내가 듣건대 오나라 왕은 여황如黃이라는 누대를 짓고 깊은 연못을 파서 백성들을 피폐하게 하고 수고롭게 하며, 재화를 낭비하고 백성들의 힘을 다 쓰게 하였다고 하였다. 그래서 나는 오나라 백성들을 위해 그를 주살하러 온 것이다."

『한비자』「외저설 좌상」편에 실린 두 이야기의 공통점은 '명분名分'을 만들어 이익을 챙겼다는 것이다. 결국 자국의 이익을 위한 정벌이지만 명분이 있으면 사기가 높아지기 때문이다.

아랫사람을 고용하여 씨앗을 뿌리거나 경작을 시킬 때, 주인이 집안 살림에서 과용하며 좋은 음식과 좋은 옷을 주고 노동의 대가로 돈도 챙겨주는 것은 그 아랫사람을 배려하기 때문이 아니다. 그렇게 후하게 대해야만 깊이 땅을 팔 것이며, 잡초를 샅샅이 뽑으리라고 생각하기 때문이다. 마찬가지로 아랫사람이 힘을 내어 재빨리 잡초를 뽑고 밭을 갈며 전력을 기울여 들일을 하는 것은 그 주인을 위해서가 아니다. 그렇게 부지런히 일을 해야만 맛있는 음식을 먹을 수 있고 돈을 벌 수 있다고 생각하기 때문이다.

결국 주인과 일하는 사람 양쪽 모두 자기 이익만을 생각하고 있다. 그러므로 자기에게 이익이 되도록 일을 하면 적대적인 나라 사람과도 우호적으로 지낼 수 있고, 자기 이익을 떠나게 되면 부자지간도 서로가 원망하게 된다는 것이다.

한비자가 너무 냉혹하게 분석한 것 같지만 현실이 그렇다는 점은 부정하지 못할 것이다. 이해관계가 더욱 철저해진 현대 사회에서 개인의 이익 증대를 위해 목소리를 높이는 것 역시 당연한 행동인지 모른다. 같은 일을 하더라도 각자 생각하는 이익의 정도는 다르다. 하지만 남을 위해 죽도록 일하는 것이 아니라 자신의 이익과 목표를 위해 일한다고 생각하면 상대에 대한 파악도 어렵지 않으리라.

5. 큰일은 작은 일에서 시작된다

입술이 없으면 이가 시린 법이다. 병이 피부에 있을 때와 골수에 있을 때는 엄연히 다르다. 인간은 골수에 병이 침투할 때까지 모르는 법이다. 그리고 알았을 때는 이미 늦었다. 실체가 드러나지 않은 채 느껴지는 기운을 조짐兆朕이라 하는데, 이것을 미리 알고 대처하는 사람이 명의다. 그중 "나는 죽은 사람을 살려내지는 못한다. 이는 내가 스스로 살 수 있는 사람을 일어날 수 있도록 한 것뿐이다."(「편작·창공열전」)라는 명언을 남긴 중국의 편작(扁鵲: B.C. 407~B.C. 310)처럼 신비스러움을 간직한 의사도 있다.

편작은 발해군勃海郡 막읍 사람이다. 성은 진秦이고 이름은 월인越人이다. 그는 젊었을 때 여관의 관리인으로 일한 적이 있었다. 객사에 장상군長桑君이란 자가 와서 머물곤 했는데 편작은 그를 예사롭지 않게 여겨 정중하게 대했다.

장상군은 객사를 드나든 지 열흘 남짓 되었을 때 편작을 불러 은밀히 말했다.

"나는 비밀스럽게 간직해온 의술의 비방을 자네에게 전해 주고자 하네."

이 말을 들은 편작은 비밀을 지키겠다고 다짐했다. 그러자 장상군은 품 안에서 약을 꺼내 편작에게 주면서 "이 약을 땅에 떨어지지 않은 물에 타서 마신 뒤 한 달이 지나면 사물을 꿰뚫어 볼 수 있는 능력이 생길 것이네."라는 믿기 어려운 말을 했다. 그리고 자신의 의서를 모두 편작에게 주고 홀연히 사라졌다.

장상군의 말대로 한 후 환자를 진찰하니 투시력이 생겨 오장 속 질병의 뿌리가 훤히 보였다. 겉으로는 맥을 짚어보는 척했지만, 누구도 모르는 비방을 간직하게 된 것이다. 『한비자』「유로喩老」편에 다음과 같은 이야기가 있다.

> 편작이 채蔡나라 환후桓候를 만났다. 편작이 잠시 서서 환후를 살펴보고 말하였다.
>
> "왕께서는 피부에 질병이 있습니다. 치료를 하지 않으면 장차 심해질까 두렵습니다."
>
> 환후가 말하였다.
>
> "나는 병이 없소."

편작은 물러 나왔다.

환후가 말하였다.

"의사는 이득을 좋아해 질병이 없는데도 치료해 자신의 공이라 자랑하려고 한다."

열흘이 지나서 편작은 다시 환후를 만나 말하였다.

"왕의 질병은 살 속에 있으니 치료하지 않으면 장차 더욱 심해질 것입니다." 환후는 응하지 않았다. 편작은 나갔고, 환후는 또 불쾌해했다.

열흘이 지난 뒤 편작은 또 만나러 와서 말하였다.

"왕의 질병은 장과 위에 있습니다. 치료하지 않으면 장차 더욱 심해질 것입니다."

환후는 또 응하지 않았다. 편작은 나왔고, 환후는 또 불쾌해했다. 열흘이 지나 편작은 환후를 멀리서 바라보다가 발길을 돌려 달아났다. 그래서 환후는 사람을 시켜 그 까닭을 물었다.

편작이 말하였다.

"질병이 피부에 있을 때는 찜질로 치료하면 되고, 살 속에 있을 때는 침을 꽂으면 되며, 장과 위에 있을 때는 약을 달여서 복용하면 됩니다. 그러나 병이 골수에 있을 때는 운명을 관장하는 신이 관여한 것이라서 어찌할 방법이 없습니다. 지금 군주의 질병은 골수까지 파고들었으므로 신이 아무것도 권유하지 않았던 것입니다."

그로부터 닷새 뒤 환후가 몸에 통증이 있어 사람을 시켜 편작을 찾았지만, 편작은 이미 진秦나라로 달아난 뒤였다. 환후는 결국 죽었다.

노자는 "천하의 어려운 일은 반드시 쉬운 일에서 비롯되고, 천하의 큰 일은 반드시 작은 일에서 일어난다."라고 했다.

따라서 일을 잘 처리하려고 하면 그것이 더 큰 일이 되기 전에 처리해야 한다. 그래서 노자는 "일이 쉬울 때 어렵게 될 경우를 계획하며, 일이

작을 때에 큰일이 될 경우의 일까지 해두어야 한다."고 한 것이다.

작은 일이라고 해서 별일 아니라는 식으로 넘긴 적은 없는가? 물론 작은 일까지 일일이 신경을 쓰다 보면 정작 중요한 일을 놓칠 수 있다. 그러나 일이 크든 작든 그 일이 앞으로 진전될 경우를 고려한다면 작은 일이라고 해서 무시해서는 안 된다. 사소한 일에 목숨을 걸 것까지는 없지만 그렇다고 사소한 일이라고 무시해서는 안 된다. 때로는 지나쳐버렸던 사소한 일이 큰 문제를 일으키기 때문이다. 그러므로 일의 조짐이 보이기 시작할 때 해결할 줄 아는 사람이 진정 큰일을 도모할 수 있는 것이다.

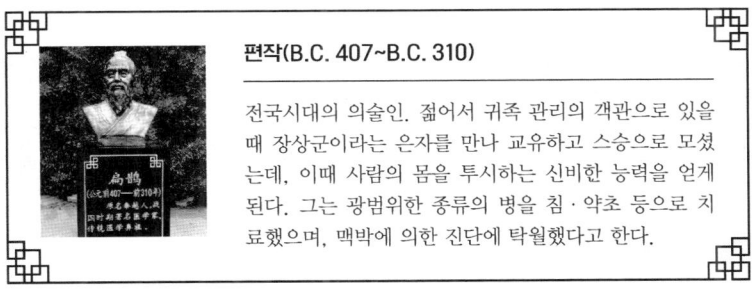

편작(B.C. 407~B.C. 310)

전국시대의 의술인. 젊어서 귀족 관리의 객관으로 있을 때 장상군이라는 은자를 만나 교유하고 스승으로 모셨는데, 이때 사람의 몸을 투시하는 신비한 능력을 얻게 된다. 그는 광범위한 종류의 병을 침·약초 등으로 치료했으며, 맥박에 의한 진단에 탁월했다고 한다.

6. 자만은 패망의 지름길

자신이 잘났다고 뽐내면 다른 사람의 말에 귀 기울이지 않는다. 자기 능력이 최고라고 여기기 때문이다. 자기 능력만 가지고도 얼마든지 원하는 목적을 달성할 수 있다고 믿으면 다른 사람의 조언과 충고는 듣지 않게 된다. 그렇게 되면 결국엔 참담한 결말에 직면하고 만다. 한비자는 군주가 자만에 빠지면 자신뿐만 아니라 나라까지 망치게 되므로 자만에 빠지는 것을 늘 경계해야 한다고 강조했다.

　자만하면 남의 말에 귀를 기울이지 않는다. 한비자는 자만하지 않으려면 자기 능력이나 지혜를 따르지 말고 법도를 따르는 것이 현명하다고 말했다. 『한비자』「유도有度」 편에서는 군주는 법도를 따라야 한다고 강조하고 있다.

　　　뛰어난 목수는 눈대중으로도 먹줄을 사용한 것처럼 맞출 수 있지만 반드시 자를 쓰는 것을 법도로 하며, 또 지혜가 뛰어난 사람은 자기 생각대로 실행해도 일을 사리에 맞게 처리할 수 있지만 반드시 선왕의 법을 표준으로 한다.

　'유도有度'란 나라를 다스리는 데에는 법도가 있다는 말이다. 한비자는 군주의 능력보다 법을 기준으로 삼아 다스려야 실패를 줄일 수 있다고 주장했다. 역사상 실패한 군주는 자신의 지혜만을 믿고 행했던 사람들이다. 법도에 따라 다스리지 않고 자신의 지혜와 능력을 더 믿었던 것이다. 자신의 선택이 옳다고 행했던 것들이 오히려 화를 불러온 것이다.

　수많은 사람이 자신의 지난 성과나 성공 경험 때문에 자만에 빠지게 된다. 자만에 빠지면 나아갈 길을 바라보기 힘들다. 지난 성공에 도취하여 성공의 흐름을 지속해서 이어가지 못하게 된다.

　자만하지 않으려면 다른 사람의 충고를 넓은 마음으로 받아들여야 한다. 제삼자의 눈이 정확할 때가 있다. 자만에 도취하면 진실을 바로 보지 못한다. 그럴 때는 주변 사람들의 말에 귀를 기울이고 겸허한 마음으로 충고를 마음에 새겨야 한다. 몸에 좋은 약은 쓴 법이다. 자신에게 달콤한 말을 해주는 사람보다 쓴소리를 아끼지 않는 사람이 자신을 더 사랑하는 것이다. 『한비자』「안위安危」편을 보면 우리는 살아가면서 무엇에 귀를 기울여야 하는지 알 수 있다.

> 들은 바에 의하면 옛날 명의인 편작(扁鵲: B.C. 407~B.C. 310)은 중병을 치료할 때는 칼로 병자의 뼈를 찔렀으며, 성인이 위태로운 나라를 구제할 때는 군주의 귀에 거슬리는 간언을 서슴지 않았다. 뼈를 찌르니 고통스러운 것은 말할 것도 없겠지만, 몸은 이 고통으로써 영구히 이익을 얻게 되는 셈이며, 귀에 거슬리는 말은 당장에는 싫겠지만 이로써 나라는 영원한 행복을 누릴 수가 있는 것이다.
>
> 그러니 중병에 걸린 사람의 이익은 수술의 고통을 참는 데 있고, 의지가 꿋꿋한 군주는 간언을 나라의 복으로 삼는 것이다. 고통을 참아주므로 편작은 의술을 베풀 수 있었고, 귀에 거슬리는 직간도 물리치지 않았으므로 오자서는 소신껏 충언할 수 있었다. 이것이 곧 몸을 장수하게 하고 나라를 평안하게 하는 방법이다.

자만하면 판단력이 흐려진다. 오만한 사람 곁에는 함께할 사람이 없다. 자만하면 다른 사람을 업신여긴다. 자신이 최고라고 여기는 사람에게 다른 사람의 조언이 귀에 들어올 리 없다. 그러므로 『한비자』「안위安危」편에 나오는 한비자의 말을 귀담아들어야 한다. 자만은 소리 없이 자신의 삶을 나락으로 끌고 들어간다. 그래서 사람들은 자만이 패망의 지름길이라고 말하는 것이다. 좋은 약은 입에는 쓰나 병에는 이롭고, 좋은 말은 귀에는 거슬리나 자신에게는 이로운 법이다.

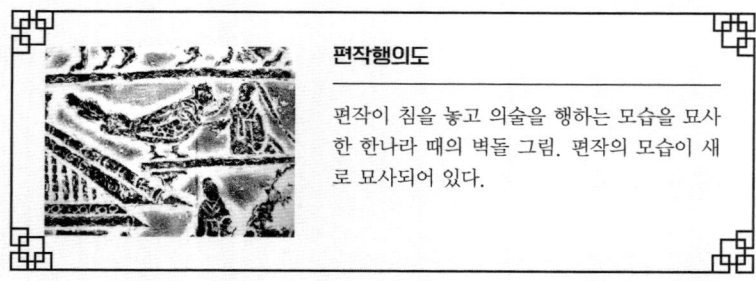

편작행의도

편작이 침을 놓고 의술을 행하는 모습을 묘사
한 한나라 때의 벽돌 그림. 편작의 모습이 새
로 묘사되어 있다.

7. 원하는 성공은 노력 끝에 온다

원하는 삶의 목표는 저절로 이루어지지 않는다. 피나는 노력과 인내가
뒤따라야 가능하다. 하지만 이미 성공을 이룬 사람들을 보면 쉽게 꿈이
이루어진 것처럼 보인다. 성공 뒤에 감추어진 숱한 어려움과 노력은 보이
지 않기에 잘 알지 못한다. 성공한 사람들처럼 꿈을 품고 노력하면 된다
고 생각하고 도전해 보면 그것이 결코 쉽지 않음을 깨닫게 된다. 한 번 두
번, 실패가 반복되면 슬그머니 꿈을 수정하거나 포기해 버린다. 그래서 와
신상담(臥薪嘗膽: 거북한 섶에 누워 자고 쓴 쓸개를 맛본다는 뜻으로, 원수를 갚으려
하거나 실패한 일을 다시 이루고자 굳은 결심을 하고 어려움을 참고 견디는 것을 이르
는 말)의 정신을 배워야 한다.

『한비자』「유로喩老」 편에는 '와신상담'에 대해 구체적으로 언급은 하지
않지만, 전체적인 이야기 배경은 와신상담하며 때를 기다리는 장면을 다
루고 있다.

구천句踐은 오나라로 들어가 신하가 됐을 때 직접 방패와 창을 갖고 오나라 왕을 위해 앞장섰다. 그런 까닭에 고소姑蘇에서 부차夫差를 죽일 수 있었다. 문왕文王은 주왕紂王에 의해 옥문玉門에 구금됐지만 안색조차 바꾸지 않았으므로, 뒷날 무왕武王이 목야牧野에서 주왕을 사로잡을 수 있었다.

월나라 왕이 패자가 되었던 것은 신하가 되는 치욕을 견뎠기 때문이고, 무왕이 군주의 자리에 오른 것은 치욕을 참았기 때문이다.

한비자는 위 이야기를 전하며 이렇게 덧붙인다. "유약함을 지키는 것은 강함이다." 또 "보통 성인에게는 치욕이 없는데 그것은 치욕을 치욕으로 생각하지 않기 때문이다"라고 말한다. 자기 삶에 치욕스러운 일이 있으면 그것을 잊지 말아야 함을 의미한다. 약해질 수밖에 없는 상황에 자신을 강하게 자극할 수 있는 행동을 하며 준비하라는 이야기다. 그것이 곧 약함을 이기는 길이라고 일깨운다.

와신상담의 이야기는 사마천의 『사기史記』에 자세히 전해지고 있다.

춘추전국시대 패권 장악의 야망으로 가득한 오吳나라 합려闔閭는 월越나라를 공격한다. 월나라를 정복해야 중앙으로 진출이 가능했기 때문이다. 하지만 합려는 월나라 왕에게 크게 패하고 화살에 맞아 목숨을 잃는다. 그는 죽음의 순간에 아들 부차夫差에게 자리를 물려주며 원수를 갚아 달라는 유언을 남긴다. 부차는 아버지의 원수를 갚기 위해 오자서伍子胥와 백비白嚭를 임용하고 체제를 정비해 때를 기다린다. 또한 아버지 유언을 잊지 않으려고 땔나무 위에서 잠을 잔다. 자신의 방을 드나드는 신하들에게 아버지의 유언을 외치도록 하며 복수를 다짐한다. 이것이 '와신臥薪'이다.

월나라 왕 구천(句踐: 재위 B.C. 497~B.C. 465)도 초나라 출신 문종文種과 범려范蠡를 등용해 정치를 개혁하며 국력을 키운다. 부차가 나라의 힘을 키우고 있다는 소식을 들은 구천은 범려의 반대에도 불구하고 오나라를 공격한다. 하지만 만반의 준비를 하고 있던 오나라를 이기지 못하고 결국 대패하고 만다. 그는 결국 도망을 치다 포위되어 부차에게 붙잡힌다. 구천은 백비에게 뇌물을 주며 부차의 신하가 되겠으니, 목숨만 살려 달라고 한다. 거짓으로 항복한 것을 눈치챈 오자서가 구천을 죽여야 한다고 하지만 부차는 간신 백비의 말을 듣고 살려 준다. 그리고 오나라의 속국이 된 월나라로 구천을 돌려보낸다.

고국으로 돌아온 구천은 돼지 쓸개를 걸어놓고 앉거나 누울 때마다 쓸개를 핥아 쓴맛을 되씹으며 복수할 날을 기다린다. 이것이 구천의 '상담嘗膽'이다. 구천은 낮에는 밭에 나가 농사를 짓는 것처럼 위장하고 뒤로는 군사를 키운다. 그렇게 20년을 부국강병책을 실시하며 국력을 키워 마침내 오나라를 쳐부수고 고소지역에서 부차를 굴복시킨다.

이것이 '와신상담'의 유래다. 땔나무에서 잠을 자고 쓸개를 핥는다는 뜻으로, 실패한 일을 다시 이루고자 굳은 결심을 하고 어려움을 참고 견디는 것을 의미한다.

부차는 '와신'의 세월로 얻은 승리를 자만심으로 날려 버렸다. 구천은 '상담'하며 몸을 낮추고 오랜 시간 준비하며 때를 기다렸다. 그리고 마침내 승리를 거둔다.

'와신상담'은 원하는 목표를 이루려면 자신을 불편하게 하며 준비한다는 의미다. 뭔가를 이루려는 사람들의 공통점은 자신을 불편하게 하며 노력했다는 사실이다. 저절로 이루어진 성공은 없다. 반드시 그에 합당한 대가를 지불해야 한다.

자기 계발 법칙에 한 가지 분야에서 성공을 이루려면 1만 시간이 필요하다는 1만 시간의 법칙이 있다. 일상적인 생활을 하면서 1만 시간의 노력을 기울이면 어느 정도의 기간이 될까. 전문가들은 약 10년 정도의 세월이 필요하다고 말한다. 즉, 10년 정도를 한 분야에 노력을 기울여야 성공적인 성과를 올릴 수 있다는 것이다. 그 시간 동안 '와신상담'하며 노력하고 준비해야 함을 일컫는다.

'와신상담'은 자신을 통제하는 힘을 얻기 위해 삶에 자극을 주는 것이다. 원하는 목표를 달성하기 위해 삶의 원칙을 세우는 것과 같다. 한마디로 간절함이다. 간절한 마음으로 삶의 원칙을 세우고 자신을 통제하며 나아가는 것이다. 한번 생각해 보라. 10년을 한 분야에 매진한다는 것이 얼마나 힘들지.

'와신상담'은 생각만으로는 해낼 수 없다. 생각의 다짐이 반드시 실행력으로 이어져야 가능하다. 삶의 질서를 방해하고 통제할 수 없는 것들을 점검해 보라. 그리고 자신이 세운 원칙을 지키며 나아가 보라. 마음속 바람이 현실이 될 때까지 '와신상담'의 정신으로 무장하며 나아가 보라. 성공은 바로 이러한 과정의 끝에서 기다리고 있다.

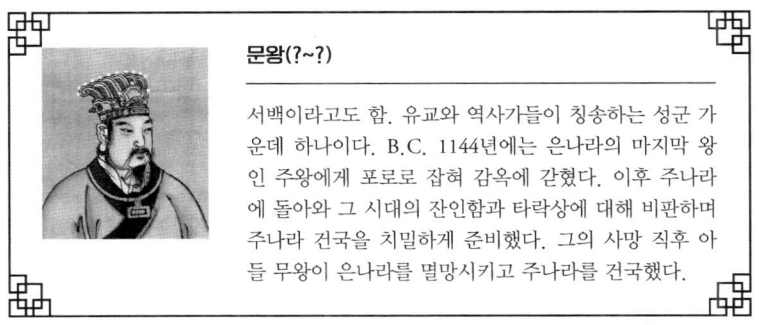

문왕(?~?)

서백이라고도 함. 유교와 역사가들이 칭송하는 성군 가운데 하나이다. B.C. 1144년에는 은나라의 마지막 왕인 주왕에게 포로로 잡혀 감옥에 갇혔다. 이후 주나라에 돌아와 그 시대의 잔인함과 타락상에 대해 비판하며 주나라 건국을 치밀하게 준비했다. 그의 사망 직후 아들 무왕이 은나라를 멸망시키고 주나라를 건국했다.

무왕: (?~B.C. 1043?)

이름은 희발姬發이며, 후대의 유학자들은 그를 현군으로 평가했다. 아버지 문왕의 뒤를 이어 서쪽 변경에 있던 도시국가 주나라의 우두머리가 되었다. 은의 마지막 왕이며 폭군이던 주왕紂王을 몰아냈다.

범려(?~?)

춘추시대 월나라 왕 구천의 책사이자 중국 최초의 대실업가다. 월왕 구천을 보좌하여 당시의 대국 오나라를 멸망시키고 월나라의 패업을 이루었다. 구천이 패업을 이룩한 후, 월나라를 떠나 상인으로 성공했다.

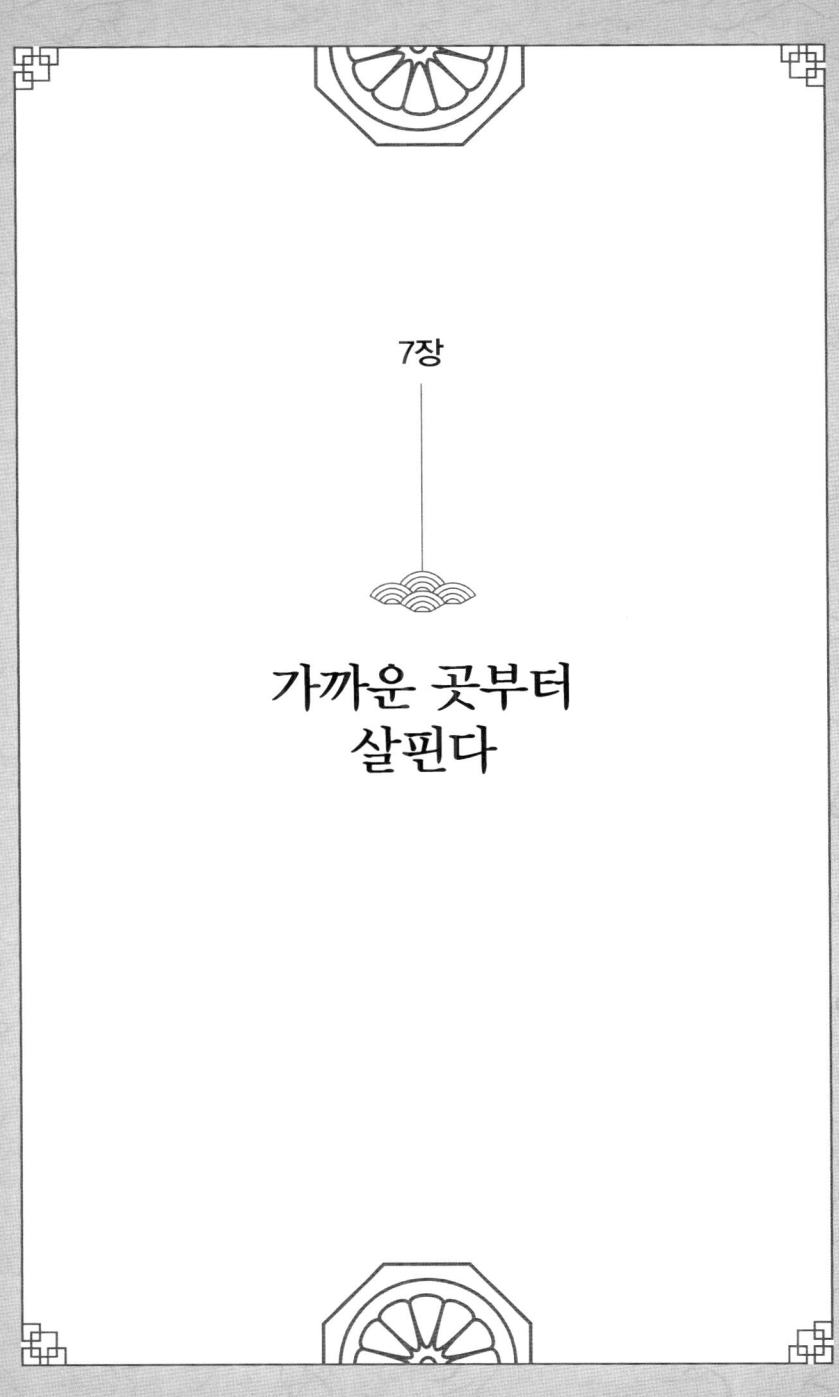

7장

가까운 곳부터
살핀다

1. 눈앞의 이익만 보면 위기를 볼 수 없다

『한비자』「십과十過」 편에 "작은 이익을 탐하다가 큰 이익을 해친다"라는 말이 나온다. 인간은 이기적인 동물이라 이익에 현혹되는 것을 말릴 수 없을 때가 많다. 그러나 작은 이익에 얽매이면 큰일을 그르친다. 당연한 것 같지만 군주는 통찰력을 갖고 조감하듯 세상을 보아야 한다. 즉 대국적인 판단과 목표를 위해 작은 것에 연연해선 안 된다. 다음은 『여씨춘추呂氏春秋』에 나오는 이야기다.

춘추시대 진晉나라 문공文公이 성복城濮이라는 곳에서 초楚나라와 일대 접전을 벌이던 때의 일이다. 워낙 초나라 군사의 수가 진나라 군사보다 많았고, 병력 또한 막강해서 문공은 도저히 이길 방법을 찾지 못하고 있었다.

그는 승리할 방법을 모색하다 호언狐偃에게 물었다.

"초나라의 병력은 많고 우리 병력은 적으니 이 싸움에서 우리가 승리할 방법이 없겠소?"

"예절을 중시하는 자는 번거로움을 두려워하지 않고, 싸움에 능한 자는 속임수를 쓰는 것을 싫어하지 않는다고 들었습니다. 속임수를 써 보십시오."

호언의 답을 들은 문공은 이번에는 이옹李雍의 생각을 물었는데, 그는 호언의 속임수 작전에 동의하지 않았다. 하지만 별다른 방법이 없었으므로 자기 생각을 말했다.

"못의 물을 모두 퍼내어 물고기를 잡으면 잡지 못할 리 없겠지만 그 훗날에는 잡을 물고기가 없게 될 것이고, 산의 나무를 모두 불태워서 짐승들을 잡으면 잡지 못할 리 없겠지만 뒷날에는 잡을 짐승이 없을 것입니다. 지금 속임수를 써서 위기를 모면한다 해도 영원한 해결책이 아닌 이상 임시방편일 뿐입니다."

전쟁이 끝나고 논공행상을 하는 자리에서 진문공은 뜻밖에도 이옹을 호언의 앞에 놓았다. 신하들이 어리둥절해하자 진문공은 "이옹의 말은 백 세의 이익이고, 호언의 말은 일시적인 방책이다. 어찌 일시적인 방책을 백 세의 이익 앞에 놓을 수 있겠는가?"라고 말했다.

이옹은 물고기와 나무의 비유를 들어 눈앞의 이익만을 위한다면 결국 화를 초래한다고 말한 것이다. 이옹은 속임수보다는 오히려 후일을 기약하며 국력을 키우는 편이 낫다고 말하고 싶었는지 모른다.

한비자 역시 눈앞에 보이는 욕심에 눈이 멀어 이익만을 좇으면 자신은 물론 나라까지 위태롭다고 경고했다. 성과를 올리는 것만이 능사가 아니라 그 성과가 임금의 권위를 손상시키는 결과가 되어서는 안 되며, 눈앞의 이익보다는 조직의 안위가 중요하다고 생각한 것이다. 여기서 한비자는 단기적인 이익보다는 장기적인 안목이 있어야 조직을 굳건히 지킬 수 있음을 역설했다.

그런데 아무리 장기적인 계획을 짜고 실행해 나간다고 해도 순간순간 눈앞의 이익에 집착하는 상황을 만나게 된다. 눈앞의 이익에 초연하지 않으면 더 나아가기 힘들 수 있음을 알아야 한다. 사마귀가 매미를 잡으려 하니 그 뒤에 참새가 기다리고 있었다는 '당랑포선螳螂捕蟬'이나 '황작재

후_{黃雀在後}'라는 말처럼 눈앞의 이익을 탐하다가는 오히려 위기를 맞을 수 있음을 기억해야 할 것이다. 세상 모든 일은 사슬처럼 연결되어 있어서 당신이 어떤 이익을 좇으면 분명히 그 뒤에 더 강력한 누군가가 당신을 주시하고 있을 것이다.

2. 최고가 되어야 최고의 인재를 부린다

한비자는 군주를 세 등급으로 나누었다. 최하의 군주는 자기 능력이 최고라고 생각하는 군주이며, 중간 등급의 군주는 남의 힘에 기대는 군주이며, 최상의 군주는 자기의 지혜와 남의 지혜를 함께 활용하는 군주다. 한비자는 군주라면 자질구레한 일은 아랫사람에게 시키고, 자신은 핵심만 파악하고 엄중하게 감독하는 것이 중요하다고 말한다. 그 감독의 방식은 철저한 상벌론賞罰論이다. 이는 군주가 할 일과 재상이 할 일, 신하가 할 일 등을 구분하는 데서 나오는 리더십이다. 한비자의 요지는 소통은 자칫 군주 자신을 위험하게 만든다는 것이다. 권력은 상하 간의 소통이 아니라 그것을 유지하는 힘과 감독에 있다고 보았기 때문이다. 『한비자』「외저설 좌하」편에 다음과 같은 이야기가 있다.

진나라 문공이 초나라와 전쟁을 하다가 황봉 언덕에 이르러 대님이 풀리자 몸소 그것을 매었다. 주위에 있는 자가 말하였다.
"다른 사람에게 시킬 수 없는 일입니까?"
문공이 말하였다.
"내가 듣건대 최상의 군주와 함께 있는 자는 모두 군주가 경외하는 자들이고, 중등의 군주와 함께 있는 자는 모두 군주가 아끼는 자들이며, 하등의 군주와 함께 있는 자는 모두 군주가 업신여기는 자라고 하오. 과인은 비록 현명하지는 않지만, 선왕 때부터 모시던 사람들이 모두 여기에 있기 때문에 그들을 어렵게 여긴 것이오."

계손季孫은 선비를 좋아했고, 죽을 때까지 엄정하게 살았으며, 집에 있을 때도 항상 조정에서와 같은 차림새를 하였다. 그러나 계손 또한 항상 그럴 수만은 없었으니 때때로 마음이 해이해져 그런 태도를 잃기도 하였다. 그래서 그러한 경우를 당한 빈객들은 계손이 자기를 싫어하고 하찮게 여긴다고 생각해서 원망하다 마침내 계손을 살해하였다. 그러므로 군자는 지나친 것도 버리고 심한 것도 버려야 할 것이다.

일설에는 이런 말이 있다. 남궁경자南宮敬子가 안타취顔涿聚에게 물었다.

"계손은 공자의 제자들을 공양하면서 조정에서 입는 예복을 입고 좌담한 자가 수십 명이나 되었는데도 해를 입은 것은 무엇 때문입니까?"

안탁취가 말하였다.

"옛날 주周나라 성왕(成王: B.C. 1054~B.C. 1020)은 배우나 음악을 연주하는 사람을 가까이 두고 마음 내키는 대로 했으나 군자들과 더불어 나랏일을 상의해서 결단을 내렸으므로 천하를 다스릴 수 있었습니다. 지금 계손은 공자의 제자들을 공양하면서 조정에서 입는 복장을 하고, 함께 좌담을 한 자가 수십 명이나 되면서도 배우나 음악을 연주하는 사람들과 일을 상의하고 결정했으므로 이 때문에 해를 입은 것입니다. 그래서 일의 성패는 함께 기거하는 사람에게 있는 것이 아니라 함께 도모하는 자에게 있다'고 한 것입니다."

두 일화를 통해 알 수 있는 것은 군주 스스로 자신을 최하로 떨어뜨리면 안 된다는 것과 군주가 자신을 최상으로 올릴 수 있는 자를 가까이에 두어야 한다는 것이다. 자신의 진가는 남이 알아주기 전에 스스로 만드는 것이다. 스스로 최고가 되어 있어야 최고의 사람들을 부릴 수 있는 것이다. 자기가 서 있는 만큼 볼 수 있는 법이니, 자기를 최고로 올리는 데 힘을 기울여야 한다.

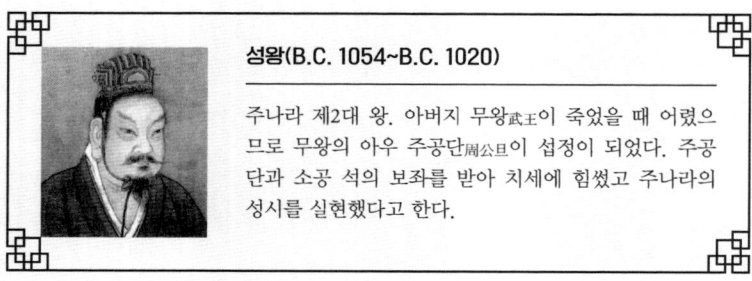

성왕(B.C. 1054~B.C. 1020)

주나라 제2대 왕. 아버지 무왕武王이 죽었을 때 어렸으므로 무왕의 아우 주공단周公旦이 섭정이 되었다. 주공단과 소공 석의 보좌를 받아 치세에 힘썼고 주나라의 성시를 실현했다고 한다.

3. 보이는 것만큼만 믿는 것이 신뢰

한비자에 따르면 천하는 이익에 따라 움직인다. 『한비자』「내저설內儲說하」편에서도 사람마다 자기 이익에 따라 생각하고 행동하는 모습을 볼 수 있다.

위衛나라 사람 부부가 기도를 드리는데 축원하며 이렇게 말하였다.
"저희가 무사하게 해 주시고 삼베 백 필을 얻게 해 주십시오."
그 남편이 말하였다.
"어찌 그리 적은 것이오?"
대답하여 말하였다.
"이보다 많으면 당신은 첩을 살 것이기 때문입니다."

이 일화는 부부란 한 이불을 덮고 살지만 서로 다른 생각을 하고 있다는 것을 말해준다. 인간의 성품은 선하지 않고 모든 것이 이해관계에 따라 결정된다는 비유가 허를 찌른다. 그러니 한 이불 속의 부부도 아니고 피를 나눈 형제도 아닌 군주와 신하, 백성과 백성이 서로를 믿지 못하는 것이 당연하지 않은가. 심지어 풍년이 들어 나그네에게 곡식을 주는 선행도 식량이 많이 생겨 남아돌기 때문이라는 게 한비자의 논리다.

초楚나라 회왕懷王은 정수鄭袖라는 미인을 얻게 되었다. 회왕은 그녀의 미모가 천하절색이라 총애하여 첩으로 삼았다. 그런데 첩에 오른 정수는 얼마 후에 회왕이 여자를 무척 좋아한다는 것을 알게 되었다. 왕이 자신을 찾아오지 않는 날은 늘 새로운 여자와 함께 있었던 것이다. 그중 유독 왕의 총애를 받는 미인이 있었다. 정수가 이를 알고 자신도 그 미인을 몹시 어여삐하였다. 자신이 가지고 있는 진귀한 의복과 노리개를 나누어 주었고, 심지어 거실 가구며 침구에 이르기까지 미인의 취향에 맞춰 골라주는 일을 마다하지 않았다. 회왕이 이 소식을 듣고는 크게 감격하며 칭찬했다.

왕의 칭찬을 받자, 정수는 왕이 자신을 믿고 있다는 것을 알았다. 하루는 그 미인을 찾아갔다. 그리고 이런 말을 전해주었다.

"왕께서 너의 미모에 완전히 빠져계신다. 다만 한 가지, 왕께서 네 코 모양을 마음에 들어 하지 않으시니, 다음부터는 천으로 코를 가리고 왕을 뵙는 것이 좋겠다."

미녀는 정수의 관심과 호의에 감격해 크게 고마워했다. 다음날부터 미녀는 왕을 만날 때 코를 가리고 나갔다. 왕이 처음에는 말이 없었으나 그런 모습을 몇 번 보게 되자 의아한 생각이 들었다. 하루는 애첩인 정수에게 물었다.

"그 새로 온 미녀는 어째서 나를 볼 때면 천으로 코를 가리는 것이냐?"

정수가 대답했다.

"저는 잘 모릅니다. 다만⋯⋯."

그러자 왕이 재촉하며 물었다.

정수가 마지못한 척하며 아뢰었다.

"그녀는 대왕의 몸에서 나는 냄새를 싫어해서 그러는 것입니다."

그 말을 듣자 초회왕이 버럭 화를 내며 즉시 신하들에게 명령을 내렸다.

"새로 온 그 미녀를 잡아 당장에 코를 베어 버려라!"

모시고 있던 자가 칼을 뽑아 미인의 코를 베었다.

- 『한비자』 「내저설 하」

정수는 자신을 지키기 위해 상대를 파멸시킨 비정한 사람이다. 코를 베인 미인은 궁정에서 자신이 파멸될 수 있음을 모르고 있었다. 궁정 안에서 벌어지는 치열한 이해관계에서 누군가는 피해를 볼 수밖에 없다.

소희후昭僖侯 때 요리사가 음식을 올렸는데, 고깃국 속에 생간이 들어 있었다.

소희는 요리사의 조수를 불러들여 질책하여 말하였다.

"그대는 어찌하여 과인의 고깃국 속에 생간을 넣었느냐?"

요리사의 조수는 머리를 조아리며 사죄하며 말하였다.

"남모르게 요리사를 없애고 싶었습니다."

일설에는 이런 말이 있다.

회후가 목욕하는데 탕 속에 작은 돌이 있었다.

회후가 말하였다.

"나의 목욕 일을 맡은 벼슬아치를 면직시킨다면 이 일을 대신 맡을 자가 있는가?"

주위에 있는 자들이 대답하였다.

"있습니다."

회후가 말하였다.

"불러오도록 하라."

회후는 그를 질책해 말하였다.

"어찌하여 탕 속에 작은 돌을 넣었느냐?"

대답하여 말하였다.

"목욕 일을 맡은 벼슬아치가 면직되면 신이 대신 그 자리를 얻게 될 것이기 때문에 탕 속에 작은 돌을 넣었습니다."

– 『한비자』 「내저설 하」

이렇듯 어떤 자리든 이해관계가 얽혀 있으면 호시탐탐 기회를 노리며 그 자리를 차지하려는 것이 인간의 속성인지도 모른다. 그래서 한비자는 감정적인 인간이야말로 가장 위험하고 믿을 수 없는 존재라고 했다.

한비자는 무슨 일이 발생하여 그 배후를 알고자 할 때 수혜자가 그것을 관장하고 있는 법이므로 해를 입는 일이 있거든 반드시 입장을 바꾸어 누가 이익을 얻고 있는가를 생각해 보아야 한다고 했다. 그러므로 현명한 군주가 일을 처리할 때 국가에 해를 끼치게 되면 누가 이익을 얻는지를 생각해야 하며, 신하가 비록 해를 입게 된다고 하더라도 국가에 이익이 되도록 처리해야 한다고 강조했다.

오늘날이라고 다르겠는가. 저마다 생존을 위해, 그리고 퇴출 대상이 되지 않기 위해 몸부림치는 우리도 적절한 비굴과 자기기만으로 하루하루 살아가고 있다. 기업을 비롯한 조직에서도 온정적인 관계보다는 객관적이고 냉정한 관계가 더 어울린다. "보이는 것만큼만 서로 믿는 것이 신뢰다." 오히려 서로의 이해관계를 인정하고, 함께 정한 규칙이라도 지키는 것이 도리가 아닐까 싶다.

초회왕(B.C. 374~B.C. 296)

전국시대 초나라의 군주로 당시 초나라는 6국 중에 강국이었지만 초회왕의 탐욕과 어리석음 때문에 여러 차례 진秦나라의 승상 장의의 계책에 넘어갔다. 이로 말미암아 초나라의 국력은 소진되고 초회왕은 타국에서 죽음을 맞게 된다.

4. 만족을 모르면 근심도 함께 한다

『한비자』「유로喩老」편에서는 "욕심을 내는 것보다 큰 재앙은 없다"라고 한다. 사람에게 욕심이 생기면, 그 욕심은 꼬리를 물고 사악함으로 이어지게 된다. 한비자는 욕심과 욕망을 적극적으로 부리게 되면 백성들을 꼬드겨 간악한 일을 하도록 만들고, 소극적으로는 선한 사람에게 화를 입히게 한다고 했다. 위로는 군주를 범하고, 아래로는 백성에게 상처를 입히는 죄를 짓게 된다.

인간의 욕망은 끝이 없어 제후가 되면 천금의 재산을 쌓으려는 욕심을 부리니 근심이 떠날 날이 없다. 노자老子는 더 나아가 "만족을 모르는 것이 최대의 화근이다."라고 했는데, 우리의 삶도 마찬가지다. 우리 인간은 만족을 모르기에 끝없는 욕심으로 자신을 망치고 남도 망치게 된다. 적당한 시점과 적당한 자리에서 멈춤의 지혜를 발휘하는 것은 결코 쉽지 않다.

그렇다면 욕심을 버리는 것은 무엇일까? 군주의 입장에서는 패왕覇王이 된다면 더욱 좋고, 사람은 부귀하게 된다면 더욱 좋다. 하지만 무엇보다

족한 걸 알고 자기 자신에게 해가 되는 일을 하지 않으면 나라는 망하지 않고 그 몸은 죽지 않는다고 했다. 그래서 노자는 "만족함을 알면 항시 만족하게 된다."라고 했다.

이처럼 욕심이 없고 마음이 담담하면 누구나 화복이 생겨나는 근원을 알 수 있다. 욕심이 없을 때는 취사선택의 방침이 바르고, 마음이 평안할 때는 화를 피하고 복을 끌어들일 수 있다. 그러나 좋아하고 미워하는 마음에 사로잡히고, 마음을 속이는 것에 유혹되면 사정은 달라진다. 물건에 유혹되면 좋은 물건만 봐도 마음이 흔들리게 되고 본래의 마음이 사라지고 만다.

초기 도가道家의 노장사상(老莊思想: 노자와 장자의 사상)을 기반으로 하여 유안(劉安: B.C.179~B.C.122)이 지은 『회남자准南子』「인생훈人生訓」에 나오는 '새옹지마塞翁之馬'의 내용을 보면 마음을 비워야 하는 이유를 이해할 수 있다.

중국 북방에 호胡라는 이민족이 살고 있었다. 어느 날 변방 노인의 말 한 마리가 오랑캐 땅으로 달아나자, 이웃 사람들이 위로했다. 그러나 그 늙은이는 그 일을 마음에 두지 않고 태연히 말했다. "이 일이 복이 될지 누가 압니까?"

몇 달이 지난 어느 날, 달아났던 그 말이 오랑캐의 좋은 말 한 필을 데리고 돌아왔다. 마을 사람들이 와서 축하하는 말을 하자 노인은 이번에도 기뻐하는 빛이 없이 태연히 이렇게 말했다.

"이것이 화로 변하지 않는다고 누가 말할 수 있겠소?".

얼마 뒤에 노인의 아들이 말을 타다가 떨어져 다리가 부러지고 말았다. 마을 사람들이 또 위로하러 왔다. 그러나 노인은 슬퍼하는 기색도 없이 여전히 태연하게 말했다.

"이것이 행복으로 바뀌지 않는다고 그 누가 말할 수 있겠소?"

그로부터 1년이 지나 오랑캐가 쳐들어오자, 젊은이는 모두 전쟁터로 나가야만 했다. 전쟁터로 나간 젊은이들은 대부분 살아 돌아오지 못했으나 노인의 아들만은 불구여서 싸움터로 끌려가지 않아 목숨을 부지할 수 있었다.

"인생만사 새옹지마"라는 말이 있다. 세상사가 돌고 도는 것이므로 어떤 상황에도 일희일비(一喜一悲: 한편으로는 기뻐하고 또 한편으로는 슬퍼하다)하지 말라는 의미다. 진실로 마음을 비울 때 위기도 긍정적으로 넘길 수 있는 법이다. 책임 있는 자리에 있는 사람이 무리하게 욕심을 부리면 자신뿐 아니라 많은 이에게 화를 입히게 된다. 노자나 한비자가 말하고자 하는 바는 욕심을 버려야 비로소 여럿이 행복해질 수 있다는 것이 아니겠는가. 욕심을 버리면 마음이 자유로워지고 세상이 좀 더 넓게 보일 것이다.

5. 한 번 배신한 사람은 또다시 배신할 수 있다

'한 번 배신한 사람은 언제든 또다시 배신할 수 있다'라는 말이 있다. 자신의 이익을 위해 타인을 배신할 수 있는 사람이라면 그 요건이 충족되면 또 다른 배신도 가능하다는 의미일 것이다. 사람의 이기적인 본성을 깊이 통찰한 한비자 역시 이에 주목하면서 『한비자』「설림說林 상」편에서 다음과 같은 이야기를 전한다.

증종자曾從子는 칼을 잘 감정鑑定하기로 유명했다. 그는 위衛나라 왕이 오吳나라 왕에게 원한을 품고 있다는 것을 알고 이렇게 제안했다.

"오나라 왕은 검을 좋아합니다. 그러니 제가 오나라에 가서 칼을 감정해 주는 척하다가 칼을 뽑아, 오나라 왕을 찔러 죽이겠습니다."

하지만 위나라 왕은 이렇게 대답했다.

"네가 그렇게 하려는 것은 너의 이익을 위해서일 것이다. 오나라는 강국이고 부유하지만, 위나라는 약하고 가난하다. 그러므로 이익 때문이라면 차라리 오나라로 건너가 오나라 왕을 섬기는 편이 나을 것이다. 네가 만약 오나라로 간다면 이번에는 같은 방법으로 오나라 왕을 위해 나를 찔러 죽이려고 할 것이 아닌가?"

위나라 왕은 그 즉시 거절하고 증종자를 추방했다.

위왕은 증종자의 사람됨을 꿰뚫어 파악하고, 그의 부당한 제안을 거절했다.

"사람이 자신의 이익을 위해 움직이는 것"은 당연한 일이며, 또 자연스러운 일이다. 이 자체를 비난하기란 어렵다. 하지만 타인에게 손해를 끼칠 수 있음을 밝히며, 그로 인해 당신에게 이익을 줄 수 있다는 식으로 자기를 어필하는 사람이 있다면 각별히 조심해야 한다. '누군가'에게 손해를 끼치겠다는 점을 자신의 강점으로 내세울 때는 그 제안을 듣는 사람도 그 '누군가'가 될 수 있음을 잊어서는 안 되는 것이다.

CEO의 경우에 회사 운영에 큰 도움이 될 수 있는, 혹은 당장 직면한 경영상의 문제를 해결할 수 있는 달콤한 제안을 받으면 그 제안에 숨겨진 위험을 발견하지 못하는 경우가 많다. 평소에는 사리 분별이 확실한 사람이라도 어느 순간 욕심이 지혜를 가려 어리석은 결정을 할 수가 있다. 이렇듯 눈앞의 큰 이익이 판단력을 가리는 경우 결국엔 독배가 될 수 있음을 명심해야 한다.

한비자는 "사람은 누구나 자신의 이익을 앞세우기 마련이다"라고 말한다. 다만 위험한 것은 더 큰 이익을 취하기 위해 드러내놓고 거래를 하려는 행동이다.

사실 어떤 면에서 보면 뻔뻔하게 자신의 이익을 요구하는 직원이 리더입장에서는 상대하기가 더 편할 수 있다. 이를 역이용하면 직원의 요구를 들어주면서 조직 입장에서도 원하는 바를 확실하게 얻을 수 있기 때문이다. 하지만 이런 경우일수록 조건만 충족되면 다시 신의를 저버릴 수 있는 사람이라는 사실을 절대 잊어서는 안 된다.

자신의 이익을 앞세우는 '이기심'은 사람들을 흥하게도 하고 망하게도 하는 무서운 운명의 수레바퀴로 작용한다. 여러 사람을 이끌고 조직을 운영해야 하는 리더는 자신의 이익을 우선시하는 사람의 본성을 이해하고 이를 토대로 직원들의 말과 행동을 철저하게 관찰해야 할 필요가 있다.

6. 리더는 외로운 존재라는 말 속에 담긴 진실

한비자는 군주와 신하의 관계를 기본적으로 이해득실에 따라 움직이는 관계로 보았다. 그러면서 "마음속 깊이 군주를 사랑하는 신하는 없다"라고 결론을 내렸다.

이러한 관점은 군주와 신하의 관계를 아버지와 아들의 관계에 비유하면서 "군주는 자애로운 마음으로, 신하는 아버지를 섬기는 마음으로 충성을 다해야 한다"라는 유가儒家의 사상과는 거의 정반대의 위치에 있다 해도 과언이 아니다. 어떤 사람은 이러한 냉혹한 가르침에 마음이 불편해질

지도 모른다.

하지만 우리는 과연 한비자의 냉정하고도 준엄한 판단을 전적으로 부인할 수 있을까? 오히려 한비자의 명제 속에는 인정하기는 싫지만 인정할 수밖에 없는 일말의 '불편한 진실'이 포함된 것은 아닐까?

흔히들 "리더는 외롭고 고독한 존재"라고 한다. 궁극적으로는 모든 책임을 떠맡아야 하는 사람이라는 측면에서도 그렇지만, 직원들에게 리더와 같은 마음으로 고민을 나누어 짊어지는 것을 기대할 수 없다는 측면에서도 그러하다. 이런 문제로 고충을 토로하는 리더들의 한탄 섞인 이야기도 대부분 비슷하다.

그런데 여기서 반드시 짚고 넘어가야 할 문제가 있다. 리더들은 자신의 진심이 직원들에게 제대로 수용되지 않았다는 점을 알고 나면 '배신' 당했다는 생각에 빠른 속도로 마음을 닫아버린다. 그러곤 갑자기 태도가 돌변한다.

"그래, 비전 같은 거 직원들에겐 별로 중요하지 않아. 결국 사람을 움직이는 건 돈이야. 비전이니 정이니 목 아프게 외쳤던 나만 바보지."

이러한 마음을 이해 못 할 바는 아니지만, 그럼에도 이 반응은 철저히 자기 입장에만 매몰된 결과라는 점에서 결코 바람직하지 않다. 분노에 떨고 있는 리더들에게 사마천의 『사기史記』 「맹상군열전孟嘗君列傳」에 나오는 이야기를 소개한다.

> 춘추전국시대 제齊나라의 재상이었던 맹상군(孟嘗君: ?~B.C. 278)이 군주의 신임을 받고 부귀가 극성했을 때는 휘하에 식객이 수천 명 있었으나, 군주의 신임을 잃어버린 이후에는 그 많던 식객들이 썰물처럼 빠져나갔다.
> 결국 맹상군은 식객 풍환馮驩 덕에 다시 복직하게 되었는데, 그러자 다시

예전의 식객들이 몰려들었다. 이런 모습을 보고 화가 난 맹상군은 의리 없는 식객들을 내쫓으려 했다.

그러자 풍환이 이를 말리면서 조언했다.

"대체로 세상의 일과 사물에는 반드시 그렇게 되는 것과 본래부터 그런 것이 있다는 것을 아십니까? 살아있는 것이 언젠가는 죽는다는 것은 사물의 필연적인 이치입니다. 부귀할 때는 선비가 많이 모여들고, 가난하고 천하면 벗이 떠나는 것은 본래부터 일이 그러하기 때문입니다. 군께서는 아침에 저자로 몰려가는 사람들을 보지 못하셨습니까? 이른 아침에는 서로 어깨를 부벼 가며 서로 저 먼저 가려고 다투어 문 안으로 들어갑니다. 그런데 해가 저문 뒤에는 팔을 휘휘 저으며 누구 하나 저자는 돌아보지 않고 그냥 지나갑니다. 이는 아침에는 좋았는데 저녁에는 싫어서가 아닙니다. 기대하는 물건이 거기에 없기 때문입니다. 얼마 전 군께서 벼슬을 잃었기 때문에 빈객들이 다 떠난 것입니다. 이를 원망하여 돌아오려는 빈객을 막는 것은 아니 될 일입니다. 군께서 전처럼 그들을 대우하기를 바랄 뿐입니다."

이에 맹상군은 풍환에게 정중하게 절하며 말했다.

"삼가 그 명에 따르겠소. 선생의 말씀을 듣고 어찌 감히 가르침을 받들지 않을 수 있겠습니까?"

"화를 내지 마십시오. 섭섭하게 생각하지 마십시오. 그것은 어쩔 수 없는 자연의 이치요, 인간사의 모습입니다."

세상의 인심에 환멸을 느낀 정객政客에게 인간사 섭리를 이해하고 있는 노회한 참모가 주는 조언에 우리는 귀를 기울일 필요가 있다. 직원들이 이익에 따라 회사를 떠나는 모습을 보며 배신감으로 괴로워하는 대신, 처음부터 인간의 본성이 그러함을 알고 직원들을 대했다면 어땠을까?

이어서 시대의 간웅奸雄으로 불리는 조조(曹操: 155~220)의 위대함을 보여주는 『삼국지三國志』의 한 대목을 소개한다.

조조가 자신을 괴롭히던 원소袁紹와의 전쟁에서 승리했다. 승리 후 원소의 방을 수색하던 부하가 수상한 편지 무더기를 발견하고 조조에게 갖다 바쳤다. 그 편지 중에는 조조 측에 있던 사람들이 원소 진영에 잘 보이기 위해서 암암리에 조조와 관련된 정보를 적어 보낸 편지들도 있었다. 조조의 부하들은 그 편지에 격분해서 편지의 주인공들을 모두 잡아 처형해야 한다고 목소리를 높였다. 그런데 조조는 격분한 부하들에게 태연한 목소리로 말했다.

　　"원소의 세력이 강대할 땐 내로라하는 영웅호걸조차 자신을 보호할 수 없었는데 하물며 힘없는 군사들이야 말할 게 없지 않은가. 이는 십분, 이해할 수 있는 일이다."

　　그러고는 그 편지들을 모두 태워버렸다.

　　이 이야기에서 알 수 있는 것은 조조가 자신의 이익을 위해 움직일 수밖에 없는 인간의 본성을 정확하게 꿰뚫고 있었다는 점이다. 그렇기에 편지를 태워버리고 부하들을 관용으로 감싸 내부 단결을 다질 수 있었다.

　　한비자 역시 인간의 본성이 지닌 불편한 진실을 정확하게 간파했던 사람이라고 본다. 또한 『한비자』는 모략과 권모술수에 관한 비법을 담은 책이 아니라 매우 현실적이고 실용적인 리더십에 관한 책이다. 이러한 관점에서 한비자의 가르침을 되짚어 본다면 리더는 이익에 따라 움직이는 것이 인간의 어찌할 수 없는 본성이라는 점을 알고 있어야 하고, 따라서 이익에 따라 움직이는 직원들에 대해 분노하거나 좌절하는 대신, 과연 어떻게 해야 서로의 이해관계를 원만하게 충족시킬 수 있을 것인가 하는 방법론에 집중해야 한다.

　　그 방법론은 여러 가지가 있겠지만, 가장 중요한 것은 '덕치德治'가 아닌 '법치法治'에 힘쓰는 것이다. 『한비자』 「현학顯學」 편에 다음과 같은 내용이 있다.

성인은 나라를 다스릴 때 사람들이 나를 위해 선량한 일을 할 거라 기대하지 않고 그들이 그릇된 일을 할 수 없게 하는 방법을 쓴다.

한비자는 사람들이 선량한 일을 하는 것은 일어나기 어려운 '우연'에 불과하다고 보았기 때문에 차라리 그릇된 일을 하지 못하도록 미리 조치하는 것이 현명하다고 말한다. 즉 리더는 부하직원들이 자신의 이익을 버리고 회사의 이익에 따라 움직이기를 바라는 대신, 그들이 회사의 이익에 반하는 행동을 하지 않도록 상과 벌을 엄격히 해야 한다.

리더와 직원의 관계를 이익이 배제된 순수한 존경과 사랑의 관계로 파악하는 것은 이론적으로는 가능할지 모르나 현실에서는 찾아보기 힘들다. 물론 회사도 사람이 사는 곳이다. 그러니 신뢰와 애정을 깡그리 무시하라는 이야기는 아니다. 신뢰와 애정을 수단으로 직원들을 평가하고 조정하려 하지 말라는 뜻이다.

이익에 따라 움직일 수밖에 없는 나약한 인간의 모습을 직시하기란 쉽지 않은 일일지도 모른다. 하지만 그 불편한 진실을 직시함으로써 리더는 자신의 권위를 더욱 공고히 하고 조직을 지켜낼 힘을 가질 수 있다.

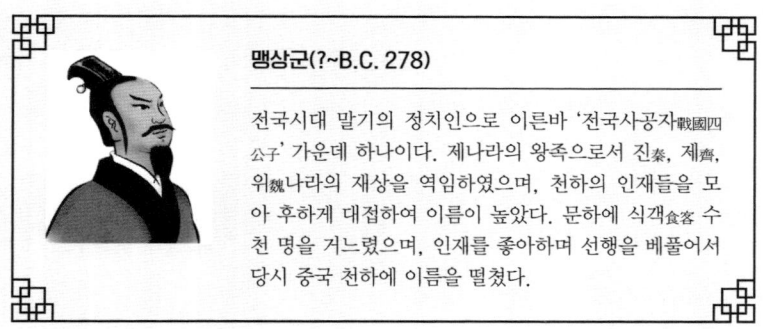

맹상군(?~B.C. 278)

전국시대 말기의 정치인으로 이른바 '전국사공자戰國四公子' 가운데 하나이다. 제나라의 왕족으로서 진秦, 제齊, 위魏나라의 재상을 역임하였으며, 천하의 인재들을 모아 후하게 대접하여 이름이 높았다. 문하에 식객食客 수천 명을 거느렸으며, 인재를 좋아하며 선행을 베풀어서 당시 중국 천하에 이름을 떨쳤다.

조조(155~220)

후한 말 삼국시대 스스로 위왕으로 칭하며 난세의 영웅으로 불린 조조. 한의 관리 집안에서 태어났으며, 잇달아 일어난 봉기를 진압하는 데 공을 세우면서 조정을 장악했다. 조조는 황실의 권위를 앞세워 확장하였으며, 스스로 위왕이라 불렀다. 훗날 그의 아들 조비가 한의 황제로부터 제위를 넘겨받았다.

7. 자리에 맞는 인재가 있다

'각득기소各得其所'란 말이 있다. "적당한 사람을 적당한 위치에 두어야 한다"라는 말이다. 어울리지 않는 사람이 자리를 차지하게 되면, 단순히 그 일부의 문제로 끝나는 것이 아니라 결국 조직의 운명을 좌우할 수 있는 엄청난 재난에 직면할 수 있다. 따라서 리더는 자신의 감정보다는 그 일에 합당한 자를 골라 쓰는 용인술用人術이 필요하다. 인재는 리더가 만드는 것이고, 리더 곁에 누구를 두느냐에 따라 조직의 운명이 갈리기 때문이다. 상하 간의 신뢰란 원칙에서 피어나는 것이며, 그 원칙은 바로 "적재적소에 알맞은 인재를 쓰는 것"이다.

'각득기소'와 비슷한 말로, '유재시거唯才是擧'란 말이 있다. '재才'는 '인재人才'이고 '거擧'는 '천거薦擧'의 의미로 '유재시용唯才是用'과 동의어다. 이 말은 "능력이 빼어난 사람만을 우대한다"라는 조조(曹操: 155~220)의 인재 경영 원칙이기도 하다. 웅크리며 때를 기다린 천하의 영웅 유비(劉備: 161-223)나 부형의 뒤를 이은 수성의 제왕 손권(孫權: 181~251)과 확연히 대비되는 조조의 인사 지침이라 할 수 있다. 조조의 휘하에서 90여 명의 개세지재(蓋世之才: 세상을 뒤덮을 만한 인재)가 활동할 수 있었던 것도 다음과 같은 원칙 때문이었다. 『삼국지三國志』「무제기武帝紀」에 다음과 같은 내용이 있다.

> "만일 반드시 청렴한 선비가 있어야만 기용할 수 있다면, 제나라 환공桓公은 어떻게 천하를 제패할 수 있었는가! 지금 천하에 남루한 옷을 걸치고 진정한 학식이 있는데도 여상(呂尙: 강태공이라는 이름으로 널리 알려졌으며, 주나라 문왕을 도와 주나라를 건국한 일등 공신)처럼 위수의 물가에서 낚시질이나 일삼는 자가 어찌 없겠는가? 뇌물을 받았다는 누명을 쓰는 바람에 위무지魏無知의 추천을 받지 못한 진평陳平과 같은 자가 어찌 없겠는가? 여러분은 나를 도와 낮은 지위에 있는 사람들을 살펴 추천하라. 오직 재능만이 추천의 기준이다. 나는 재능 있는 사람을 기용할 것이다." ('구현령求賢令')

여기서 거론된 강태공姜太公 여상이나 진평(?~B.C. 178: 한대의 정치가. 처음에는 항우를 따랐으나, 후에 유방을 섬겨 한나라 통일에 공을 세웠다)은 타고난 능력 때문에 중용돼 능력을 충분히 발휘할 수 있었고, 주군을 도와 큰일을 이루었다. 조조가 내세운 원칙은 주위의 평판이나 도덕성보다는 재능이 중요하다는 것이다. 이는 승자와 패자. 아니 국가의 존망이 좌우되는 당시의 상황에서는 어쩔 수 없는 선택인지도 모른다. 냉혹한 승부사로서 죽기 직전까지 전장을 누볐던 조조. 그가 환관의 손자 출신의 비주류로서 북방의 권문세족 원소(袁紹: ?~202)를 이겨 자신의 시대를 열고, 아들 조비(曹丕: 187~226)에 의해 위魏나라 창업을 이뤄낼 수 있었던 것은 바로 능력과 효율 중심의 인재관 덕분이었다. 그러나 자신의 권위에 도전하는 반대파들을 무리하게 제거하고 후계자 문제로 대립각을 세운 순욱(荀彧: 163~212)을 제거한 것 등 그의 인재관에도 옥의 티는 있다.

자리에 맞는 인재를 등용하는 것은 군주의 능력이기도 하다. 사람을 잘 쓰는 군주는 반드시 천시(天時: 하늘이 주는 좋은 기회)에 따르고 인정에 순응하며 상벌을 분명히 하였다고 한다. 천시에 따르면 힘을 적게 들이고도 공을 세우며, 인정에 순응하면 형벌이 줄어들고 명령에 따르게 된다.

원칙에 따라 다스려지고 있는 나라의 신하는 공을 세워 높은 지위에 오르고, 관에서 능력을 발휘하여 그것을 인정받아 직책을 받으며, 법도에 알맞도록 힘을 다하여 일을 책임진다. 신하 된 자는 자기의 능력에 맞기 때문에 관직을 잘 감당하고 임무를 거뜬히 수행한다. 그리하여 벼슬과 직책이 자기의 능력에 차지 않는다는 불만을 품지 않는다. 그러므로 안으로는 원한을 품어 일으키는 변란이 없고, 밖으로는 거짓 복종하는 전국의 환란이 없다.

현명한 군주는 일을 할 때 서로 간섭하고 침범하지 못하게 해서 소송이 없도록 하고, 선비로 하여금 벼슬을 겸임하지 않게 하여 재능이 발달한다. 사람들로 하여금 공이 같게 만들지 않기 때문에 다툼이 없게 된다. 다툼이 그치고 기술이 발달하면 강한 자와 약한 자가 힘을 겨루지 않으며, 얼음과 숯불처럼 상반되는 것이 한데 뒤섞이지 않는다. 그리하여 천하의 사람들이 서로 헐뜯고 다투지 않는다. 이것이 정치의 극치이다. (『한비자』「용인用人」)

한 조직에도 이론에 능한 사람이 있는가 하면 실전에서 빛나는 사람이 있다. 조직을 끌어 나가는 리더의 입장에서는 섣불리 이들 간에 우열을 정할 수 없다. 리더가 할 일이란 이들을 적재적소에 배치해 상승효과를 내는 것이다.

강태공(?~?)

본명은 여상呂尙이다. 주周나라 초기의 정치가이자 공신. 무왕을 도와 은나라를 멸망시켜 천하를 평정하였으며 제齊나라 시조가 되었다.

원소(?~202)

후한 말 원소는 반동탁 연합의 맹주이며 군웅할거 시대의 최대 세력으로서 북중국에 군림했던 군벌이다. 그러나 관도대전官渡大戰에서 조조에게 패하고, 급사한 이후 세력이 분열해 조조에게 멸망한다.

순욱(163~212)

조조가 북방을 통일할 때 큰 공을 세운 모략가이자 공신이다. 재능있는 사람을 알아보는 인재의 선발에도 탁월하여 조조의 신임을 받는다. 그 뒤 조조가 스스로를 위공魏公에 봉하고 동한 정권을 찬탈하려는 단계에 이르렀을 때 순욱은 이를 극구 말렸다. 이 때문에 조조의 미움을 사서 강제로 독약을 마시고 세상을 떠나고 말았다.

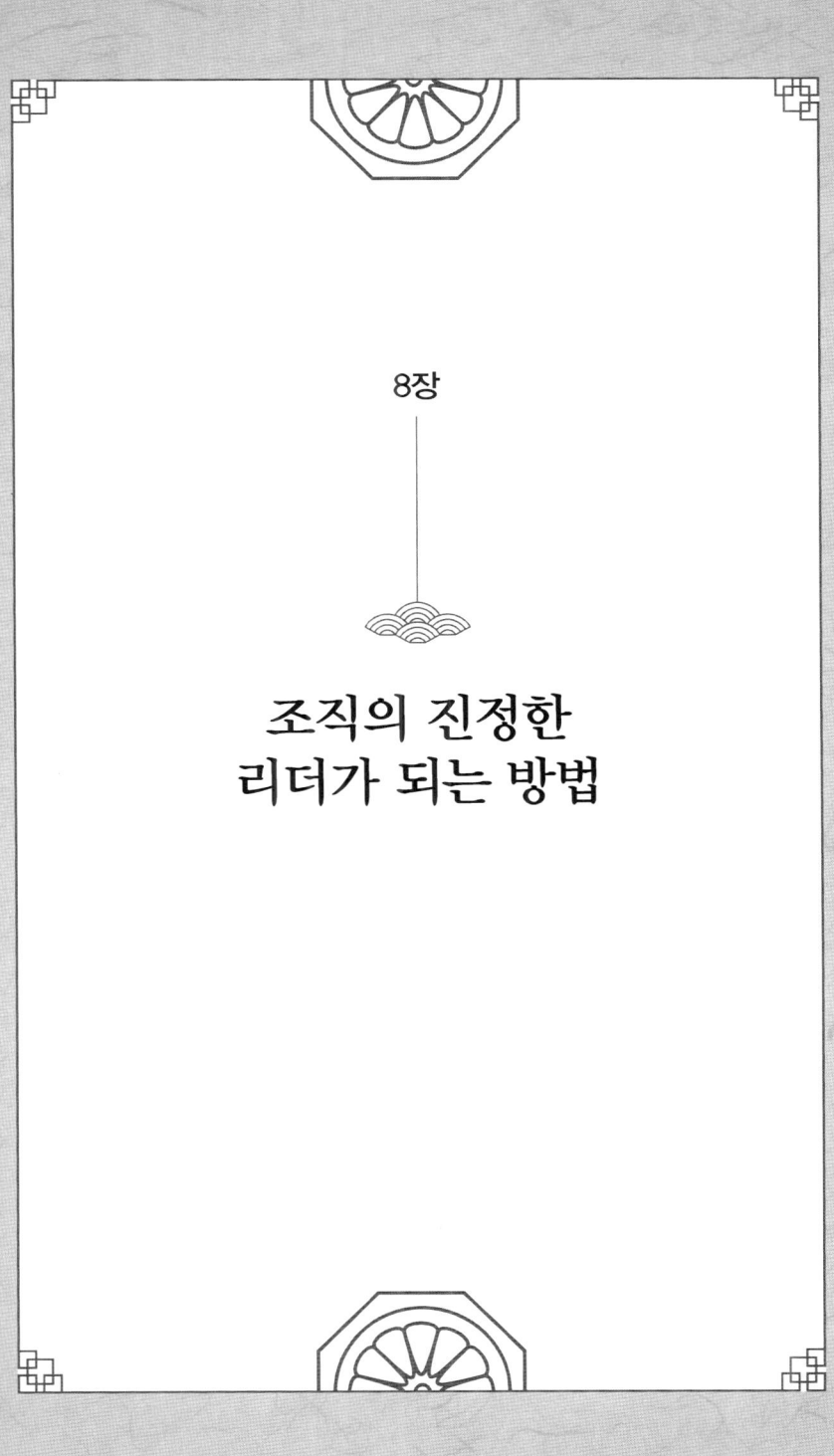

8장

조직의 진정한
리더가 되는 방법

1. 리더가 가진 정보는 힘이다

CEO는 회사 조직의 최고 정점에 있는 사람이기 때문에 자신이 원하든 원치 않든 모든 정보를 접하게 된다. 나아가 임직원들은 다양한 정보를 '자신의 시각을 가미하여' CEO의 입맛에 맞게 재가공한 후 전달하게 되는데, 이 과정에서도 CEO는 필요 이상의 다양한 평판이나 풍문을 들을 수밖에 없다.

그런데 CEO가 이 정보들을 마음속에 잘 갈무리하지 못하고 어설프게 무기로 사용할 경우, 이는 예기치 못한 부정적인 영향을 낳을 뿐 아니라 당사자에게 상처를 줄 수 있다.

그래서 한비자는 군주가 여러 경로를 통해 취득한 정보를 신하들에게 누설하는 것은 어리석은 일이며 절대 금해야 한다고 강조하면서 『한비자』「외저설外儲說 우상」편에서 다음 예화를 소개한다.

> 당계공堂谿公이 한韓나라 소후昭候에게 "만일 천금 나가는 옥 술잔이 있다고 하더라도 속이 텅 비어 바닥이 없다면 물을 담을 수 있겠습니까?"라고 물었다.

소후가 말했다.

"할 수 없다."

"그러면 질그릇이 있어서 새지 않는다면 술을 담을 수 있겠습니까?"

소후가 "할 수 있다"라고 말했다.

당계공은 소후에게 이렇게 답했다.

"질그릇이란 지극히 하찮은 것이지만 새지만 않는다면 술을 담을 수 있습니다. 그러나 비록 천금 나가는 옥 술잔이 있어 대단히 귀중하더라도 바닥이 없어 새고 물을 담을 수 없다면 그 누가 마실 것을 부으려 하겠습니까. 만일 군주가 되어 신하들의 말을 누설한다면 이는 마치 바닥없는 옥 술잔과 같은 것입니다. 비록 훌륭한 지혜가 있더라도 그 술수를 다하지 못하는 것은 바로 누설 때문입니다."

소후는 당계공의 말뜻을 알아차렸다.

이후 소후는 당계공을 만나고 나면 반드시 혼자서 잠을 잤다.

행여 꿈에서라도 당계공과 나눈 이야기를 함께 자는 처첩에게 누설할까 봐 두려워서였다.

군주가 아무리 옥으로 만든 술잔처럼 고귀한 자리에 있는 존재여도 현명하지 못하여 신하들의 말을 누설한다면 흙으로 빚은 하찮은 질그릇만도 못한 존재가 될 수 있다는 것이 한비자의 엄중한 가르침이다.

최고 의사결정권자인 CEO는 자기 생각과 의도를 임직원들에게 100퍼센트 이해시켜야만 한다는 의무감이나 환상에서 벗어날 필요가 있다. 더나아가 '여러 임직원의 다양한 의견을 수렴해서 나가야 할 일'과 '반대를 무릅쓰고라도 CEO의 판단으로 추진해야만 할 일'을 구분해서 그에 따른 소통 범위와 방식을 결정해야 한다. CEO가 회사 내에서 제대로 소통을 하지 않고 권한만을 내세우면서 일방통행을 하는 것도 문제지만, 마치 임직원 한 명 한 명이 투자자인 양 그들에게 사업설명회를 하는 것 또한 적지 않은 병폐를 낳는다.

왜냐하면 임직원들이 회사의 미래를 보는 관점은 CEO와 절대 같지 않기 때문이다. 아무리 역지사지(易地思之: 남과 처지를 바꾸어 생각함)를 강조하면서 임직원들에게 CEO의 위치에서 회사의 미래를 생각해 보라고 설득해도, 임직원들이 CEO의 입장을 충분히 이해하기를 기대하기는 어렵다고 보는 것이 현실적이다. 임직원들은 철저히 자신들의 입장에 매몰되어 CEO의 정책을 판단할 수밖에 없다.

하물며 훈민정음을 창제한 세종대왕도 자신의 작업을 비밀리에 숨겼다. 그래서 세종이 훈민정음을 반포할 때까지 『조선왕조실록』에는 문자 창제에 관한 언급이 단 한 마디도 없다. 임금의 공식적인 행동과 말이 모두 기록되던 시대였음에도 기록되지 않았다는 것은 그만큼 철저히 숨겼다는 말이다.

그가 한글 창제를 비밀에 부친 것은 시작도 하기 전에 엄청난 반대에 부딪힐 것이 불을 보듯 뻔했기 때문이었다. 나아가 세종이 반대를 무릅쓰고 추진한다면 신하들은 중국의 힘을 빌려 말렸을 것이다. 이러한 현실을 간파한 세종은 지난한 설득 작업이 아니라 정면 돌파를 택했고, 결국 한글이 창제될 수 있었다. 그러지 않았더라면 자신들만 글자를 알면 된다는 사대부士大夫들의 우월의식에 밀려 더 많은 백성이 편안한 삶을 살 길은 사라졌을지도 모른다.

CEO는 자신에게 취합된 정보를 잘 관리해야 하고, 필요한 경우 최소한의 범위에서만 이를 외부에 알려야 한다. 그러지 않고 정보의 공개 수준을 제어하지 못할 경우 임직원들은 CEO의 속마음을 간파하여 자신의 이해관계를 그에 맞추려 할 것이다. 나아가 리더는 더 이상 다양한 고급 정보를 얻지 못하게 될 수도 있다.

대화를 나누고 있는 당계공과 소후

2. 영원한 충성 · 조건 없는 충성은 없다

한비자는 「고분孤憤」편에서 군주와 신하 사이에 존재할 수밖에 없는 엄연한 간극에 대해 지적하고 있다.

> 군주와 신하는 이익이 서로 다른 자들이다. 군주의 이익이란 능력이 있는 신하에게만 관직을 맡기는 데 있으며, 신하의 이익이란 무능하지만, 일자리를 얻는 데 있다. 군주의 이익이란 공로가 있어야만 작위와 봉록을 주는 데 있으며, 신하의 이익이란 공로가 없으면서도 부귀해지는 데 있다.

군주와 신하의 이익이 서로 다르다는 것은 각자 이해타산에 대한 계산이 다르다는 의미이기도 하다. 가령 신하는 언제나 자신의 역량과 노력에 비해 더 많은 대가를 받고자 한다. 이것이 신하가 군주와의 관계에서 행하는 '계산'의 내용이다.

군주나 신하 모두, 계산을 한다고는 하지만, 군주의 계산보다 신하의 계산이 훨씬 더 절박하지 않을까? 신하는 군주보다 자본과 자산이 적으니, 군주에게 더 많이 종속될 수밖에 없으며, 자신의 생사여탈권을 쥐고 있는 군주의 반응에 본능적으로 민감하게 반응할 수밖에 없다. 따라서 군주는 여간해서 신하의 계산을 따라잡기 힘들 것이다. 이는 약자로서 신하가 갖고 있는 본능에 가까운 행동이다.

이익을 따지고 계산하는 게 본성이라는 말은 "오는 정이 있어야 가는 정이 있는 법"이라는 말과 통한다. 즉 충성이나 의리를 따지기 전에 제대로 보상을 해주고 부하가 배신할 일을 만들지 말라는 이야기다. 아무리 정직하고 성실하게 일해도 아무런 보람을 느낄 수 없다면, 회사에 충성하고 헌신했는데도 보상은커녕 억울한 일만 당하게 된다면, 끝까지 의리를 지킬 수 있는 사람이 몇이나 될까? 그런 조직에는 충성과 의리 대신 부정부패가 우세할 것이고, 각자도생을 도모하는 구성원들로 인해 기강은 극도로 문란해질 것이다.

특히 일이 잘못되어서 책임을 묻게 될 일이 생겼을 때 제대로 소명의 기회를 주지 않고 좌천시킨다면 아무리 몇십 년 충성을 바친 직원이라고 해도 그 마음을 한 번에 짓밟힌 것 같은 모욕감을 느낄 수 있다. 왜 일이 이렇게 되었는지 충분히 소명의 기회를 주고, 좌천성 발령을 내리더라도 사전에 그에 대한 합리적인 설명과 세심한 배려가 있어야 한다.

물론 인간에게는 선의가 있으며, 그 선의는 아름답고 훌륭한 것이다. 그러나 선의는 찰나적인 연소燃燒와 비슷하여 너무나 공허하다. 즉 상황에 따라 선의가 순식간에 악의로 변할 수 있다는 점을 잊지 말아야 한다. 오히려 강한 선의를 가졌던 사람일수록 느낄 수 있는 배신감의 크기는 더 크기에 그 선의가 악의로 전환될 가능성도 크다. 한비자 역시 군신 관계를 논하는 대목에서 이 점을 자주 강조했다.

설령 누군가 그동안 함께 일한 시간과 쌓아온 관계가 아무것도 아니었다는 양 당신의 마음을 아프게 했더라도 '배신'을 운운하며 분개하거나 노여워할 필요가 없다. 한비자는 군신 관계는 부모 자식 관계가 아니므로 혈연 사이에서 느끼는 정情, 즉 '육친의 정'이 있을 리 없다는 냉정한 조언을 덧붙인다. 권력 찬탈을 위해 부자지간에도 얼마나 많은 골육상쟁이 있었는지를 기억하라. 피를 나눈 관계에서도 이해관계 때문에 서로 등을 돌리는 일이 비일비재한데, 하물며 혈육지간이 아닌 군신 관계에서는 더 말할 나위가 없을 것이다.

현명한 리더라면 의리와 정에 호소하여 부하직원의 충성을 끌어내려고 하지 마라. 이는 가능하지도 않을뿐더러 자신을 더욱 초라하게 만들 뿐이다. 또한 개인의 이익을 위해 회사를 떠나는 부하직원들을 두고 속 끓이지 마라. 도리어 직원들의 반응과 선택이 리더인 자신의 부족함 내지 미숙함 때문은 아닌지 냉정하게 따져볼 때 리더로서 더 크게 성장할 수 있다.

3. 쓴소리를 경청하라

좋은 약은 입에 쓰고, 충언忠言은 귀에 거슬린다는 뜻을 지닌 '양약고구 (良藥苦口: 좋은 약은 입에 쓰다는 뜻으로, 좋은 충고는 비록 귀에 거슬리나 자신에게 이롭다는 말)'는 법술法術을 아는 신하를 곁에 두고 천하를 다스리라는 취지에서 나온 성어다. 그러나 한비자가 생각하는 충언은 유가에서 말하는 현자의 충언과는 그 내용이 다르다. 『한비자』「외저설 우상」에 나오는 다음 일화가 이를 뒷받침한다.

춘추시대 말기, 노나라의 권신 계손씨季孫氏가 재상으로 있을 때, 공자孔子의 제자 자로子路(B.C. 542~B.C. 480)가 후郈 땅의 장관이 됐다. 당시 노나라에서는 5월이면 사람들을 징집해 수로水路를 만들었다. 의협심에 불탄 자로는 자신의 봉록으로 받은 곡물로 죽을 쑤어 도성인 곡부 동남쪽 대로인 '오보지구伍父之衢'에서 수로를 만드는 자들에게 그 죽을 먹였다. 공자가 이 소식을 듣고 곧 자공子貢을 시켜 속히 달려가 죽을 뒤엎고 그릇을 깬 뒤 이같이 말하게 했다.

"노나라 군주의 백성인데 네가 어째서 밥을 주는 것인가?"

자로가 불끈 화를 내며 소매를 걷어붙이고는 즉시 공자의 처소로 달려와 물었다.

"선생님은 제가 인의仁義를 행하는 것을 미워하는 것입니까? 선생님께 배운 것은 인의입니다. 인의는 천하와 더불어 소유한 것을 함께 나누는 것이고, 이로움을 함께 갖는 것입니다. 지금 제가 봉록으로 받은 곡물로 백성들에게 먹인 것이 어째서 옳지 않다는 것입니까?"

"유由야, 너는 여전히 거칠구나! 나는 네가 도리를 안다고 생각했으나 너는 여기에 미치지 못하는구나. 너는 여전히 예禮를 모르는 듯하구나. 네가 그들에게 먹을 것을 준 것은 그들을 아끼기 때문이다. 무릇 예란 천자天子는 천하 사람을 사랑하고, 제후諸侯는 국경 안의 사람을 사랑하고, 대부는 관속을 사랑하고, 선비는 집안 식구를 사랑하는 것이다. 사랑하는 바를 넘는 것을 두고 권한을 침해했다고 하는 것이다. 지금 노나라 군주가 백성을 돌보고 있는데 네 마음대로 그들을 사랑했으니 이는 네가 군주의 권한을 침해한 것이다. 이 또한 잘못된 행동이 아니겠는가?"

법가에서 말하는 현자는 인의仁義를 전면에 내거는 유가의 현자와 질적으로 다르다. 『한비자』「설의說疑」편에서는 그 이유를 이같이 밝히고 있다.

> 명군(明君: 총명하고 현명한 임금)은 안으로 가까운 일가친척일지라도 뛰어나기만 하면 피하지 않고, 밖으로 사적인 원한이 있을지라도 뛰어나기만 하면 이를 피하지 않고 등용한다. 그 누구일지라도 언행이 실적과 부합하면 발탁하고 그렇지 못하면 내친다. 그러나 암군(暗君: 사리에 어둡고 어리석은 임금)은 신하의 속마음과 언행을 속속들이 알지도 못하면서 남의 말만 믿고 나랏일을 맡긴다. 그 화가 작을 경우는 군주의 명성이 바닥으로 떨어지고 영토가 깎이는데 그치지만, 클 경우는 나라가 망하고 일족이 몰살을 당한다. 신하를 쓰는 일에 밝지 못한 탓이다.

명군이 발탁한 법술法術을 아는 현자는 언행이 실적과 부합한다. 이에 반해 암군이 발탁한 현자는 인의仁義를 전면에 내세운 까닭에 겉모습은 화려할지라도 알맹이가 없다. 언행이 실적과 부합할 리도 없다. 이런 자를 발탁하면 실정을 모르는 군주는 귀와 눈이 가려져 이내 권신에게 휘둘리게 된다는 게 한비자의 판단이다.

중국 역사를 보면 모범으로 삼을 만한 사례가 매우 많다. 대표적인 예로 초한전楚漢戰 당시 이른바 '홍문鴻門의 연회'에서 책사 범증(范增: B.C. 278~B.C. 204)의 간언을 좇지 않았다가 끝내 패망한 항우(項羽: B.C. 232~B. C. 202)의 경우를 들 수 있다. 항우는 범증의 거듭된 간언에도 유방(劉邦: B.C. 247~B.C. 195)의 목을 치는 일을 결단하지 못하다 결국 유방에게 패망한다. 항우의 우유부단한 성격이 화근이었다. "양약고구"가 절로 상기되는 대목이다.

자로(B.C. 542~B.C. 480)

춘추시대 노나라의 정치가이자 무인이다. 공자의 핵심 제자 중의 한 사람. 본명은 중유仲由이다. 공자의 여행 동안 고난을 함께하였다. 주로 공자의 호위를 자처하며 시기하는 무리로부터 공자를 여러 번 지켜내기도 했다.

범증(B.C. 278~B.C. 204)

진나라에 대항하여 군사를 일으킨 항우의 책사이자 전략가. 유방이 장차 항우를 위협하는 위험한 인물이라는 사실을 알고 그를 죽이려고 했지만 결국 실패하였다. 오히려 유방과 내통한다는 오해를 받고 쫓겨나 고향으로 돌아갔으며 실의에 빠져 죽었다.

홍문연(B.C. 206)

유방과 항우는 천하를 놓고 서로 다투었는데, 항우의 모사 범증은 진나라의 수도 함양에 먼저 입성한 유방을 견제하여 '홍문의 연회'에서 유방을 제거하고자 했다. 연회석 상에서 범증은 항장에게 칼춤을 추면서 기회를 보아 유방을 죽이라고 한다. 그러자 유방의 부하 번쾌가 검과 방패를 들고 갑자기 뛰어 들어오며 막아서자, 유방은 그 틈을 타 달아나 비로소 곤경에서 벗어난다. 이후에도 항상 음모와 살기에 가득 찬 연회를 지칭할 때 '홍문연鴻門宴'이라 부른다.

4. 리더는 두려움을 쉽게 내색해선 안 된다

리더의 심리 상태는 조직 전체로 빠르게 전파된다. 리더가 위기에 직면해서 작은 두려움에 휩싸이면 조직은 공포에 떨게 되고, 난관을 만나도 리더가 용기와 투지를 불태우면 조직은 그런 리더를 보고 다시 힘을 얻는다. 조직의 감정 수준은 리더의 감정 수준 이상을 넘지 못하는 것이 현실이다.

"CEO가 기침을 하면 임직원들은 몸살로 앓아눕게 된다"라는 말이 있다. 그만큼 임직원들은 리더의 일거수일투족에 예민하게 촉각을 곤두세우고 있다. 더욱이 일반적인 상황이 아닌 회사가 위기에 봉착했을 때라면 그 민감도는 더 커질 수밖에 없다.

중요한 것은 리더가 어떤 자세를 보여주느냐에 따라서 임직원들의 태도도 달라진다는 점이다. 리더가 "내게 모든 책임이 있다"라고 선언하는 경우, 임직원들도 잘못을 인정하고 적극적으로 책임을 지겠다는 태도를 보인다. 반면에 리더가 임직원들을 나무라고 짜증을 내면서도 자신에게 닥칠 위협에 대해 극도로 두려워할 경우, 임직원들도 어떻게든 자신에게 책임이 돌아오는 것을 피하려고 몸을 사리는 모습을 보인다.

이렇듯 리더가 위기 상황에서 스스로 두려워하는 모습을 보이면 임직원들은 더 불안한 마음이 들어 난관을 타개할 만한 용기를 갖지 못한다. 반대로 위기 상황에서도 리더가 중심을 잡고 강인한 모습을 보여주면 임직원들도 마음의 안정을 갖고 위기를 돌파해야겠다는 용기를 갖는다.

『한비자』「망징亡微」 편에서 나라를 망하게 하는 군주의 여러 가지 행태를 설명하고 있는데, 다음 이야기도 그중 하나다.

군주가 마음이 좁고 성질이 경박하여 쉽게 휩쓸리거나 동요를 일으키고, 쉽게 격분하여 앞뒤 사정을 올바로 분간하지 못하면 그 나라는 멸망하게 될 것이다.

특히 조직이 위기에 처함에 따라 모든 조직원이 그 리더만을 바라보고 있는 상황에서 리더가 차분함을 잃어버리고 경박하게 처신하면서 앞뒤를 분간하지 못한다면 그 조직은 내부적인 결집을 결코 끌어낼 수 없다.

CEO는 원하든 원치 않든 스포트라이트를 받는 존재다. 더더욱 잊지 말아야 할 것은 회사가 위기 상황이 되면 리더를 향한 스포트라이트는 더 밝아지며, 임직원들은 모두 뚫어져라 그를 응시하게 된다는 사실이다.

진정한 리더의 내공은 위기 상황에서 드러나는 법이다. 리더의 자리에 있는 한 조직 구성원들 앞에서 두려움을 내색해서는 안 된다. 두려움을 내색하는 순간 조직은 더 큰 두려움에 휩싸이게 된다. 두려움을 극복하는 리더만이 조직을 살릴 수 있다.

리더는 정말 두려워도 그 두려움을 내색하지 못하는, 그 두려움을 속으로 삼키면서도 웃음을 잃지 말아야 하는, 그런 사람이어야 한다. 그래서 리더의 자리는 이토록 어렵고 고독하다.

5. 상벌을 신중히 활용하라

한비자는 군주가 군주다울 수 있는 것은 막강한 위력을 발휘하는 상벌권賞罰權을 손에 쥐고 있기 때문이라고 보았다. 그래서 "상벌은 예리한 무기와 같다"라고 언급했다. 원래 이는 『도덕경道德經』 제36장에서 "나라의 날카로운 기물인 이기利器는 사람들에게 함부로 보여주어서는 안 된다"라는 구절을 인용한 것이다.

여기서 '이기利器'는 창과 칼처럼 날카로운 기물을 지칭하는 말로 바로 '상벌의 권한'을 상징한다. 두 손으로 쥐는 양날의 칼인 쌍수검은 남을 벨 때 위력을 발휘하지만, 자칫 조금만 실수해도 본인이 그 칼날에 베게 된다. 한비자가 군주는 신하들에게 상벌의 권한을 함부로 넘겨주어서는 안 된다고 당부한 이유다. 『한비자』「간겁시신姦劫弑臣」 편에서는 그 이유를 이같이 풀이해 놓았다.

> 매나 채찍의 위협, 재갈의 구속이 없으면 전설적인 마부인 조보造父일지라도 말을 복종시킬 수 없다. 위엄 있는 권세權勢와 상벌賞罰의 법도가 없으면 전설적인 성군인 요순堯舜일지라도 나라를 제대로 다스릴 길이 없다. 명군은 상을 분명히 밝히고 이익을 전면에 제시함으로써 백성들을 격려하고, 그 공에 따라 상을 내리는 방식으로 백성을 부린다. 결코 인의仁義에 근거해 상을 내리는 법이 없다. 엄형과 중벌로 간사한 행동을 뿌리 뽑고, 죄에 따른 엄벌로 백성을 부린다. 결코 은혜로운 사랑으로 죄를 면해주는 법이 없다. 이리해야만 공이 없는 자는 상을 기대하지 않고, 죄가 있는 자는 요행을 바라지 않게 된다.

형벌과 포상褒賞은 그 한계를 명확히 정해놓아야만 백성들이 감히 금령을 어길 엄두를 내지 못하고, 법에 저촉되지 않기를 염원하고, 감히 과분한 포상을 기대하지 않게 된다. 그러나 형벌과 포상의 한계를 아무리 명확히 설정해 놓을지라도 은밀히 범법을 행하며 간사한 짓을 하는 것을 완전히 막을 수는 없다. 이를 근원적으로 막을 방법은 없는 것일까? 한비자도 이를 고민했다.『한비자』「정법定法」편은 밀고密告와 연좌連坐를 구체적인 방안으로 제시해 놓았다.

　　상앙은 진秦나라를 다스리면서 고발과 연좌제를 만들어 실상을 추구했다. 10호나 5호를 하나로 묶어 그 안에서 죄를 함께 지도록 하고, 후한 상과 엄한 벌을 확실히 내렸다. 이에 백성들은 쉬지 않고 힘써 일하고, 적을 쫓을 때는 위험에 빠져도 물러나지 않았다. 나라가 부유해지고 군사가 강해진 이유다.

그러나 한비자는 상앙(商鞅: ?~B.C. 338)이 시도한 고발과 연좌제가 소기의 성과를 거뒀다고 보지는 않았다. 상앙 사후 장의張儀와 같은 종횡가(縱橫家: 전국시대 제자백가 가운데 제후들 사이를 오가며 여러 국가를 종횡으로 합쳐야 한다는 합종책과 연횡책을 논한 분파)가 진나라를 희생시키며 한나라와 위나라로부터 사사로이 이익을 취했다는 게 그 논거다. 한비자가 세 치 혀로 천하를 농락하는 종횡가를 극도로 싫어한 이유이기도 하다. 그는 기본적으로 종횡가를 국가와 군주의 이익을 전면에 내걸고 사리를 취하는 도적으로 보았다.

그는 군주는 입을 무겁게 해야 한다고 충고했으며, 신의도 없이 이리저리 오가며 사적인 이익을 챙기는 종횡가를 주의하라고 주문했다. 또한 위엄을 지켜 군주의 권세를 적극 활용하라고 주장했다.

원래 군명君命은 백성들의 신의를 얻지 못할 경우 오히려 역효과를 낼 소지가 크다. 뒤늦게 명을 듣지 않는 자를 엄벌에 처할 경우 오히려 사태를 더욱 악화시키게 된다. 명을 내리기 전에 반드시 군주가 백성들에게 신임을 얻어야 하는 이유다.

장의(?~B.C. 309)

전국시대 위나라의 모사. 소진의 주선으로 진秦나라에서 벼슬살이를 하게 되어 혜문왕 때 재상이 되었다. 연횡책連衡策을 주창하면서, 위·조·한나라 등 동서로 잇닿은 6국을 설득, 진나라를 중심으로 하는 동맹관계를 맺게 하였다.

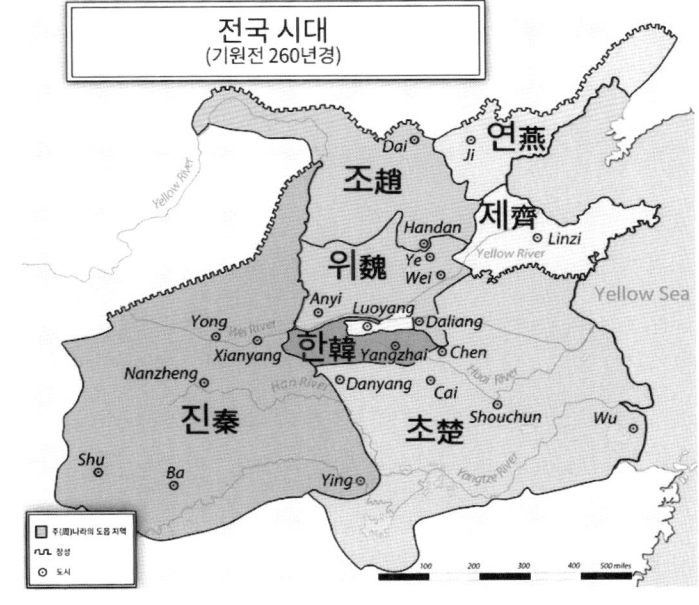

전국 시대
(기원전 260년경)

전국칠웅

전국시대는 진秦, 초楚, 제齊, 연燕, 한韓, 위魏, 조趙 등 일곱 제후국이 득세하여 주周 왕실의 권위를 무시하고 스스로를 왕으로 칭했다.

6. 기강을 바로잡아야 패망하지 않는다

한비자는 상벌 규정을 분명히 하지 않으면 밑에 있는 신하들이 이를 틈 타 농간을 부리게 된다고 경고하고 있다. 신하들의 언변에 솔깃해서는 안 된다는 지적이다. 『한비자』「외저설 좌하」편에서는 공자의 말을 인용해 이같이 언급해 놓았다.

뛰어난 관원은 백성에게 은혜와 의리를 심지만, 무능한 관원은 백성에게 원한의 씨를 뿌린다. 말과 되에 담긴 곡식을 평평하게 미는 평미레는 양을 재는 도구이고, 관원은 법을 공평히 하는 자다. 나라를 다스리는 자는 공평 을 잃어서는 안 된다.

한비자가 공자의 말을 인용한 것은 공정한 법 집행의 중요성을 강조하 기 위한 의도다. 군주가 상벌의 기준을 명확히 하는 것은 관원들의 농간 을 제도적으로 차단하기 위함이다. 신하들의 말을 가려들을 줄 아는 안목 을 키워야 하는 이유다.

객관적으로 볼 때 군주가 아무리 상벌권을 손에 꽉 틀어쥐고 있을지라 도 이를 공평히 실행하기란 결코 쉽지 않은 일이다. 관원들의 농간 때문 이다. 한비자는 이를 통찰하고 『한비자』「난일難一」편에서 다음과 같은 예를 들었다.

전국시대 초기, 조양자趙襄子가 진양에서 지백智伯의 군사에게 포위당했다 가 풀려난 후 논공행상을 하면서 공로가 있는 다섯 명에게 상을 내렸는데 고 혁高赫이 으뜸가는 상을 받았다. 이에 큰 공을 세운 장맹담張孟談이 반발하며 조양자에게 말했다.

"진양의 싸움에서 고혁은 별다른 공을 세우지도 못했는데 지금 으뜸가는
상을 받게 된 것은 무슨 까닭입니까?"

"진양의 싸움 당시 과인과 나라 모두 극히 위태로웠고, 사직 또한 무너지
기 직전이었소. 군신들 가운데 교만한 모습을 지으며 나를 업신여기지 않는
자가 없었는데 오직 고혁만이 군신의 예를 잃지 않았소. 그래서 그에게 으뜸
가는 상을 준 것이오."

공자가 이 이야기를 듣고 조양자를 칭송했다.

"참으로 훌륭한 상이다!

조양자는 한 사람에 상을 주어 천하의 신하 된 자들에게 감히 예를 잃지
못하게 했다."

그러나 한비자는 공자의 칭찬을 이같이 비판했다.

"공자는 훌륭한 상을 내리는 방법을 모른다. 무릇 상벌을 잘 내리면 백관
들 모두 감히 남의 직무를 넘보지 않고, 군신들 모두 감히 예를 잃지 않는다.
지금 고혁은 단지 교만하지 않았고, 군주를 업신여기지 않았다는 이유만으
로 으뜸가는 상을 받았다. 이는 상을 주는 방법이 잘못된 것이다. 명군은 공
이 없는 자에게 상을 주지 않고, 죄 없는 자에게 벌을 가하지 않는다. 이를
두고 어찌 조양자가 훌륭하게 상을 내렸다고 말할 수 있겠는가?"

상벌에 관한 유가儒家와 법가法家의 시각차가 극명하게 드러나는 대목
이다. 공자의 칭송과 한비자의 비판은 각기 일리가 있다. 극도로 어려운
상황에서 끝까지 충성심을 잃지 않은 고혁에게 최고의 포상을 한 게 잘
못된 것은 아니다. 공자가 언급한 것처럼 많은 신하에게 하나의 귀감으로
작용할 수 있기 때문이다.

그러나 고혁과 같은 사람이 여러 명 존재했을 경우엔 문제가 달라진다. 교만하지 않고 업신여기지 않았다는 이유만으로 모두 일등 공신으로 삼을 경우 몸을 던져 싸울 사람이 없게 된다. 공자의 칭송은 고혁과 같은 행보를 보인 사람이 단 한 사람 또는 극소수에 그쳤을 때 의미가 있다. 그러나 여러 명일 경우는 한비자가 지적한 것처럼 문제가 심각해진다. 포상의 의미도 살리기 어려울 뿐 아니라 이후 유사한 상황이 빚어질 경우 오히려 사태를 악화시킬 수도 있다.

한비자는 『한비자』「이병二柄」 편에서도 이같이 경고했다.

> 군주에게는 두 가지 근심이 있다. 첫째, 현자賢者를 임용하면 신하가 자신의 현명함을 믿고 군주를 넘보는 것이다. 둘째, 임의로 아무나 등용하면 일을 그르쳐 수습할 길이 없는 지경에 이르게 되는 것이다.

군주가 호오(好惡: 좋아함과 싫어함)의 감정을 드러내지 않아야만 신하들이 군주의 속마음을 헤아릴 길이 없어 자신의 속셈을 드러내게 된다. 신불해가 주장한 '제신술(制臣術: 군주가 신하를 제어하는 것)'의 요체가 여기에 있다. 『한비자』「주도主道」 편에서는 군주가 호오의 감정을 드러내지 않은 채 신하들을 제압하는 제신술의 비법을 소개하고 있다.

한비자가 볼 때 군주는 신하와 입장이 서로 반대이기 때문에 자신의 속마음을 엿보려는 신하들의 간계에 휘말려서는 안 된다. 속마음을 감춘 채 신하들의 속셈을 알아채는 절묘한 '제신술'이 필요한 이유다.

법술은 구체적으로 무엇을 뜻하는 것일까? 『한비자』「관행觀行」 편에서는 전국시대 초기, 위나라의 기틀을 튼튼히 한 서문표西門豹의 일화를 소

개하며 '절도(節度: 말이나 행동, 생활에 있어서 알맞은 한도를 지키게 하는 기준)'
를 핵심으로 꼽았다. '절도'는 병가兵家에서 말하는 장수의 기본 덕목이기
도 하다. 한비자는 '절도節度'를 통치술과 연결했다.

또한 한비자는 군주에게 절도를 핵심으로 하는 '제신술'을 구사하라고
주문했다. 절도에 맞게 행동하면서 세상과 함께하는 게 관건이다. 그래야
만 군주가 신하들의 언변에 속아 넘어가 일을 그르치는 것을 미연에 막을
수 있다.

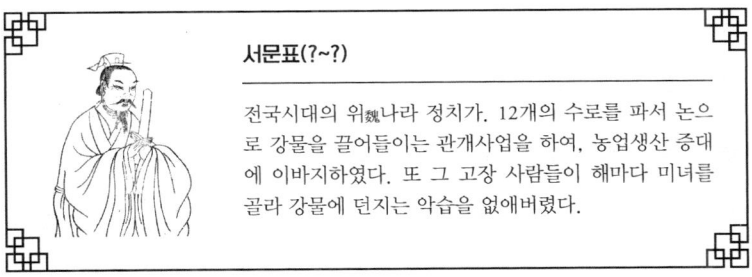

서문표(?~?)

전국시대의 위魏나라 정치가. 12개의 수로를 파서 논으
로 강물을 끌어들이는 관개사업을 하여, 농업생산 증대
에 이바지하였다. 또 그 고장 사람들이 해마다 미녀를
골라 강물에 던지는 악습을 없애버렸다.

7. 리더는 현재에 안주하는 것을 경계해야 한다

직원일 때는 늘 열정적으로 변화를 꾀하며 노력하던 사람도 조직의 최
고 책임자가 되면 뒤로 물러나 직원들을 감시하고 통제하는 데에만 신경
을 곤두세우는 경우가 꽤 많다. 그런데 어떤 리더인 경우에는 본인이 앞
장서서 냉엄한 평가의 무대에 올라서고, 뒤처지지 않기 위해 끊임없이 새
로운 것을 배우면서 발전을 멈추지 않았다.

한비자 역시 군주에게 "현재에 안주하려는 마음을 지속해서 경계해야 한다"라고 강조했다. 『한비자』「유도有度」 편에 이런 문장이 나온다.

언제까지나 부강한 나라도 없고 언제까지나 허약한 나라도 없다.
법을 받드는 자가 단단하면 나라가 강해지고, 법을 받드는 자가 연약하면 나라가 약해진다.

이 문장은 법치의 중요성을 강조하고 있다. 『한비자』 제6편의 제목인 '유도有度'는 "나라를 다스리는 데에는 법도가 필요하다"는 것을 뜻한다. 그러나 이 문장을 가만히 음미해 보면, 한 번 강했다고 해서 계속 강하지도 않고 한 번 약했다고 해서 계속 약하지도 않는 법이기에 "현재에 안주하지 말고 지속해서 경계하며 발전하기 위해 노력을 해야 한다"라는 의미가 내포되어 있다.

조직이 어느 정도 안정화되면 리더는 현재에 안주하기 십상이다. 그렇게 되면 고인 물이 썩는 것처럼 조직은 급격한 조로화早老化가 진행되고, 리더는 아랫사람들을 닦달하기 시작한다. 그런데 리더는 현재의 안정에 머물러서 편하게 지내려고 하면서 아랫사람들에게만 변화와 발전을 요구한다면 어떻게 될까. 겉으로야 따르는 척할 수도 있겠지만 그냥 형식적인 시늉만 내다가 끝내는 경우가 많을 것이다.

오늘날 경영 현황은 하루가 다르게 급변하고 있다. 이런 상황에서 리더가 옛것에 매몰되어 있거나, "나도 그거 해봤어"라는 식으로 과거 경험치에 근거한 고리타분한 권위 의식을 버리지 못하면 그 조직은 이미 건강하지 못한 상태로 진입했다고 볼 수 있다.

특히 작은 성공을 맛본 리더일수록 현재에 안주하려는 자만심이나 게

으름을 경계해야 한다. "어제는 정답이었던 것이 오늘과 내일의 상황에서는 정답이 아닐 수 있다"라는 말이 있지 않은가. 과거의 성공 경험을 마치 불변의 정답인 양 집착하면서 새로운 시도나 변혁을 거부하는 리더들이 있다. 하지만 그들이 조만간 직면하게 될 현실은 지속적인 안정도, 반복되는 성공도 아니다. 오히려 하강 곡선을 그리며 빛을 잃어가는 늙고 병든 조직이 그들을 기다리고 있을 뿐이다.

한비자가 활동하던 때는 인의와 덕德의 정치를 강조하는 유가儒家의 활동이 왕성했다. 유가는 인의와 덕으로 나라를 다스린 요堯임금과 순舜임금, 그리고 주周나라 무왕武王을 롤모델로 여겼다. 그래서 공자는 끊임없이 요순시대를 그리워하고 주나라의 문화를 따를 것을 주장했다. 그렇지만 한비자는 한 치 앞을 내다보기 힘든 전국시대의 혼란한 상황에서 이러한 유가의 주장은 현실성이 없다고 보았다.

한비자는 주변 상황은 바뀌고 있는데 계속 옛것에만 매몰되지 말 것을 경고했다. 세상에는 영원한 강자도 영원한 정답도 존재하지 않는다. 기업 조직도 마찬가지다. 끊임없이 변화하는 상황 속에서 때에 알맞은 정답을 찾는 노력을 게을리하지 않아야 한다. 그것이 바로 조직의 생존력이자 리더의 생존력이 된다.

외부 여건이 힘들어질수록 변화와 발전의 원동력은 내부에서 비롯되어야 한다. 그리고 그 변화의 시발점은 바로 조직의 모든 책임을 지고 있는 리더가 되어야 한다. 과연 누구의 눈빛과 의지가 달라질 때, 조직 전체에 가장 큰 영향을 미치겠는가? 두말할 나위 없이 리더다.

조직 구성원들이 바뀌지 않음을 한탄하기 전에 리더부터 초심으로 돌아가 뜨거웠던 심장 소리를 다시 한번 들어보자. 과연 그때의 열정과 야

성이 아직도 가슴속에 살아서 꿈틀거리는지 스스로 확인해 보자.

하늘은 우리를 위해 비를 내리지 않고, 땅은 우리를 위해 꽃을 피워내지 않는다. 산에 오르려 하면 폭우가 내리고, 바다로 떠나려 하면 풍랑이 인다. 이것이 인생이요, 사업이다. 운이 따르지 않는다고 생각하고 누군가를 원망하는 대신, 그 정도의 걸림돌과 악조건은 늘 닥칠 수 있는 상수常數로 여기는 결연한 마음 자세가 필요하다. 초심을 잃지 말고 결연히 앞으로 나아갈 수 있다면 어떤 위기가 닥쳐와도 단단한 내공으로 극복할 수 있을 것이다.

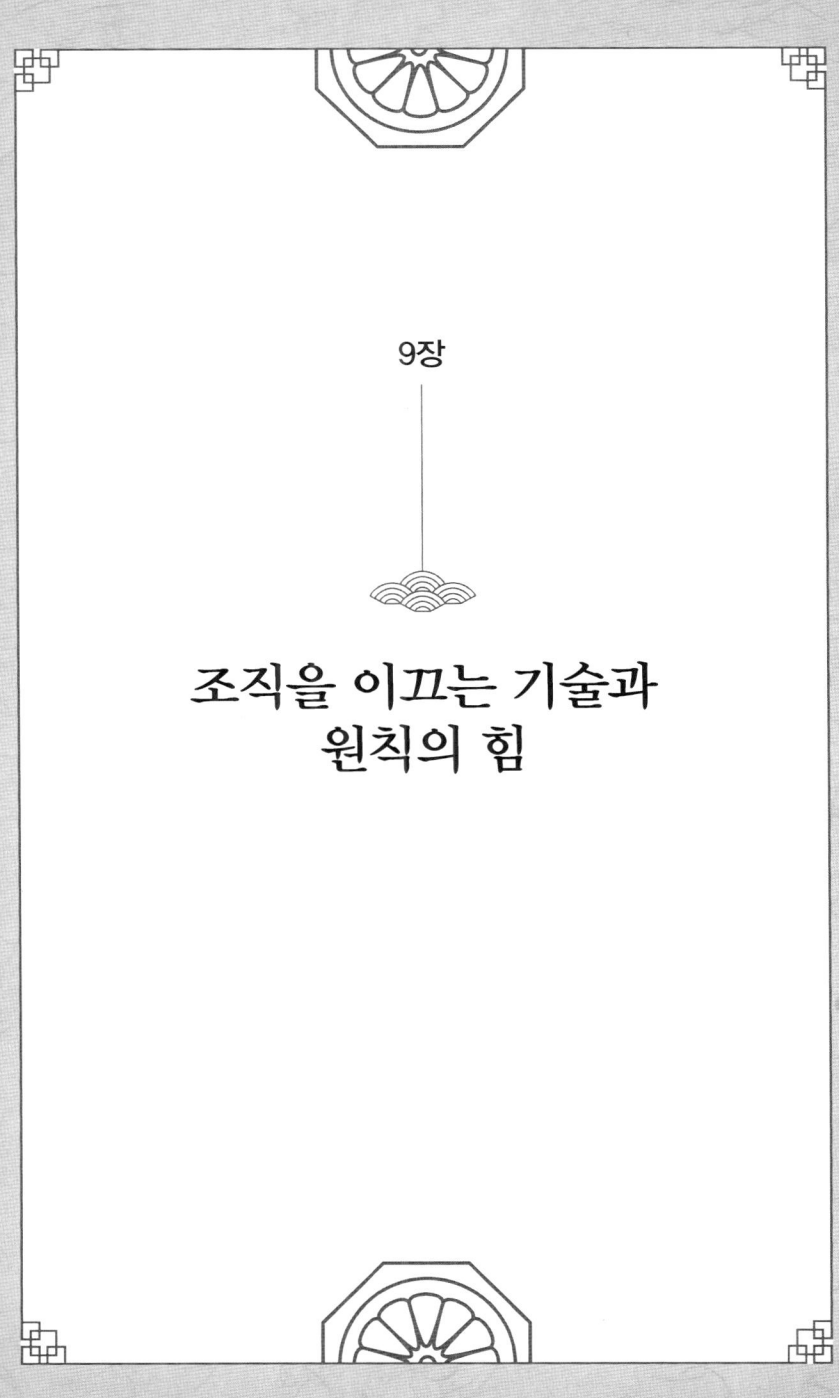

9장

조직을 이끄는 기술과
원칙의 힘

1. 다른 사람의 능력으로 나를 빛나게 한다

한비자는 군주가 처신을 어떻게 하느냐에 따라서 신하를 원하는 대로 부릴 수 있음을 역설적으로 말한다. 군주가 너무 뛰어나서 뭐든 알아서 다 해버리면 군주와 신하의 사이는 벌어질 수밖에 없다. 흔히 모든 일을 처리하는 것보다는 능력에 맞게 사람을 부리는 리더가 현명한 법이다.

한비자는 지혜 있는 자에게 생각을 짜내게 해서 그를 근거로 일을 결단하기 때문에 군주의 지혜를 유지할 수 있다고 말한다. 또한 현명한 자에게 일을 맡김으로써 군주의 재능을 아낄 수 있고, 잘못이 있으면 그 일을 한 사람에게 책임을 물을 수 있으니, 군주의 명성 또한 유지할 수 있다는 것이다.

그러므로 신하는 신하로서의 본분을 다해 일할 수 있게 하고, 군주는 그것을 운용할 수 있으므로 결국 다른 사람의 능력으로 자신을 빛나게 만드는 셈이다.

한비자는 「주도主道」 편에서 군주가 자신을 내비치지 않으면 의견이 있는 자들이 스스로 말하게 되고, 일하는 자들의 공적이 저절로 드러나게 된다고 했다.

다른 사람의 능력으로 자신을 빛나게 하는 방식은 『손자병법孫子兵法』에 있는 '허실虛實'이라는 말과 통한다. 힘이 잘 모인 상태가 '실實', 그 반대가 '허虛'다. 충분히 대비가 있는 것을 '실實'이라고 하고, 대비가 되어 있지 않은 것을 '허虛'라고 한다. 그런데 허실이란 단순히 이런 고정된 상태를 의미하는 것이 아니다. '허허실실(虛虛實實: 상대방의 허점을 찌르고 실리를 얻는 계략)'이라는 말처럼 '허실虛實'에는 진짜와는 반대의 모습으로 위장하라는 뜻이 담겨 있다. 군주에게는 다 알고 있으면서도 모르는 체하여 상대방을 역으로 이용하는 '허허실실'의 전법이 필요하다. 고조高祖가 앙숙이었던 옹치(雍齒: ?~B.C. 192)를 분봉한 사례는 일종의 허허실실 전법에 가깝다고 하겠다.

항우項羽와 천하를 건 싸움에서 이긴 유방劉邦, 그는 천하통일 후 1년 동안이나 논공행상(論功行賞: 공로를 조사하여 크고 작음에 따라 서열을 매겨 상을 내린다는 뜻)을 제대로 하지 못하고 있었다. 저마다 공이 있다고 논의가 분분한 가운데, 줄 식읍은 정해져 있고 공신들은 많아 이러지도 저러지도 못하자 불만을 토로하는 이들이 많아졌다.

유방은 혹시나 이들이 모반할까 불안한 마음에 장량(張良: ?~B.C. 186)에게 해결책을 물었다. 이때 장량은 고조 유방과 사이가 가장 좋지 않은 자가 누구냐고 물었다. 그러자 고조가 옹치란 자를 지목하면서 죽이고 싶을 정도로 미운 자라고 말하니 장량은 대뜸 그를 최우선으로 봉하라고 조언한 것이다. 내키지 않았지만, 고조가 옹치를 위해 친히 술자리를 마련하여 십방후什方侯로 봉하고, 급히 승상丞相과 어사御使를 재촉해 그의 공을 정하고 봉상을 진행했다. 그러자 불만을 토로하던 신하들은 "옹치 같은 자가 오히려 후侯가 되었으니, 우리들은 근심할 게 없다."라고 하며 더 이상 말을 하지 않았다. (『사기史記』「유후세가」)

이처럼 허허실실虛虛實實은 작은 것으로 큰 것을 얻으며 소수로 다수를 이길 수 있다. "적을 조종하고, 적에게 조종당하지 말라."라는 손자병법의 허실을 운용하게 되면 군주는 주도권을 장악해서 신하를 이끌 수 있다. 군주는 신하를 조종하는 역할이지, 신하에게 조종당해서는 안 된다.

"그러므로 전쟁을 잘하는 자는 적을 끌어들이지, 적에게 끌려가지 않는다(故善戰者, 致人而不致於人)"라는 『손자병법』「허실」의 말처럼 주도권은 리더가 쥐고 있어야 한다. 모름지기 리더라면 마음을 비워서 기다릴 줄 알아야 하고, 부하들이 자기의 재능을 다하도록 이끌어야 한다. 이것이 바로 권력의 핵심은 리더에게 있음을 말하는 한비자의 통찰이다.

한비자는 뛰어난 군주가 '법法'을 운용하여 신하들을 부리는 것을 '술術'이라 했다. 리더는 핵심만 챙기고 있으면 되고, 나머지는 부하들이 능력을 발휘하도록 하면 된다. 자기 능력으로 모든 것을 다 하려는 리더는 무능함 그 이상이라는 것이 한비자의 논지다.

지금도 '나 아니면 안 된다'라는 생각으로 모든 일에 나서는 리더들을 볼 수 있다. 리더가 직접 주도하고 일을 하게 되면 자신도 피곤하지만, 아랫사람의 일하는 방식에도 쉽게 만족하지 못하게 된다. 결국 본인이나 다른 사람에게 좋지 않은 결과만 가져올 뿐이다.

2. 권한을 함부로 넘기지 마라

한비자는 군주가 자신의 권한인 상벌권賞罰權을 움켜쥐고 있어야만 신하들이 군주를 가볍게 여기지 않는다고 했다. 반면 간신들이 활개를 치는 것은 군주의 상벌권을 얻어내 행사하기 때문이다. 군주의 상벌권이 없어지면 백성들도 신하들에게 복종할 것이다.

한비자는 군주와 신하의 관계를 서로의 권력욕이 충돌하는 관계로 보았다. 즉 군주와 신하가 서로 이해타산을 따져 자신의 세계를 구축해 나가는 관계라는 말이다. 그래서 한비자는 군주가 백성과 신하를 다스리는 유일한 방법은 바로 상벌이라고 강조한다.

'병柄'이란 물건의 손잡이 또는 칼자루를 뜻한다. 그러므로 '이병二柄'은 "두 개의 칼자루 또는 두 가지 도구"를 의미한다. 여기서 두 가지 도구란 신하들을 다스리는 방법인 형刑과 덕德, 상賞과 벌罰을 말한다. 한비자는 유가 사상의 핵심 개념인 '인仁'이니 '덕德'이니 '서恕'와 같은 것들에 주목하지 않았다. 단지 원칙에 따라서 통솔해 나가는 것이 나라를 다스리는 지름길이라고 생각했다.

그가 주장하는 핵심은 법을 어긴 자에게는 벌을 주고, 법을 잘 지킨 사람에게는 상을 줘야 한다는 것이다. 물론 상벌의 모든 권한은 군주에게 있으며, 그 권한은 두 개의 칼자루와 같으므로 잡는 이의 마음에 따라 휘두를 수 있다. 한비자가 살던 시대 역시 신하들이 상벌의 권한을 제멋대로 휘둘렀기 때문에 군주들에게 닥칠 위험을 짐작하는 것은 어려운 일이 아니었다.

예를 하나 들어보자. 전상田常은 군주에게 작위와 봉록을 요청하여 벼슬아치들에게 주었다. 그는 백성들에게 곡물을 꿔줄 때는 큰 말로 퍼주고, 거두어들일 때는 작은 말로 받아 은혜를 베풀었다. 이렇게 되자 제나라의 군주 간공簡公은 덕을 잃고 전상이 그 권한을 잡게 되었으며, 간공은 끝내 시해당하고 말았다.

다음으로 『한비자』 「외저설 우하」에 실려 있는 자한子罕의 예를 보자.

사성司城 자한子罕이 송宋나라 군주에게 말하였다.
"칭찬하여 상을 내리는 것은 백성들이 좋아하는 것이므로 군주께서 직접 시행하시고, 사형에 처하거나 벌을 주는 것은 백성들이 싫어하는 것이므로 신이 그 일을 담당하겠습니다."
송나라 군주가 말하였다.
"허락하노라."
그래서 위엄 있는 명령을 내리거나 대신들을 처형할 때 군주는 이렇게 말하였다.
"자한에게 물어보시오."

이 때문에 대신들은 자한을 두려워하게 되었고, 일반 백성들도 자한을 따르게 되었다.

한 해가 지나자 자한은 송나라 군주를 살해하고 정권을 빼앗았다.

전상이 단지 덕을 베푸는 권한만을 사용해 간공을 시해했다면, 자한은 단지 형벌의 권한만을 사용해 송나라 왕을 위협했다. 한비자는 지금의 신하 중에도 형刑과 덕德의 권한을 모두 사용하는 자들이 있으니, 지금의 군주는 간공이나 송나라 왕보다 더욱 위태롭다고 했다.

이 일화에서 알 수 있는 것은, 일반적으로 백성들이 왕의 인자함을 존경하고 따를 것 같지만, 자신에게 위해를 가하는 자한에게 먼저 복종하게 된다는 것이다. 군주는 인자함으로 무장할 것이 아니라 상벌의 권한을 갖고 강한 카리스마를 보여야 한다. 그러므로 한비자는 "군주가 자신의 상벌권을 확실하게 잡고 있어야 한다"라고 본 것이다. 『사기史記』 「유경 숙손통열전」에 다음과 같은 내용이 있다.

"위로는 밝은 군주가 있고 아래로는 법령이 갖추어져 있어, 사람들은 각자 자신의 직업에 충실하고 사방에서 사람들이 모여들고 있는데, 어찌 감히 반란을 일으키는 자가 있겠습니까! 이것은 단지 쥐나 개가 물건을 훔쳐 가는 것에 지나지 않습니다. 어찌 이야기할 가치가 있겠습니까! 지금 군수와 군위가 그들을 잡아들여 죄를 다스릴 텐데, 어찌 걱정하십니까!"

한고조를 도와 조정의 예식을 완비한 숙손통(叔孫通: ?~B.C. 194)의 말이다. 숙손통은 설薛땅 사람으로 진나라 때에는 문학文學으로 불려 와 박사로 임용되었다. 숙손통이 한고조를 만나기 전 여러 나라의 신하를 거쳤는

데 그가 내세운 통치술의 기본은 이런 것이다.

그러므로 군주는 나라를 다스리는 데 형刑과 덕德, 상賞과 벌罰이라는 두 가지의 칼자루를 함부로 신하에게 넘겨서는 안 된다. 군주는 군주로서의 직분이 있는 것이고, 신하는 신하로서의 직분이 있는 것이니 그것을 혼동하여 사용해서는 안 된다는 것이 한비자의 경고라 하겠다.

칼자루를 쥐고 있다는 것은 일의 주도권을 갖고 있다는 것이다. 이는 국가를 경영하는 일에만 국한되는 것은 아니다. 예를 들어, 협상할 때도 칼자루를 쥐고 있는 쪽이 유리하게 국면을 이끌어갈 수 있다. 순간의 잘못된 판단으로 칼자루가 아니라 칼날을 잡게 된다면 그 칼은 심장을 노리는 비수로 바뀔 수 있음을 인식해야 한다. 그러므로 리더는 상대에게 권한을 쉽게 넘기지 말아야 한다.

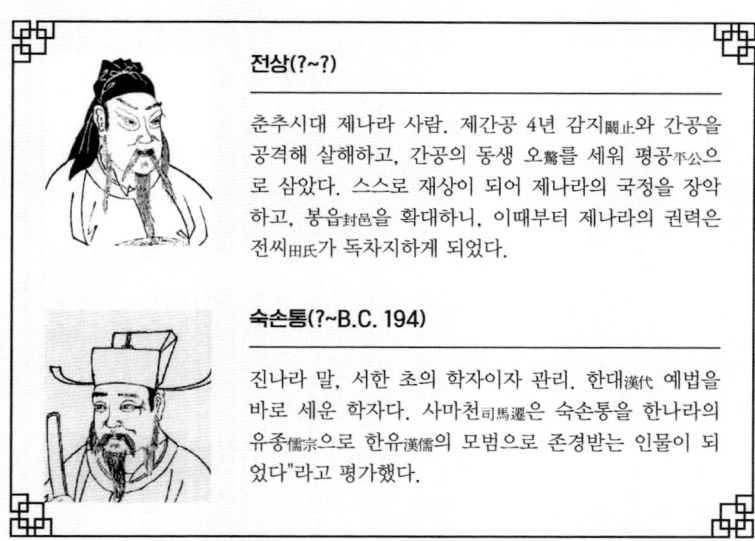

전상(?~?)

춘추시대 제나라 사람. 제간공 4년 감지闞止와 간공을 공격해 살해하고, 간공의 동생 오鰲를 세워 평공平公으로 삼았다. 스스로 재상이 되어 제나라의 국정을 장악하고, 봉읍封邑을 확대하니, 이때부터 제나라의 권력은 전씨田氏가 독차지하게 되었다.

숙손통(?~B.C. 194)

진나라 말, 서한 초의 학자이자 관리. 한대漢代 예법을 바로 세운 학자다. 사마천司馬遷은 숙손통을 한나라의 유종儒宗으로 한유漢儒의 모범으로 존경받는 인물이 되었다"라고 평가했다.

3. 제1원칙은 말과 행동이 일치하는 것

직원들의 실제 업무 진행 상황이나 결과 확인에는 관심 없이 아이디어 자체에만 집중하는 CEO, 그리고 이런 CEO의 영향을 받아 프로젝트 진행에는 관심이 없는 직원들. 한비자는 이렇게 구체적인 성과 없이 제안만 남발되는 현상을 경고하면서 '형명일치(形名一致: 말과 행동을 대조해 일치하는지 살피라는 뜻)'라는 개념을 제시했다. 이 개념은 자연 원리에 대한 논리적인 인식 방법을 설명한 것으로, 이미 확정된 지식이라 하더라도 객관적인 인식 태도로 끊임없이 검증하라는 의미다. 쉽게 풀면 이렇다. 사물에 이름[名]이 있는데 이름만으로 본질[形]을 파악해서는 안 되고 이름과 본질이 맞는지 끊임없이 확인해야 한다는 뜻이다. 이는 『한비자』 「주도主道」 편에 나오는 '형명참동形名參同과도 일맥상통하는데, 그 뜻은 "말(名)과 행동(形)을 대조해 일치하는지 살핀다"라는 것이다. 즉 신하가 어떤 일을 하겠다고 말한 후에 그것을 그대로 실천하여 성과를 이루었는지 대조하여 살펴보고, 만일 일치하면 상을 주고 그렇지 않으면 벌을 내리라는 가르침이다.

한비자는 특히 '말'과 '행동'에 대해 『한비자』 「이병二柄」 편에서 다음과 같은 날카로운 지침을 내리고 있다.

신하들의 간사한 행동을 근절하려면 그들의 말하는 바와 행하는 바가 일치하는지 살펴야 한다. 군주는 신하의 말을 잘 살펴 임무를 부여하고, 일의 결과에 따라 공적을 심사해야 한다.

이렇듯 한비자가 강조한 법치의 핵심은 '신상필벌(信賞必罰: 상과 벌을 공정하고 엄격하게 주는 일)'이다. 그는 신하의 말과 행동을 잘 살펴서 일치하는 사람에게는 상을 주고 그렇지 않은 사람에게는 벌을 주어야 한다면서 신상필벌이 분명해야 신하들이 군주를 믿고 진심을 다하게 될 것이라고 보았다. 반대로 말만 번지르르하고 성과가 없음에도 군주에게 별다른 지적을 당하지 않는다면 신하들이 기교를 부릴 생각만 하고 진정으로 나랏일을 걱정하지 않게 된다고 했다.

말과 행동이 일치해야 한다는 원칙은 조직원뿐만 아니라 리더 본인도 반드시 지켜야 하는 덕목이다. 회사의 총책임자가 자기가 한 말에 책임을 지지 않는다면 어느 누가 책임지는 자세를 보이겠는가? 리더는 느끼지 못할지도 모르지만, 직원들은 리더의 말과 행동에 아주 민감하게 반응한다. 리더의 단점, 일하는 습관과 방식 등은 그대로 조직 전체에 영향을 미친다.

일단 CEO의 입에서 새로운 제안이 나왔으면 어떤 식으로든 추진하고, 그 결과에 대해 냉정한 평가를 할 수 있어야 한다. 결과가 성공이면 성공인 대로 회사에 이익이 될 것이고, 실패로 끝난다고 하더라도 그 과정에서 회사는 교훈을 얻을 수 있기 때문이다. 하지만 제대로 챙기는 사람이 없어 중간에 흐지부지돼 버리면 이는 회사에 아무런 이익이 되지 못한다. 자신의 말에 책임을 지는 데서 성공 경영이 시작된다는 것을 CEO는 반드시 기억해야 한다.

4. 예의를 잃으면 모든 것을 잃게 되는 법

CEO에게 엄격함과 위엄은 반드시 필요한 요소다. 친근함과 인센티브 등으로 동기부여를 할 수도 있지만 때로는 CEO의 위엄이 조직원들을 단결시키고, 그들의 흐트러진 마음을 바로잡게 하는 동력이 된다.

그런데 '엄격함과 위엄을 갖추는 것'과 '모욕을 줘서 반감을 사는 것'은 분명 다르다. CEO가 조직원들에게 무례하게 행동해서 그들로부터 반감을 사는 행위는 피해야 할 행동이다. 특히 화가 난다고 해서 정제되지 않은 거친 표현으로 하고 싶은 말을 다 해버리는 것은 리더로서 절대 하지 말아야 할 일이다. 직원이 아무리 아랫사람이라고 해도 '사람에 대한 예의'를 갖추고 대해야 한다.

어떤 직원이 잘못을 해서 어쩔 수 없이 해고해야 하는 경우라면 우선 그 잘못에 대해 정확히 지적을 해주고, 왜 해고 사유가 되는지 충분히 설명해야 한다. 마지막으로 그동안 회사를 위해 수고했다는 인사도 잊지 말아야 한다. 그래야 직원이 자기 잘못을 인정하고 회사의 결정에 수긍할 수 있다.

군주의 엄격함과 위엄을 강조하는 한비자도 아랫사람에게 무례하게 굴어 원한을 사는 짓은 하지 말라고 가르친다. 『한비자』「내저설內儲說 하 육미六微」편에 다음과 같은 일화가 소개된다.

> 제나라의 이야夷射라는 사람이 어느 날 임금의 주연酒宴에 참석했다가 몹시 취하여 밖으로 나와 회랑回廊의 문지방에 기대어 있었다. 그때 죄를 지어 다리가 잘린 문지기가 다가와 말했다.
> "대감님, 드시다 남은 술이라도 좋으니 조금만 주십시오."

그러자 이야는 불쾌한 표정으로 소리쳤다.

"닥치거라. 죄를 짓고 다리까지 잘린 주제에 어느 안전이라고 그 따위 말을 지껄이느냐! 썩 물러가라."

호통을 들은 문지기는 자리를 떴다가 이야가 들어간 후에 다시 돌아왔다. 그러곤 이야가 서 있던 회랑의 문지방 아래에 물을 뿌려 마치 누군가 오줌을 싼 것처럼 해놓았다.

다음 날 아침, 왕은 문지방 아래에 물이 마르다 만 흔적을 보고 물었다.

"여기에 누가 오줌을 누었느냐?"

그러자 문지기는 겁에 질린 표정으로 이렇게 대답했다.

"누가 그랬는지 알 수 없습니다. 다만 어제저녁, 이야 대감께서
이곳에서 계신 것을 보았을 뿐입니다."

그 말을 들은 왕은 궁전을 더럽혔다는 죄목으로 이야를 처형했다.

이 이야기에서 보듯이, 낮은 지위에 있는 사람도 얼마든지 높은 지위의 사람에게 위해를 가할 수 있다. 권한이나 능력이라는 점에서 볼 때 문지기가 이야를 당해낼 수는 없다. 하지만 이야의 편협한 언행과 태도에 앙심을 품은 문지기는 교묘한 말 한마디로 이야를 죽음에 이르게 했다. 문지기는 '이야가 오줌을 누었다'라는 식으로 드러내놓고 거짓말을 하지도 않았다. 그저 왕이 오해를 하도록 애매한 표현으로 답을 고했을 뿐이다.

인간은 위험한 상황으로부터 자신을 보호하기 위해서 본능적으로 불안하고 위험한 상황에 대한 민감도가 높아지도록 진화했다. 위험하고 불쾌한 기억들은 뇌의 변연계를 자극해서 오랫동안 기억 속에 존재하면서 또 다른 위험 상황에 대처하게 해준다. 즉 나쁜 기억을 더 오래 기억하는 것은 생존을 위한 우리 뇌의 자연스럽고 거부할 수 없는 본능이다.

나쁜 기억이 더 오래 가니 무조건 직원들에게 잘해줘야 한다는 의미는

아니다. 원칙에 근거해 위엄을 갖고 대한다면 직원 입장에서 서운할 순 있겠지만 삐뚤어진 마음을 갖게 되지는 않는다. 하지만 자신의 기분에 따라 일관성 없이 나오는 말과 행동, 편협하고 사사로운 마음이 담긴 처벌은 직원들에게 보복심을 안겨줄 수 있다.

『한비자』「십과十過」편은 군주가 범해서는 안 될 열 가지 잘못을 다루고 있다. 여기에 소개된 일화에서 한 신하는 왕에게 "제후들을 모으려 한다면 예가 있어야 합니다. 이것은 나라가 존립하느냐 망하느냐 하는 위기입니다"라고 간언한다. 이는 즉 "직원들의 마음을 모아 회사를 이끌고 싶다면 예의를 갖추십시오. 그렇지 않으면 회사 존립을 위태롭게 하는 위기를 불러올 수 있습니다."라고 말할 수 있다.

5. 말은 가려서 해야 한다

흔히 역사는 승자의 편이라고 한다. 승자에게 집중되는 이목은 승부의 세계가 얼마나 냉정한지 보여준다. 패자에게는 단순한 모욕만이 아니라 부정적 평가까지 남는다. 강자를 존경하고 약자를 홀대하는 대중의 속성상 패자는 거의 설자리가 없다. 한비자 역시 오랫동안 역사의 그늘에 자리하고 있었다.

사람의 인성을 거부하고 오로지 법술이라는 테두리 안에서 사람을 다스려야 한다고 굳게 믿은 한비자는 유학자란 글로 나라의 법을 혼란스럽게 하고 협사는 힘으로 나라의 금령을 어긴다고 생각한 철저한 군주학의 대부였다. 그는 가장 약한 나라인 한나라 출신 명문 귀족의 후예로, 눌변이었지만 논리력이 필요한 글에는 탁월한 재능을 보였다.

　이런 한비자가 군주를 설득할 때 어려운 점이 있다고 밝히고 있는데, 그가 제시하는 해법은 간단하다. 그는 "오랜 시일이 지나 군주의 총애가 깊어지면 큰 계책을 올려도 의심받지 않고 군주와 서로 다투며 말하여도 벌을 받지 않을 것"(『사기史記』「노자한비열전老子韓非列傳」)이라고 하였다.

　한비자는「세난說難」편에서 말을 가려서 할 것을 강조하고 있다. 춘추전국시대처럼 서로 먹고 먹히는 격동의 시대에 세 치 혀는 목숨을 살리기도 하고, 죽이기도 했다. 춘추시대에 진晉나라의 대부 요조繞朝라는 사람이 있었는데, 그의 처신과 관련한 이야기가 있다.

　진晉나라의 대부 사회士會가 진秦나라로 달아났는데, 진晉나라에서는 진秦나라가 그를 벼슬아치로 등용할 것을 두려워했다. 그래서 위수여魏壽餘를 파견해 계략을 꾸미며 사회를 데려오도록 하였다. 요조繞朝는 진晉나라의 계획을 알고 진秦나라 강공康公에게 권유했다.

　"위수여가 이번에 오는 것은, 사실은 사회를 속이기 위해서입니다. 당신께서 따로 그를 만나십시오."

　그러나 강공은 듣지 않았다. 위수여는 진秦나라에 도착한 뒤, 강공에게 사회와 함께 진나라로 가서 위魏 땅의 일을 결정짓게 해달라고 요청했으며, 강공은 이를 허락했다. 사회가 출발하기 전에 요조는 이렇게 말했다.

　"당신은 진秦나라에 진晉나라의 의도를 아는 사람이 없다고 생각하지 마시오. 나의 의견이 받아들여지지 않았을 뿐이오."

　사회는 자기 나라로 돌아온 뒤, 요조의 재능과 지혜가 자신을 크게 위협한다고 느껴 첩자를 보내 요조를 모함하였다. 강공은 그 모함이 사실인 줄 알고 요조를 사형시켰다.

만일 요조가 말에 좀 더 신중했다면 허망하게 목숨을 잃지는 않았을 것이다. 모든 것이 쥐도 새도 모르게 은밀하게 진행된 결과였다. 세상은 이렇게 무서운 일들이 비일비재하게 벌어지는 곳이다.

한비자는 말이 얼마나 무서운 힘을 갖고 있는지 알고 있었다. 일을 할 때는 말로 드러내지 않고 은밀히 해야 할 때가 있는 법이다. 한나라 경제景帝의 총애를 독차지하여 그의 침실을 드나들 정도였으면서도 어떤 경우에도 다른 사람의 비밀을 말하지 않았던 낭중령郎中令 주문周文 같은 이도 말의 힘을 믿는 사람이었다. 그리고 편작扁鵲이 명의로 평가받은 것은 그만의 비방을 다른 사람들에게 누설하지 않았기에 가능한 일이었다. 권력을 좌지우지한 제나라 재상 주보언主父偃이 그의 가족들과 함께 몰살당한 것은 그의 뇌물 비리를 아는 자가 비밀을 누설했기 때문이 아닌가? 『한비자』「세난說難」 편에 다음과 같은 말이 있다.

> 심하게는 형벌을 받고 작게는 의심을 사니, 정말로 아는 것이 어려운 것이 아니라 아는 바를 처리하는 것이 어려운 것이다.

한비자는 말로 표현되는 처세에 대해 밝히고 있다. 군주를 상대하는 유세는 이해득실을 명확히 하고 난 뒤에야 가능하다. 옳고 그름을 곧이곧대로 지적해서 군주를 바로잡아야만 할 때는 역린을 건드려서는 안 된다. 그리고 같은 말이라도 누구의 말이었느냐에 따라 받아들이는 사람의 판단은 정반대가 되기도 한다. 『한비자』「세난」 편에 다음과 같은 이야기가 있다.

> 송나라에 한 부자가 있었는데, 비가 내려 담장이 무너졌다. 아들이 말하였다. "담장을 수리하지 않으면 반드시 도둑이 들 것입니다."

이웃의 노인 또한 같은 말을 하였다. 그날 밤 과연 많은 재물을 도둑맞았다. 그러자 집안사람들은 아들은 매우 지혜롭다고 여겼지만, 그 이웃 노인에 대해서는 의심하였다.

같은 말을 동시에 했으나 평가가 이처럼 다른 것은 말보다 관계가 더 앞선 까닭이 아니겠는가. 그러므로 유세하는 자는 자신의 견해가 옳다고 해서 반드시 올바른 평가나 인정을 받는 것이 아니라는 사실에 주목할 필요가 있다. 오히려 박해와 형벌이라는 어려운 현실이 도사리고 있다. 심지어 법의 올바른 시행을 제안했다가 사지가 찢기는 벌을 받은 오기吳起와 상앙商鞅 같은 이도 있지 않은가. 다음은『한비자』「화씨和氏」편의 이야기이다.

예전에 오기吳起는 초楚나라 도왕悼王에게 초나라 습속에 대해서 가르치며 말하였다.

"대신들의 권한이 지나치게 크고 토지를 분봉 받은 영주가 너무 많습니다. 이와 같으면 위로는 군주를 핍박하게 되고 아래로는 백성들을 학대하게 됩니다. 이는 나라를 가난하게 하고 군대를 약하게 만드는 길입니다. 따라서 분봉 받은 영주의 자손이 3대에 이르면 그의 작위와 봉록을 회수하고 모든 벼슬아치의 봉록과 등급을 끊거나 없애고 다급하지 않은 쓸데없는 관서를 줄여 골라 뽑은 숙련된 인사들에게 봉록을 주는 것이 더 낫습니다." 초도왕은 이를 실행했으나 1년 만에 세상을 떠나게 되자 오기는 초나라 사람들에 의해 사지가 찢기게 되었다.

특히 개혁을 주장하고 법치를 주장하는 자는 위험할 수도 있음을 알아야 한다. 그렇다고 자신의 안전을 위해 입을 닫으라는 것은 아니다. 상황과 처신에 맞춰 말할 때와 침묵할 때를 가려야 한다. 비밀리에 진행되는 일이나 상대의 비밀을 지켜야 할 때는 침묵하거나 말을 가려서 해야 하지만, 자기 잘못은 솔직하게 털어놓는 편이 낫다. 물론 순우곤(淳于髡: B.C. 385~B.C. 305)처럼 재치를 발휘한다면 더 좋겠지만 말이다.

『사기』「골계열전滑稽列傳」에 보면 골계가(滑稽家: 남을 웃기는 말이나 행동을 잘하는 사람) 순우곤의 이야기가 나온다. 제나라 왕은 순우곤을 시켜 따오기를 초나라에 바치도록 했다. 순우곤이 도성문을 나서 길을 가다 실수로 따오기를 날려 보냈다. 그는 한참 고민하다 빈 새장만 들고 가서 초나라 왕을 뵙고 천연스레 말했다.

> "제나라 왕께서는 신에게 따오기를 바치도록 했습니다. 물가를 지나는데 따오기가 목말라하는 것을 보고 새장에서 꺼냈더니 날아가 버렸습니다. 목숨을 끊을까도 생각했습니다만 사람들이 우리 왕을 보고 새 때문에 선비가 스스로 목숨을 끊도록 했다고 할까 두려웠습니다. 다른 따오기를 사서 가져올까도 했습니다만, 이것은 신의 없는 행동이자 우리 왕을 속이는 것입니다. 다른 나라로 도망치려고도 했습니다만 두 나라 사이에 사신의 왕래가 끊길까 가슴 아팠습니다. 그래서 여기까지 와서 잘못을 자백하고 머리를 두드려 왕께 벌을 받으려 합니다."

자신의 실수를 만회하고 왕의 마음을 상하지 않게 하는 순우곤의 재치가 돋보이는 장면이다. 순우곤뿐 아니라 그의 말을 들어준 초나라 왕도 분명 열린 귀를 가졌으며 유연한 사고를 한 인물이라 하겠다. 초나라 왕은 순우곤의 말에서 그의 진심을 느꼈을 것이다. 죽을 수도 있는 상황에서 태연히 말할 수 있는 그의 배짱을 보고 신뢰를 보낸 것이 아니겠는가. 결국 상대를 설득하는 힘이란 어떤 상황에서든 상대의 마음을 읽어 낼 수 있는 능력과 상황과 처신에 맞는 말을 하느냐에 좌우되는 것이라 할 수 있다.

6. 리더의 피드백에 따라 직원들의 역량은 성장한다

중소기업에서는 시스템보다는 직원들 개개인의 역량이 회사의 성과에 미치는 영향이 큰 경우가 많다. 그렇다 보니 중소기업 CEO들은 직원들의 업무 역량 부족에 대해 많은 고민을 한다.

하지만 CEO의 여러 역할 중 중요한 한 가지는 "제대로 된 피드백을 통해 직원들을 긴장하게 하고 성장시키는 일"이라고 생각한다. 회사가 담당하는 업業에 대해서 가장 많이 고민하는 사람, 가장 많은 지식을 가진 사람은 바로 그 회사의 CEO다. 그들은 늘 현장에서 부딪히며 실전에서 비롯된 고민을 하기 때문에 CEO가 갖고 있는 노하우와 인사이트는 그 회사의 매우 중요한 자산이다. 그뿐인가. 일 속에 빠져서 일하는 사람은 자칫 놓치기 쉬운 전체 흐름을 큰 맥락에서 읽고 의미를 정리할 수 있는 사람도 CEO다.

따라서 CEO는 직원들에게 어떤 지시를 내린 이후에는 정기적으로 보고를 받으면서 그에 대한 정확하고 예리한 피드백을 줘야 한다. 하지만 어떤 CEO는 직원들의 보고에 대해 정확한 피드백을 주는 대신 새로운 이야기를 던졌다. 당연히 직원들은 혼란스러울 수밖에 없다.

CEO들은 늘 고민을 많이 하기에 아이디어도 많을 수밖에 없다. 그렇다 보니 흔히 저지르게 되는 실수가 진행되고 있던 논의를 마무리하지 않은 채 새로운 논의를 꺼내거나 논의 방향을 완전히 뒤집는 것이다. 이런 경우 CEO는 직원들의 말을 잘 듣기보다는 자신의 머릿속 생각에 더 빠져 있는 경우가 많다.

한비자는 「양각陽擁」 편에서 군주가 신하들의 말에 귀를 기울인 후 이에 대해 세심한 피드백을 해야 한다고 강조하면서 다음과 같이 말한다.

> 군주가 신하의 말을 듣는 이유는 신하의 말을 통해 그에 상당한 일을 주고 헌신하게 하는 데 있다. 군주는 신하의 말을 귀 기울여 듣고 잘 생각해 정도를 판단하고 내용을 구분해야 한다.

말 되돌려주기야말로 진짜 지시다. 말 되돌려주기가 제대로 될 때 지시도 통하는 법이다.

한비자가 제시하는 군주의 피드백 과정은 다음 세 단계로 정리된다.

첫째, 신하의 말에 귀를 기울이는 단계.

둘째, 신하의 말을 깊이 생각하는 단계.

셋째, 신하의 말에 대해서 그 정도程度를 정하고 내용을 구분하는 단계.

군주가 반드시 기억해야 할 여덟 가지 통치 원칙을 설명한 『한비자』「팔경八經」 편에도 피드백에 관한 내용이 나온다.

> 말은 여러 가지 단서를 종합해서 살펴야 하는데 반드시 지리地利를 근거로 헤아리고, 천시天時에 비추어 의논하며, 물리物理로 검증하고, 인정人情에 따라 살펴야 한다. 이 네 가지 증거가 부합하면 논의의 진상을 볼 수 있다.

아울러 「팔경」 편에는 군주가 신하들의 의견을 들을 때 주의할 점도 제시하고 있는데, 그중 특히 눈에 띄는 것은 "말의 책임을 묻기 위해 진술한 날짜를 반드시 기록에 남겨야 한다"라는 대목이다. 오늘날에도 보고의 날짜와 시간은 나중에 책임을 묻는 데 단서로 이용된다. 한비자는 기원전 3세기의 법치주의자임에도 불구하고 단순히 이론적인 내용만을 전수하지 않았다. 이토록 구체적인 통치 매뉴얼을 제시하고 있다는 점에서 그 가치가 남다르다.

7. 양쪽을 만족시키는 유연한 생각

한비자는 군주와 신하의 관계가 이해로 맺어진 관계라고 했다. 그런데 서로 소통하는 방식에 문제가 생기게 되면 결국 양쪽에 좋을 것이 없다.

조정의 권력이 약화하면 군주는 직언을 싫어하며, 신하들이 제멋대로 행세하게 되면 조정을 위해 공을 세우려 하지 않는다. 『한비자』「외저설좌하」편에 다음과 같은 이야기들이 있다.

> 범문자范文子(?~B.C. 574)가 직언하기를 좋아하자, 그의 아버지 범무자范武子가 지팡이로 때리며 말하였다.
>
> "무릇 직언하는 자는 사람들에게 받아들여지지 못한다. 받아들여지지 못하면 제 한 몸 위태롭게 할 뿐만 아니라 또 장차 아비까지 위태롭게 만들 것이다."

> 자산子産(B.C. 580~B.C. 522)은 자국子國의 아들이다. 자산이 정鄭나라 군주에게 충심을 다하자, 자국은 그를 꾸짖고 노여워하며 말하였다.
>
> "다른 신하들과 달리 혼자만 군주에게 충성할 때 군주가 현명하면 너의 말을 들어줄 수 있지만, 현명하지 못하면 너의 말을 들어주지 못할 것이다. 군주가 너의 말을 들어줄지 들어주지 않을지 분명하게 알 수 없는데 너는 벌써 신하들과 떨어져 있다. 신하들과 떨어지면 반드시 너의 몸이 위태롭게 될 것이고, 너만 위태로운 것이 아니라 또 아비도 위태롭게 할 것이다."

양거梁車가 업의 현령이 되어 그의 누이가 가서 그를 만나려고 했는데, 날이 저문 뒤라 문이 닫혀 있었다. 그래서 성곽을 넘어 들어갔는데, 양거는 그 자리에서 그녀의 발을 잘랐다. 조성후趙成候는 그가 무자비하다고 생각하여 관인을 빼앗고 현령의 직위에서 면직시켰다.

관중管仲이 포박되어 노나라에서 제나라로 가는 도중에 허기지고 갈증이 나서 기오綺烏의 변방을 지나며 먹을 것을 구걸하였다. 그곳을 지키던 봉인封人(국경의 관문을 지키는 벼슬아치)이 무릎을 꿇고 먹을 것을 주었는데, 매우 공경하였다.

봉인이 은밀히 관중에게 말하였다.

"만일 다행히 제나라에 이르러 죽지 않고 임용되면 무엇으로 저에게 보답하겠습니까?"

관중이 말하였다.

"그대의 말과 같이 된다면 나는 현명한 자를 쓰고 능력 있는 자를 등용하며 공이 있는 자를 평가할 것이거늘, 내가 무엇으로 그대에게 보답하겠는가?" 그러자 그 봉인은 관중을 원망하였다.

앞의 일화들을 보면 범문자는 직언을 해서 아버지에게 맞았고, 자산은 충성스러운 간언을 하자 아버지의 노여움을 샀으며, 양거는 법률을 적용하자 조성후로부터 직위를 회수당했고, 관중은 공정한 입장을 견지하는 바람에 봉인의 비방과 원망을 샀다. 이는 바르고 옳은 일을 하고도 제대로 평가받지 못한 경우라 하겠다. 가장 가깝다는 혈육도, 법을 바로 세워야 하는 군주도 믿고 따라야 하는 아랫사람도 정당한 일임에도 비난했다. 왜 이런 일이 생기게 된 걸까? 설득의 달인 순우곤淳于髡(B.C. 385~B.C. 305)에게서 그 답을 찾을 수 있겠다.

위왕魏王이 후궁들과 함께 주연酒宴이나 베풀고 방탕한 생활을 하고 있었는데, 어느 날 순우곤을 불러 술을 내려주며 물었다.

"선생은 어느 정도 마셔야 취하시오?"

순우곤은 이렇게 대답했다.

"대왕께서 앞에서 술을 내려주시는데 법을 집행하는 관리가 곁에 서 있고 어사가 뒤에 있으면 저는 몹시 두려워하며 엎드려 마시기 때문에 한 말을 못 넘기고 바로 취합니다. 만일 어버이에게 귀한 손님이 있어 신이 옷매무새를 단정히 하고 꿇어앉아 그 앞에서 모시며 술을 대접하면서 때때로 끝잔(맨 마지막 잔)을 받기도 하고 여러 차례 일어나 술잔을 받들고 손님의 장수를 빌며 자주 일어나게 되면 두 말을 마시기 전에 곧장 취합니다. 만약 친구들과 교류하면서 오랫동안 만나지 못하다가 뜻밖에 만나면 너무 기뻐 지난날 일을 이야기하고 사사로운 생각이나 감정까지 서로 터놓게 되어 대여섯 말을 마시면 취합니다. 만약 같은 고향 마을에 모여 남녀가 한데 섞여 앉아 실랑이하듯 술을 돌리며 쌍륙雙六과 투호投壺 놀이를 벌여 짝을 짓고 남자와 여자가 손을 잡아도 벌을 받지 않고 눈이 뚫어져라 쳐다보아도 금하는 일이 없으며 앞에 귀걸이가 떨어지고 뒤에 비녀가 어지럽게 흩어지면 신은 이런 것을 즐거워하여 여덟 말쯤 마셔도 약간 취기가 돌 뿐입니다. 그러다 날이 저물어 술자리가 끝나면 술 단지를 한군데 모아 놓고 자리를 좁혀 남녀가 한자리에 앉고 신발이 뒤섞이고 술잔과 그릇이 어지럽게 흩어지며 마루 위의 촛불이 꺼지고 주인은 신만을 머물게 하고 손님들을 돌려보냅니다. 이윽고 얇은 비단 속옷의 옷깃이 열리는가 싶더니 은은한 향내가 퍼집니다. 이때 신의 마음은 몹시 즐거워 술을 한 섬은 마실 수 있습니다. 그러므로 '술이 극도에 이르면 어지럽고 즐거움이 극도에 이르면 슬퍼진다'라고 하는데, 모든 일이 이와 같습니다. 사물이란 지나치면 안 되며 지나치면 반드시 쇠합니다."

- 『사기史記』「골계열전滑稽列傳」

순우곤이 말하려는 것은 맨 마지막 구절에 숨어 있다. 더 이상 타락하지 말고 이성을 되찾아 근본으로 돌아가라는 것이다. 이 말을 들은 위왕은 깨달은 바 있어 술 마시는 것을 그만두고 순우곤에게 제후들 사이의 외교 업무를 맡겼다. 또 순우곤을 늘 곁에 두고 자기 잘못을 지적해 주도록 했다.

대체로 사람들은 이기적인 존재라서 자신에게 득이 되는 말만 들으려 한다. 더군다나 높은 지위에 있는 사람은 지나치게 반듯한 직언은 거부감부터 느끼기 마련이다. 상대의 말이 옳다는 것을 알면서도 따르지 않는 것이 인간의 속성이다. 그래서 대화의 유연함과 사고의 확장이 필요하다.

범문자(?~B.C. 574)

춘추시대 진晉나라 사람. 경공 때 대부를 지냈다. 경공 11년 제齊나라가 노魯나라와 위衛나라를 공격하자 진나라가 가서 구원했는데, 상군의 보좌로 극극郤克과 함께 안鞍에서 싸워 대승을 거두었다. 여공 7년 언릉鄢陵에서 초나라 군사와 전투를 벌여 승리를 거두었다. 진晉 여공(厲公: 진나라의 제29대 군주로 폭군이다)이 점점 교만해지고 횡포를 부리면서 사치해지자 근심 속에 죽었다.

자산(B.C. 580~B.C. 522)

관중·안영과 더불어 춘추시대의 대표적인 명재상 중 한 명이다. 소국인 정鄭나라의 재상으로서, 대국인 진晉과 초楚 사이에 끼어있는 정나라를 외교적으로 잘 이끌었고, 내정에서도 큰 업적을 남긴 위인이다. 그리고 법치의 선구자로 알려진 인물이다.

구성희(具聖姬) ─────────────────────────────────────

숙명여자대학교 사학과를 졸업하고, 국립대만대학교 역사과에서 「漢晉的塢壁」
으로 석사학위를 취득하였으며, 북경대학교 역사과에서 『論漢人對死的態度』로 박
사학위를 취득했다. 숙명여대·성균관대·중앙대·동국대·북경대학교에서 강의
를 했으며, 국내외 여러 대학의 연구교수와 연구원 및 북경대학교 역사학과 명예 부
교수와 전임강사를 역임했다.

저서로 『漢代人的死亡觀』, 『兩漢魏晉南北朝的塢壁』, 『리더들의 리더가 된 중국
의 제왕들』(공저), 『고대 중국의 제왕』, 『한 권으로 읽는 중국여성사』, 『중국여성을 말
하다 - 가려진 중국여성의 생활사』, 『중국의 전통문화와 대중문화』, 『한 권으로 읽는
중국예술』, 『한국인이 좋아하는 중국사』, 『한국인이 좋아하는 중국고대사』, 『사마천
의 사기史記가 알려주는 어떻게 살 것인가』 등이 있으며, 번역서로 『漢唐藩屬体制研
究』(공역), 『아주 특별한 중국사이야기』와 다수의 논문을 발표했다.

▶ 논문

1993, 「漢晉的塢壁, The Fort of Han and Jin period」, 대만대학교, 석사학위논문

1998, 「先秦時代生死觀與魂魄說」, 北京大學研究生學刊53(2)

1998, 「先秦生命氣源說中的氣生萬物說」, 북경대학교 유학생회, 勺園

1998, 「論漢人對死的態度」, 북경대학교, 박사학위논문

1998, 「漢晉塢壁의 성질 및 기능」, 중국고중세사연구4

1998, 「漢晉塢壁에 관한 연구」, 건축역사연구7(17)

2001, 「漢代人의 鬼神觀念과 巫者의 역할」, 史學集刊83(2)

2001, 「漢代의 厚葬風俗과 薄葬論」, 수선사학회, 사림15

2001, 「漢代 喪葬禮俗에 표현된 영혼관과 귀신관」, 동국사학35

2002, 「韓非子 정치사상의 역사적 의의」, 동국사학38

2004, 「漢代의 靈魂不滅觀」, 중국사연구28

2005,「略論漢代人的死後'地下世界'形象」, 연변대학학보38(133)

2005,「송경령과 송미령의 리더십」, 숙명리더십연구1

2005,「韓非子의 統治論」, 중국사연구37

2005,「중국혁명의 여성리더 등영초鄧穎超」, 숙명리더십연구2

2005,「근대 중국여성해방운동의 선구자 추근秋瑾의 리더십」, 중국사학회39

2006,「近代中國婦女解放運動的先驅--秋瑾的領導能力」, 北京大學婦女研究動態29(29)

2006,「등영초鄧穎超(1904-1992)의 리더십」, 중국사연구41

2007,「하향응何香凝(1878-1972)의 리더십」, 문학사학철학9(9)

2009,「女革命家何香凝的領導能力」, 黑龍江省 世紀橋6(6)

2009,「鄧穎超的領導能力及其對中國社會的影響」, 北京大學婦女研究動態38(38)

2009,「韓非子統治論在歷史上的進步性與貢獻」, 黑龍江省 世紀橋190

2010,「漢高祖 劉邦의 인재활용술과 리더십」, 문학사학철학20(20)

2010,「韓非子 통치론의 역사적 공헌」, 역사와교육10(10)

2010,「난세의 영웅 魏武帝 曹操의 인재활용술과 리더십」, 문학사학철학21(21)

2010,「漢高祖劉邦的人才管理術」, 黑龍江省 世紀橋208(208)

2010,「曹操的用人之道與管理思想」, 黑龍江省 世紀橋210(210)

2010,「劉備의 人才관리와 리더십」, 문학사학철학22(22)

2010,「漢代人의 영혼관과 死後世界觀」, 역사와교육11(11)

2011,「티베트에 문명을 전파한 唐나라 文成公主의 역사적 지위」, 문학사학철학27

2012,「중국역사상 최초로 정권을 잡은 여성 - 前漢의 呂后」, 문학사학철학27, 28

2012,「和親을 위해 匈奴로 시집간 漢나라 王昭君의 역사적 공적」, 문학사학철학30

2012,「남자황제보다 뛰어난 唐나라 女皇帝 則天武后의 역사적 공적」, 문학사학철학31

2014,「曹操·孫權·劉備의 人才活用術과 리더십」, 문화와예술연구4(4)

2016,「韓非子 통치론이 秦漢시대에 끼친 영향과 역사적 지위」, 문학사학철학43, 44

2016,「중국 衣服文化의 역사」, 공자학당, 대교차이홍10

2017, 「試論劉備的用人之道」, 大連大學, 大連大學學報38(188)

2017, 「论汉高祖刘邦的领导力与人才管理思想」, 臺灣, 衡平天下(專業人文暨社會科學雜誌)18

2017, 「曹操的用人政策」, 洛陽師範大學, 洛陽師範學院學報36(220)

2018, 「中國的皇帝論與習近平」, 문학사학철학54

2019, 「중국의 皇帝論과 시진핑에 대한 연구」, 중국지역연구6(11)

2019, 「중국의 皇帝論과 시진핑의 中國夢」, 사람과언론7

2019, 「영화로 이해하는 중국사회와 문화」, 문학사학철학57

2020, 「중국의 일국양제와 홍콩의 미래」, 사람과언론8

2020, 「중국의 吉祥文化와 吉祥디자인에 대한 연구」, 문학사학철학60

2022, 「漢代的靈魂觀與死後世界觀」, 吳榮曾先生九十華誕頌壽論文集, 北京大學中國古代史研究中心編

2023, 「漢代 상장예속에 표현된 영혼관과 사후존재」, 문학사학철학73

2023, 「漢代 후장풍속의 유행과 박장론의 대두」, 문학사학철학74

2024, 「사마천의 『사기史記』가 주장하는 겸양과 처세술」, 文學史學哲學76

2024, 「사마천의 『사기史記』에 표현된 리더와 리더십」, 文學史學哲學78

▶ 저역서

2003, 『漢代人的死亡觀』, 1쇄, 북경, 민족출판사

2004, 『兩漢魏晉南北朝的塢壁』, 1쇄, 북경, 민족출판사

2005, 『漢代人的死亡觀』, 2쇄, 북경, 민족출판사

2005, 『兩漢魏晉南北朝的塢壁』, 2쇄, 북경, 민족출판사

2007, 『漢唐藩屬体制研究』 공역, 동북아역사재단

2008, 『아주 특별한 중국사이야기』, 1쇄, 공역, 책임집필, 신서원

2008, 『아주 특별한 중국사이야기』, 2쇄, 공역, 책임집필, 신서원

2009, 『아주 특별한 중국사이야기』, 3쇄, 공역, 책임집필, 신서원

2009, 『리더들의 리더가 된 중국의 제왕들』, 1쇄, 공저, 책임집필, 신서원

2009, 『리더들의 리더가 된 중국의 제왕들』, 2쇄, 공저, 책임집필, 신서원

2011, 『고대 중국의 제왕』, 1쇄, 신서원

2011, 『고대 중국의 제왕』, 2쇄, 신서원

2012, 『한 권으로 읽는 중국여성사』, 1쇄, 이담출판사

2012, 『한 권으로 읽는 중국여성사』, 2쇄, 이담출판사

2013, 『중국여성을 말하다 – 가려진 중국여성의 생활사』, 이담출판사

2014, 『중국의 전통문화와 대중문화』, 이담출판사

2015, 『한 권으로 읽는 중국예술』, 1쇄, 이담출판사

2018, 『한 권으로 읽는 중국예술』, 2쇄, 이담출판사

2020, 『한국인이 좋아하는 중국사』(2020년도 세종도서 우수도서로 선정됨), 민속원출판사

2021, 『한국인이 좋아하는 중국고대사』, 민속원출판사

2024, 『사마천의 사기史記가 알려주는 어떻게 살 것인가』, 한국학술정보

한비자韓非子가 알려주는

어떻게 살 것인가

초판인쇄 2024년 12월 01일
초판발행 2024년 12월 01일

지은이 구성희
펴낸이 채종준
펴낸곳 한국학술정보(주)
주 소 경기도 파주시 회동길 230(문발동)
전 화 031-908-3181(대표)
팩 스 031-908-3189
홈페이지 http://ebook.kstudy.com
E-mail 출판사업부 publish@kstudy.com
등 록 제일산-115호(2000. 6. 19)

ISBN 979-11-7318-096-5 03150